Ernst Wilhelm Weber

Zur geschichte des weimarischen Theaters

Ernst Wilhelm Weber

Zur geschichte des weimarischen Theaters

ISBN/EAN: 9783741104367

Hergestellt in Europa, USA, Kanada, Australien, Japan

Cover: Foto ©ninafisch / pixelio.de

Manufactured and distributed by brebook publishing software (www.brebook.com)

Ernst Wilhelm Weber

Zur geschichte des weimarischen Theaters

Vorwort.

Statt eine vollständige Geschichte des Weimarischen Theaters unter Goethes Leitung zu veröffentlichen, wozu es jetzt noch nicht Zeit ist, da noch manche geschichtliche Quelle werthvollen Gehaltes bis jetzt verschlossen blieb, übergebe ich hiermit zunächst der Oeffentlichkeit eine Reihe von Vorträgen, welche in dem Mittwoch-Verein in Weimar von mir gehalten worden sind. Sie beziehen sich alle auf das Weimarische Theater unter Goethes Leitung, und sind aufgezeichnet in der Geschichte dieses Vereins, welche Carl von Beaulieu-Marconnay, der jetzige Bundestagsgesandte, in feiner und trefflicher Weise aufgestellt hat.

Der erste Vortrag unter der Aufschrift „der Vers im Drama", ursprünglich klein und in eigentlicher Form eines Vortrags abgefaßt, erscheint hier in ausgedehnter und er=

weiterter Gestalt und ist eher eine Abhandlung zu nennen; er enthält gerade das, wodurch das Weimarische Theater vor andern sich auszeichnete und hat deshalb eine solche Länge erhalten. Es kam nämlich darauf an, die ideale Richtung, welche die Weimarische Bühne genommen, nachzuweisen, wie sie mehr und mehr eine poetische geworden war und wie ihre Mitglieder von Jahr zu Jahr größere Fortschritte in der theatralischen Kunst gemacht hatten. Dieses allmähliche Weiterschreiten und Aufstreben zu dem Idealen ist hauptsächlich bemerkbar und hervortretend in verschiedenen Zeiträumen. Was z. B. Besonderes und Herrliches seit der Aufführung der sogenannten Wallensteinischen Trilogie, mit der die ideale Richtung ihren Anfang nahm, mehrere Jahre hinter einander einzeln und zerstreut in Weimar gegeben worden war, das wurde 1802 in den Sommervorstellungen in Lauchstedt, als das neue Schauspielhaus mit dem Vorspiel „Was wir bringen" eingeweiht wurde, zusammengefaßt und zu schneller, bequemer Uebersicht wiederholt. Ein solcher Zeitpunkt war auch im Jahr 1805, als das Andenken Schillers in einer würdigen und erhebenden Weise gefeiert wurde. In einer guten Auswahl waren neue und alte beliebte Stücke zusammengestellt und ließen von dem was weiter geleistet worden war, eine leichte Uebersicht gewinnen. Vorzüglich aber zeigten sich die höher gesteigerten Leistungen der Gesellschaft in Leipzig 1807. Stücke von poetischem Werth und höherem Schwunge, Goethesche wie Schillersche, tragische und komische, wurden producirt und die Schauspieler traten gern vor einem Publikum auf, von dem ein großer Theil nach Poesie verlangte und die ideale Richtung ihrer Darstellungsweise kennen lernen wollte.

Weil in diesem Vortrag die einzelnen Theaterjahre, namentlich die letzten (1805 — 1806 — 1807), ein vollständiges und zwar ein von einer geistigen Aufgabe zur andern fortschreitendes Repertorium aufgestellt erhielten, so könnte hierin ein Stück der Geschichte des Weimarischen Theaters gefunden werden, wenn nicht in der eigentlichen zusammenhängenden und abgerundeten Geschichte manches kürzer und übersichtlicher gestaltet seyn müßte. Es wird dieß nur als Probe gegeben, in der Hoffnung, daß mancher Kundige, wenn er den eingeschlagenen Weg nicht als den rechten ansehen könnte, mir den empfehlenswerthen beßren angeben werde.

Der folgende zweite Vortrag, einen Streit zwischen Herder und Goethe enthaltend, ist in kulturhistorischer Hinsicht bemerkenswerth. Er betrifft Schule, Kirche und Theater und zeigt, wie jeder dieser Männer für seine Sache, die er zu vertreten hatte, sorgte.

Der dritte Vortrag „das Heilige auf der Weimarischen Bühne unter Goethe" enthält manches Interessante, z. B. wie man anderwärts auf der Bühne in Hinsicht auf das Religiöse und Kirchliche verfuhr, hauptsächlich aber wird dargethan, wie Goethe als Vorsteher des Theaters sich zeigte, wenn seine Bühne mit der Kirche in Berührung kam und wie das Weimarische Publikum in solchen Fällen dachte.

Der vierte Vortrag über Christiane Neumann-Becker, Goethe's Euphrosyne, führt in die erste Zeit der Weimarischen Bühne unter Goethe und weist nach, wie dieser mit besonderem Interesse eine junge talentvolle, anmuthige Künstlerin belehrte und bildete und wie diese durch ihr reines sittliches Leben und durch ihr freundliches und anspruchsloses Wesen allgemeine Achtung und Liebe gewann. —

Möchte mir gelungen seyn, durch diese verschiedenen Beiträge die Geschichte des Weimarischen Theaters unter Goethe hie und da etwas gefördert und in ein helleres Licht gestellt zu haben!

Weimar, im Mai 1865.

E. W. Weber.

Inhalt.

(Die Zahlen bedeuten die Seiten.)

Der Vers in Drama . . . . 1.

Goethe, Schiller, die Griechen 1—8. Schillers Bedenken über die Tauglichkeit des Verses im Drama 9. Beginn des Streites über den Vers 9. Goethe erklärt sich für den Vers 10. Die Gegner des Verses u. die damalige Zeitrichtung 10. Engel 12. Lessing, anfangs gegen den Vers, nimmt ihn wieder auf 14. v. Brawe, der Dichter des ersten deutschen Dramas im fünffüßigen Jambus, Heinrich Schlegel, Chr. F. Weiße 15. Döbellin's Versuch mit Lessings Nathan, v. Dalberg 16. Der Mönch vom Carmel 17. Umarbeitung des Don Carlos in Prosa 17. Die Mitschuldigen erfahren eine gleiche Bearbeitung 18. Schröder als Anhänger der Prosa 19. „Der Dichter" v. A. Klingemann 20. Die Schauspieler Gegner des Verses 22—33. Der Vers auf der Weimarischen Bühne 33. Goethes Leitung 33. Don Carlos 34. Mad. Becker 37. Wallenstein 38. Besuche in Lauchstedt u. Rudolstadt 43. Gustav Wasa 44. Mahomet nach Voltaire 45. Macbeth, von Schiller bearbeitet 46. Maria Stuart 47. Schillers Theilnahme an der Leitung des Theaters 50. Goethes Betheiligung an den Proben Schillerscher Stücke 51. Octavia von Kotzebue 53. Tancred 54. Paläophron u. Neoterpe auf der Privatbühne der Herzogin Amalia. Die Brüder des Terentius 56. Nathan der Weise 58. Ion v. A. W. Schlegel. Turandot. Iphigenie auf Tauris. Alarkos v. F. Schlegel. Wiederholungen 60.

Die Leistungen der Weimarischen Schauspieler 60. Becker in den Räubern 61. Demoif. Jagemann als Ion 61. Die Besetzung der Turandot 63, der Iphigenie 65, des Alarkos 70. Lauchstedt. „Was wir bringen" 72. Repertoir der Lauch- stedter Bühne 76. Das Bohsische Ehepaar geht nach Stuttgart 76. Wieder- holung von „Was wir bringen" in Weimar 77. Palämboren u. Aesterxe 78. v. Einsiedels Mohrin 80. Niemeyers Fremde aus Unbvos, der Heautontimor- umenos 81. Cervantes Portrait von Einsiedel, Scherz und Ernst von Stell 82. Der Neffe als Onkel, Holbergs Ton Rannto de Colibrados 83. Die Braut von Messina 84. Die natürliche Tochter 87. Die Jungfrau von Or- leans 92. Goethes Befriedigung über den guten Fortgang des Theaters 95. Goethe, Schiller u. die Weimarischen Schauspieler in Lauchstedt 96. Rudol- stadt 97. Goethes Theaterschule 97. Shakspeares Julius Cäsar 100. Der Parafit 102. Die französischen Kleinstädter u. die deutschen Kleinstädter von Kotzebue 104. Verschiedene Lustspiele 105. Die Oper. „Der Wasserträger" von Cherubini wird mit Beifall aufgenommen 107. Vorwiegen der Opern nach dem Französischen 108. Racines Mitbribat von Bode bearbeitet 108. Die Huf- siten vor Naumburg von Kotzebue 109. Wilhelm Tell 110. Die Darsteller dieses Stückes 111. Jery und Bätely 116. 53 Tage in Lauchstedt 117. Das Theaterjahr 1804—1805. Götz von Berlichingen in neuer Bearbeitung 119. Kotzebues Johanna von Montfaucon 125. Die Sklavin in Surinam von Kratter 126. Die barmherzigen Brüder von Kotzebue. Der Marschall von Sachsen 127. Lorenz Stark von Fr. L. Schmidt. Die Huldigung der Künste 128. Wie- derholungen 130. Phädra 131. Regulus von Collin 134. Othello bearbeitet von H. Voß 135. Pflege des Lustspiels 138. Die Pagenstreiche von Kotzebue 139. Die Mitschuldigen in Alexandrinern 139. Der Selbstgefällige von Alex. Wolff 141. Die Laune des Verliebten 141. Vermehrung des Repertoriums durch neue Opern 142. 40 Theaterabende in Lauchstedt 144. Schillers Tod- tenfeier in Lauchstedt 145. Lied der Glocke 146. Veränderungen in der Schau- spielerwelt. Fr. u. Ferd. Cordemann 148. Eblers und Frau 149. Minna Ambrosch 151. C. F. Leo 151. Weberling 153. J. Fr. Lortzing 153. Emilie Elstermann 154. Ernestine Engel 155. Wilhelm Teuy 155. Das Theater- jahr 1805—1806. Wiederholung von Schillers Todtenfeier in Weimar 156. Uebergewicht der Tragödie, des Lustspiels und der Oper über das Schauspiel 157. Wiederholungen von Stücken 158. Die Verschwörung des Ficsko 158. No- bogüne von Corneille 159. Stella 160. Der Cid von Corneille 162. Alte und neue Lustspiele 164. Die Oper 169. Vorstellungen in Lauchstedt. Der Freyer von Kalydon von A. Apel. Das Geständniß von Kotzebue. Werners Weihe der Kraft kommt nicht zur Aufführung 171. Das Theaterjahr 1806—1807. Kriegerische Unruhen 173. Das Theater 10 Wochen geschlossen. Wiedereröffnung am 26. December 175. Das Geständniß 176. Die Erben von Weißenthurn 177. Die Organe des Gehirns von Kotzebue 178. Die Comödie in der Comödie. Blinde Liebe von Kotzebue. Plautus' Gespenst von Kotzebue. Der Pfandbrief. Die Journalisten von Schütze 179. Der Spieler von Iff- land. Reue und Ersatz von Vogel. Eugenie, nach Beaumarchais, von Vulpius 180. Tasso 182. Der Hahnenschlag von Kotzebue, Faniska von Cherubini 185. Helene von Mehul 186. Leipzig, Lauchstedt, Leipzig 187. 25 Theaterabende in Leipzig. Don Carlos 189. Schillersche Dramen 191. Goe- thesche Dramen 192. Lustspiele 193. Die Oper 194. 16 Theaterabende in Lauchstedt 195. 18 Abende wieder in Leipzig 196. Abschied von dem Leipziger

Publikum 197. Characteristik der Weimarischen Schauspielergesellschaft 199. Das Personal in der Oper und im Schauspiel: Strobe, Morhardt 204. Stromeyer, Tirzka 205. Unzelmann, Deny, Eilenstein, Demois. Jagemann, Mad. Becker 206, Demois. Engels, Eljermann, Silie, Caroline Spengler, Becker 207. Deny, Eilenstein, Genast, Malkolmi, Graff 209. Lorzing, Oels 210. Reinhold, Rötjch, Unzelmann 211. Wolff 212. Mad. Bed, Mad. Becker, Demois. Eljermann 214. Demois. Engels, Demois. Jagemann, Demois. Silie 215. Mad. Teller 216. Mad. Wolff 217. Sophie Teller, Louise Bed 219. Vorzüge der Gesellschaft 219—222.

Streit zwischen Herder und Goethe . . 225.

Das Heilige auf der Weimarischen Bühne . 249.

Christiane Neumann (Goethes Euphrosyne.) 275.

Der Vers im Drama.

Gerade zu der Zeit, als noch der Streit bestand, ob Vers oder Prosa im Drama gelten solle, schreibt Schiller von Weimar (26. Sept. 1800) an Goethe nach Jena: Es würde ihm sehr lieb seyn, wenn er ihm Hermanns Buch von den griechischen Sylbenmaßen zu lesen verschaffen könnte, denn was er ihm neulich (21. Sept.) bei einem Besuch in Jena vorgelesen, den Monolog der Helena, habe seine ganze Aufmerksamkeit auf die Trimeter gerichtet und einen so großen und vornehmen Eindruck auf ihn gemacht, daß er wünsche in die Natur und das Wesen dieses antiken Versmaßes tiefer einzudringen.

Auch habe er große Lust sich in Nebenstunden etwas mit dem Griechischen zu beschäftigen, nur um soweit zu kommen, daß er in die griechische Metrik eine Einsicht erhalte. Er hoffe, wenn Humboldt von seinen Reisen im Ausland[1]) hieher zurückkommt, dadurch d. h. daß er sich mit den metrischen Gesetzen der Griechen vorher bekannt gemacht habe, eher von ihm im Gespräch etwas zu profitiren, als wenn er unvorbereitet über diese Sache mit ihm verhandle. Aber nicht blos um das Buch von Hermann bitte er, auch wünschte er zu wissen, welche griechische Grammatik und welches Lexikon das brauchbarste seyn möchte, worüber Friedrich Schlegel wohl am besten werde Auskunft geben können.

Man sieht aus diesen Aeußerungen und Wünschen Schillers, wie unablässig er, der bereits bedeutende Dramen gedichtet hatte, an seiner Ausbildung und Entwickelung als Dramatiker arbeitet, wie viel ihm daran liegt, vollkommener zu werden in der Erkenntniß des Versbaues, hauptsächlich aber wie er dahin strebt, die kunstreichen metrischen Formen der Griechen kennen zu lernen und das ernste Drama dem edlen hohen Geiste der alten Tragödie nahe zu bringen. Die Helena, das Sinnbild der höchsten Schönheit, wie Goethe selbst sie nennt, hat ihn aufgeregt und mächtig ergriffen. Es liegt ihm daran in diesem Sinne zu dichten und Studien zu machen und die Griechen sollen ihm auf seinen poetischen Bahnen mit der Fackel leuchten, denn sie sind ja Meister in allem Formellen und Führer zu jeder Wissenschaft und Weisheit.

---

[1]) W. v. Humboldt lebte eine längere Zeit in Paris und hatte den Freunden an der Ilm und Saale Hoffnung gemacht bald zu ihnen zurückzukommen. Er kehrte aber erst im Sommer 1801, vermuthlich über Weimar und Jena, in die Heimath zurück und verweilte über ein Jahr daselbst, in Berlin und Tegel. S. G. Schlesier in den Erinnerungen an W. v. Humboldt. Th. 2. S. 56.

Schiller hatte zwar in seiner Jugend Griechisch gelernt, aber nur oberflächlich und höchst dürftig, obgleich er dem Schwabenlande, wo gründliche Schulbildung zu Hause ist, angehörte; er las später griechische Dichter, übersetzte sogar aus ihnen, aber nur mit Hülfe von Uebersetzungen, meist halfen wörtliche lateinische Paraphrasen aus, die am ersten seinem Dichtergeiste erlaubten, in den Sinn des Alterthums einzugehen. Jetzt aber will er sich etwas mit dem Griechischen beschäftigen, auf gründliche Weise, nicht ohne Grammatik und Lexikon, um wenigstens zu einem Verständniß der griechischen Metrik zu kommen, welches er, wie er wohl fühlte, durch den bloßen Gebrauch von Uebersetzungen nicht erhalten konnte. Goethe indeß ist damit nicht einverstanden. Immer nur auf die reinste und schnellste Förderniß des Freundes bedacht, ließ er ihm zwar die angedeuteten Bücher zukommen, aber nicht von Jena, sondern gleich aus seinen eigenen Büchern in Weimar durch Vulpius, dem er deshalb geschrieben, sucht ihn aber von einem Unternehmen abzuhalten, was ihm nur Noth und Pein machen müsse, ohne ihn in seiner Production zu fördern, und weist ihn auf Humboldts Rückkehr hin, der ihm dann seinen theoretischen Beistand nicht entziehen werde. Einstweilen schickt er ihm einen Aufsatz von Humboldt über den Trimeter, von dem er eine, wenn auch sehr fehlerhafte, Abschrift hatte, dann einen Theil der Uebersetzung desselben von Aeschylus Agamemnon. Daraus hofft Schiller allerlei zu lernen, denn es wird ihm schwer mit Hermanns Buch zurecht zu kommen: schon vorn herein finden sich Schwierigkeiten, welche die Fortsetzung des Studiums unterbrechen.¹)

Humboldts Uebersetzung aber fand Schiller zu schwer, hart und undeutlich; doch war sie ihm nicht ohne Nutzen, es wehte ihm daraus der einfach erhabene Sinn des Alterthums entgegen, ließ ihn empfinden das Bedeutungsvolle jeder Rede und jedes Chorgesanges, förderte den Fortschritt in der formellen Technik, in der Behandlung der poetischen Sprache und des Rhythmus und konnte ihn der höhern dramatischen Kunst der Griechen näher rücken, wohin sein Augenmerk und Streben schon lange und damals vornehmlich gerichtet war. Denn er fühlte den Drang eine Tragödie im antiken Styl nach Sophokles König Oedipus, wie er selbst in einem Briefe (Nr. 370) an Goethe sagt, zu dichten und dichtete die Braut von Messina, dabei unterstützt und mächtig gehoben durch die freiere Stolbergsche Uebersetzung von 4 Tragödien des Aeschylus (des Prometheus, der Sieben vor Theben, der Perser und der Eumeniden), insofern sie ihm eine noch größere Bekanntschaft mit dem erhabenen Dichter gewährte und eine Versetzung in die alte Zeit erleichterte.²)

---

¹) Gerade so wie er später die Vossische Prosodie nicht durchstudieren konnte, wie er am 30. Mai 1803 an Goethe schreibt: „Ich bin nicht weit darin gekommen. Man kann sich gar zu wenig Allgemeines daraus nehmen, und für den empirischen Gebrauch, etwa zum Anfragen in zweifelhaften Fällen, wo sie vortreffliche Dienste thun könnte, fehlt ihr ein Register, wo man sich das Orakel bequem holen könnte. Ihr Gedanke sie zu schematisiren, ist das einzige Mittel sie brauchbar zu machen."
²) S. Schillers Worte bei Hofmeister 5. Th. S. 68 unten Not. 3.

Was nun Schiller mit dieser Dichtung erreichen wollte, erreichte er; sie ist ganz geeignet die Tragödie der prosaischen Wirklichkeit zu entreißen und sie ganz und gar in eine ätherische Region empor zu heben [1]). Ueberall, namentlich in den Chorpartien, sind Entlehnungen von Ideen, Situationen und Ausdrücken aus griechischen Tragödien bemerkbar, welche die Pracht und das Feierliche der Dichtung erhöhen und in Verbindung mit kunstreichen dem Wechsel der Gefühle entsprechenden Versmaßen einen mächtigen Zauber über das Ganze verbreiten. Daher war die Aufnahme des Stücks ausgezeichnet, wenigstens bei dem gebildeten Theile des Publikums. Statt aber nun in dieser Richtung noch Aehnliches zu schaffen und sich darin mehr und mehr zu befestigen, wandte sich der Dichter zum Wilhelm Tell, der ihn mächtig anzog. Er empfahl sich zum Theater sehr durch seine Volksmäßigkeit, wie Schiller selbst an Humboldt schreibt, insofern er alle Volksklassen zu einer nationalen Handlung vereinigt, und machte bei der Aufführung einen größern Effekt als die andern Schiller'schen Stücke, indem Gebildete wie weniger Gebildete von dem Gegenstande gleichmäßig ergriffen wurden. Auch in Wilhelm Tell sind Anklänge an griechische Dichter, an Homer und die Tragiker, welche den edeln Sinn des Dramas fördernd heben, und lyrische Partien, zu Anfang in Liedern wie auch später eingefügt, machen das Schauspiel poetischer. In der Jungfrau von Orleans hat der Dichter die Scene mit Montgomery, wo dieser die Jungfrau um

---

[1]) S. Schillers Leben von Hofmeister 5. Th. S. 66.

sein Leben bittet und ein reiches Lösegeld verspricht, im Geiste der Homerischen Dichtung gebildet und ihr dadurch ein alterthümliches Aussehen gegeben¹). Das Antike wird ferner bemerkbar in der in Trimetern abgefaßten Scene zwischen Johanna und Montgomery, die Schiller zuerst versucht, noch ehe der Entwurf der Tragödie fertig ist. Die Verse sind volltönend und größtentheils glücklich gebildet²).

In der Maria Stuart ist auch manches, was an das griechische Drama erinnert, wie das rasche, kräftige Wechselgespräch zwischen Leicester und Mortimer (Akt 2. Auft. 8. S. 84), wo von beiden stichomythisch Rede und Gegenrede, wie Pfeile, hin und her geschnellt werden. Und hat nicht Schiller die Griechen im Auge, wenn er anfängt sich einer größern Freiheit oder vielmehr Mannigfaltigkeit im Sylbenmaß zu bedienen, wo die Gelegenheit es rechtfertigt, wie zu Anfang des dritten Aktes der Maria Stuart die veränderte Versart eine treffliche Wirkung macht, besonders durch den Gebrauch des Reims an Stellen, wo die Empfindung sich hebt und starke Leidenschaft spricht? Diese Abwechselung, meint der Dichter, sei auch in den griechischen Stücken und man müsse das Publikum an alles gewöhnen. Dasselbe hat der Dichter hie und da versucht und diese Versuche sind günstig und mit Beifall aufgenommen worden.

Mochte nun auch Schiller durch seine Stücke eine außerordentliche Wirkung hervorbringen und immer neue drama-

---

¹) S. Iliade B. 21. 34 ff. 11. 221 ff. 6. 37 ff.
²) Nur einmal hat sich ein Siebenfüßler eingeschlichen Akt. 2. 7. wo Johanna spricht: Du bist des Todes! Eine britt'sche Mutter zeugte dich.

tische Triumphe feiern, mochte daran auch die äußere Form, die Versification ihren besondern Antheil haben, so wurde er doch manchmal und selbst mitten auf seiner Siegesbahn schwankend und legte sich wirklich im Ernst die Frage vor, ob es nicht besser sei, das folgende Stück, was er dichte, sowie alle, die auf dem Theater wirken sollen, lieber gleich in Prosa zu schreiben, denn alles ziehe noch zur Prosa herab, Schauspieler und Publikum. Das hatte er auf einer Reise (1801) in Dresden und Leipzig bemerkt, wo er beim Besuch der Theater dieser Städte zuweilen eine Declamation hörte, die es ihm ganz unmöglich machte zu errathen, ob ein Schauspiel in Prosa oder in nachlässigen Jamben geschrieben sei, wo der Vortrag alles that, um den Bau der Verse zu zerstören und das Publikum nur an die liebe bequeme Natur gewöhnt war.

Ein solches Schwanken und Bedenken Schillers über die Tauglichkeit der Verse im Drama und seine Neigung sich der Bequemlichkeit und Natürlichkeitsrichtung der Schauspieler wie der Zuschauer zu accommodiren lag in der Zeit. Auch damals wurde noch an vielen Orten Deutschlands unter Freunden und in größern Cirkeln wie in öffentlichen Blättern, besonders aber in Berlin[1], Weimar und Jena, den damals hervorragendsten Stätten deutscher Bildung und deutschen Geschmacks lebhaft hin und her gestritten, ob der **Vers für das Drama passe oder ob nicht vielmehr Prosa in demselben herrschen solle.** Dieser

---

[1] S. Schlesier in seinen Erinnerungen an W. v. Humboldt Bd. II. S. 56.

Streit hatte in der zweiten Hälfte des abgelaufenen Jahrhunderts begonnen, war in das neue hereingetragen worden und sollte nun unter der jungen Sonne des neuen Tags entschieden werden. Entschieden war er eigentlich schon; man hätte nur Goethes Wort mehr beherzigen sollen, wenn er im November 1797 dem Freunde, der bereits seinem Wallenstein nach langem Schwanken statt der Prosa eine poetisch rhythmische Umgestaltung zu geben angefangen, ausdrücklich erklärt: Alle dramatischen Arbeiten (und vielleicht Lustspiel und Farce zuerst) sollten rhythmisch seyn und man würde alsdann eher sehen, wer was machen kann u. s. w. Und Schiller hatte die Ueberzeugung gewonnen, daß es unmöglich sei, ein Gedicht in Prosa zu schreiben, hatte deshalb für die Einführung der Jambensprache im Wallenstein sich entschieden und erklärte nun, daß er kaum begreife, wie er es je anders habe wollen können. Indem aber Goethe den Vers für das Drama empfahl, dabei das System der gemeinen Naturnachahmung zu verdrängen suchte, so war dies eins von den ersten und vorzüglichsten Verdiensten, die er sich in der deutschen Literatur erwarb. Er dachte hier, ähnlich wie die Griechen, welchen ein dichterisches Werk, ein Drama, welches in Prosa verfaßt worden wäre, als ein Unding erschienen seyn würde.[1])

Diejenigen nun, welche gegen den Vers im Drama waren, verbannten ihn daraus unter dem Vorwande größerer Natürlichkeit; das Drama sei ja die Vorstellung einer

---

[1]) Vgl. Wielands Ausspruch in der Thalia Heft 1 S. 99: ein vollkommenes Drama müsse in Versen geschrieben seyn.

Handlung, wie sie sich im Leben wirklich zugetragen und im Leben spreche doch niemand in Versen; durch die Verssprache oder gebundene Rede werde ja alles so steif, einförmig und eintönig, wogegen die ungebundene Rede oder die Prosa sich sehr mannigfaltig und je nach den Gegenständen, welche sie behandelt, einen verschiedenen Charakter annehmen könne, sie könne sich viel freier und frischer bewegen, alle Begriffe und Gedanken populärer machen, und sei für Reflexion und belehrende Mittheilung, durch raschen, leichten Dialog, durch feine und pikante Wendungen geeigneter, die Prosa locke nicht wie der Vers ins Breite, führe nicht zur flachen Schönrednerei, zum Phantastischen und Schmuckreichen, zum Bilderwust und Wortschwall, sondern gehe geradeswegs auf das Einfache, Wirkliche, Verständige und Wahre.[1]

Als dieser Streit gegen den Vers im Drama geführt wurde, herrschte fast überall in Deutschland eine breite und platte Natürlichkeit, eine nüchterne, verständige Altklugheit und Aufklärung, wie sie Friedrich Nikolai, nach Schelling's Urtheil der wahre Wasserstoff des Zeitalters, gern hatte und in Folge davon galt auch auf der Bühne nichts, als was der alltäglichen Brauchbarkeit und gemeinen Wirklichkeit angehörte und dem gewöhnlichen Hausverstande zusagte, dessen Organ allein nur Prosa zu seyn schien.[2] Daher war es nicht auffallend, daß viele den Vers, der schlechterdings Be-

---

[1] Schätzenswerthe Bemerkungen hierüber giebt in neuester Zeit G. Freytag in der Technik des Dramas S. 271 ff.
[2] S. Vilmars Geschichte der D. Nat. Literatur Th. 2, S. 302. Vgl. Schiller bei Hofmeister Th. 3, S. 316.

ziehungen auf die Einbildungskraft fordert, verwarfen, selbst
Männer, die durch gelehrte Kenntniß und ansprechenden
Kunstsinn, sowie durch leichte, amüsante Lebensbildung vor
andern vortheilhaft sich auszeichneten, wie der Verfasser des
Philosophen für die Welt und des Lorenz Stark. Jacob
Engel, eine Zeitlang mit der Leitung des Berliner Theaters
beauftragt, meinte, es sei widersinnig, Schauspiele in Versen
zu schreiben, und erklärte geradezu, wir müßten die griechischen Autoren nicht blos zu erreichen, sondern auch zu übertreffen suchen, und dazu wäre schon das ein Mittel, daß wir
unsere Dramen in Prosa verfaßten. Eine seltsame Ansicht,
zum Theil auf dem Natürlichkeitsprincip beruhend, zum Theil
von einem Gefühl poetischer Impotenz diktirt, denn was
Engel selbst nicht machen konnte, das sollte auch nichts seyn.
Weil er keine Schauspiele in Versen zu schreiben vermochte,
so sollte es widersinnig seyn, Schauspiele in Versen zu schreiben. Bekannt ist ja auch und das giebt das beste Zeugniß
von der Einseitigkeit seines Geschmacks, daß er den Otto
von Wittelsbach von Babo für das beste deutsche Trauerspiel
hielt, daß der Hausvater von Diderot und der Philosoph,
ohne es zu wissen, von Sedaine, seiner Meinung nach, die
einzigen werthvollen Stücke des französischen Theaters waren,
und daß ihm Bürgers Balladen das galten, was die Iliade
dem Aristoteles gewesen, das Höchste der Poesie.

Bei solchen Ansichten konnte die Kunst unter Engel in
Berlin keine Fortschritte machen. Zwar hat er gerühmte
Lustspiele „der dankbare Sohn und der Edelknabe" gedichtet,
oft gesehene, rührende Lustspiele, in Diderot-Lessingschem Styl,

ausgezeichnet durch sittliche Reinheit und guten Dialog, aber es sind Erzeugnisse ohne allen höheren Aufschwung der Phantasie, ohne poetische Erhebung und Begeisterung. Auch als Schauspieler war er nicht unbedeutend, wenigstens in früherer Zeit, aber in einem eingeschränkten Fache. Den Tellheim in der Minna von Barnhelm und den Comthur in Diderots Hausvater spielte er in Leipzig, zur Freude der Zuschauer, auf einem Liebhabertheater, an dem auch Corona Schröter und Goethe Theil nahmen. Indeß war Engel in seiner Bildung zu einseitig, um als Vorstand der Bühne für das wahrhafte Gedeihen der Kunst zu wirken und konnte keinen Künstler durch mündlichen Unterricht bilden, so viele Mühe er sich auch gab, wohl aber bot er dem angehenden und strebenden Schauspieler in seiner Mimik eine Anzahl seiner Winke und Andeutungen für mimische Darstellung als Norm und Regel dar.

Engels wunderlicher Ausspruch über Untauglichkeit der Verssprache im Drama fällt um so mehr auf, als schon vor ihm Joh. Elias Schlegel bemerkt hatte: „Es gibt kein Kunstwerk von feiner Gattung, das nicht die eine oder die andere Unwahrscheinlichkeit hätte; selbst das Drama hat, außer der Versification, noch ganz andere, die man doch nicht bloß duldet, die man ausdrücklich verlangt. Volle Wahrheit der Natur verlangt Niemand; sogar beleidigt sie den guten Geschmack. Im Drama nun ist eben die Versification ein Mittel, die Nachahmung des Lebens gegen das wirkliche Leben abzusetzen." Jene Natürlichkeitsrichtung, welche Berlin repräsentirte, deutet Goethe in folgenden Versen trefflich an:

> Ob es kunstreich oder zierlich,
> Geht uns so genau nicht an.
> Wir sind bieder und natürlich;
> Und das ist genug gethan.

Zwar hat auch Lessing in seinen ersten Dramen der möglichst zu erreichenden Natürlichkeit wegen den Vers aufgegeben, aber er wußte, was er wollte. Als ein geistig klarer und besonnener Heros seiner Zeit wirkte er wohlthätig und gewaltig, auf der einen Seite durch Kampf und Zerstörung, auf der andern durch neues Begründen und Aufbauen. Er kämpfte gegen die Herrschaft der französischen Poetik in Deutschland, suchte das Franzosenthum, das nach dem dreißigjährigen Kriege im Gewande der Diplomaten, des Hofmanns, des Hofpoeten, mit Alongenperücke und zierlichem Degen sich eingeschmeichelt hatte, durch das strenge Maß und die durchsichtige Form der Antike zu beschränken, und den Alexandriner, gleichsam den zweigeschenkelten Hofmann unter den Versmaßen, durch eine gediegene deutsche Prosa von der Bühne zu verdrängen. Wenn dieser Vers bei den witzigen antithesenreichen Franzosen einigermaßen die Stelle des Poetischen vertrat, so war er doch für das deutsche Ohr ein wahrer Greuel und hat selbst in der geschicktesten Behandlung etwas Antipopuläres. Man sehe nur die Trauerspiele von Andreas Gryphius, durch den dieser Zopfvers, von Holland aus, wo er sechs Jahre lang auf der Hochschule zu Leyden lehrte, in das deutsche Drama kam, dann die Stücke Gottscheds, des Freundes der französischen Formrichtigkeit, und seiner Frau und zahlreichen Schüler; verbreitet ist er

auch durch die Dichtungen von Elias Schlegel, Cronegk und
Ch. F. Weiße in Leipzig.

Doch Lessing baute 1779 wieder auf, was er zerstört
hatte, das Drama in Versen. In Nathan dem Weisen,
welcher, von der Bühne aus die Religionsfreiheit empfehlend,
durch seinen Inhalt schon Erhebung und Würde mit sich
brachte, zeigte sich die höhere Stimmung des Gemüths in
der veränderten äußern Form, in dem Verlassen der Prosa,
an deren Stelle der fünffüßige Jambus eintrat und seitdem
im Drama allmählich sich einbürgerte. Angebahnt hatte ihn
der Freiherr von Brawe[1]) aus Weißenfels durch seinen Brutus
um 1755, das erste deutsche Drama in diesem Versmaße,
welches 1768 von Lessing herausgegeben, am 20. Aug. 1770
in Wien aufgeführt wurde. Etwas später bearbeitete Heinrich
Schlegel, der Bruder von Elias Schlegel, Thomsons Trauerspiel Sophonisbe und einige andere in fünffüßigen Jamben,
mit dem Bemerken, es gewinne dieses Sylbenmaß der Engländer in Deutschland mehr und mehr Beifall, da man die
vorzüglichste Bequemlichkeit desselben zur dramatischen Declamation erkenne.[2]) Und Chr. Felix Weiße gab die Befreiung
von Theben in fünffüßigen Jamben, wahrscheinlich auch frühzeitig, ohne daß diese Tragödie aufgeführt wurde, dagegen
kam sein Atreus und Thyestes in demselben Versmaße in
Hamburg und anderwärts zur Aufführung.[3]) Das waren

---

[1]) S. Adolf Stahr „zu Goethes Iphigenie auf Tauris" S. 12 ff.
[2]) Manches Belehrende darüber giebt Heinr. Pudor „über Goethes
Iphigenie" S. 104 ff.
[3]) S. Hagens Geschichte des Theaters in Preußen S. 426.

nur einzelne Versuche ohne nachhaltigen Erfolg. Sie sprechen dafür, daß der Vers sich wieder der Bühne bemächtigen wollte, nur in anderer Form, man meine aber nicht, daß der wiederaufgenommene überall auch freudigen Empfang, Ansehen und Geltung gefunden habe. Lessing selbst hatte nicht die Freude, seinen Nathan bald nach dem Erscheinen desselben auf der Bühne zu sehen. Einmal war die Zeit noch nicht dafür empfänglich, dann auch die Kunst der Schauspieler noch nicht weit genug vorwärts geschritten, um die ungewohnte Form der Jambensprache geschickt zu behandeln und den gemessenen ruhigen Gang der Handlung leicht zu verfolgen. Daher mislang das Unternehmen Döbelins, der in Berlin dieses Stück am 14., 15., 16. April 1783 (zwei Jahre nach Lessings Tode) zuerst aufführte, aber offenbar verfrüht und ohne Anklang und Eingang zu finden. Nur Weimar hatte das Glück, nach Schillers Bearbeitung und nach dem Vorgange anderer Darstellungen, durch welche die Schauspieler im Vortrag der Verse geübt waren, das Stück den 28. Nov. 1801 zur vollen und dauernden Anerkennung zu bringen und damit auf andere Bühnen, wie auf Berlin, Leipzig u. s. w. Einfluß zu gewinnen.[1]) Auch dem Freiherrn Heribert von Dalberg, Vorstand des Mannheimer Theaters, lag daran Schauspiele in gebundener Rede gegen Engels Auctorität auf die Bühne zu bringen; das Publikum, sagt er, sei dabei anhaltend aufmerksamer und feierlicher als gewöhnlich gestimmt. Der Grund davon liege wohl in der Natur des

---

[1]) S. Lessings Leben von Danzel II. 2, S. 210 ff.

Rhythmus selbst." Er ließ daher am 10. December 1786 ein dramatisches Gedicht in fünffüßigen Jamben „der Mönch vom Carmel", das er selbst nach dem englischen Dichter Cumberland bearbeitet hatte, aufführen; es gefiel, weniger aber sprach es in Hamburg an, wo es an Schröders Geburtstage, am 3. Nov. 1786 gegeben wurde[1]), ein anderes von Dalberg in derselben metrischen Form war Montesquieu, von geringerm Beifall, als es von der Bondinischen Gesellschaft in Dresden am 22. November 1788 zur Darstellung kam. Der Mönch vom Carmel erschien dann noch am 4. December 1788 in Dresden, in demselben Jahre am 25. September in Berlin, dreimal hintereinander und zum dritten Mal auf ausdrücklichen Befehl des Königs und am 5. December 1789 in Weimar unter Belluomo, hier nur einmal. Wenn die Jamben, heißt es in den Anzeigen darüber, so beklamirt werden, wie es in diesem Stücke von den Spielenden geschah, so gewinnen sie unstreitig, wozu aber die Wiedereinführung dramatischer Stücke in Versen? Jetzt sei ja die Zeit, wo nach so vieler angewandter Mühe endlich die Natur so ziemlich wiederhergestellt und alles Gezwungene vertrieben worden sei[2]). Deshalb mußte Schiller den Don Carlos, welchen er im Jahr 1786 in Jamben vollendet hatte, in Prosa auflösen, damit er in Leipzig von der Bondinischen Gesellschaft gegeben werden konnte. In dieser Umgestaltung wurde

---

[1]) S. Hagens Geschichte des Theaters in Preußen. S. 427, und Schröders Leben von Meyer II, 1. S. 20 f.
[2]) S. Annalen des Theaters. Berlin 1788. 2. Heft S. 109 1. Heft S. 101 u. 104.

er dort am 14. September 1787 zum ersten Male aufgeführt. Ebenso in Dresden und Prag, wohin dieselbe Gesellschaft ihre Wanderungen unternahm, in Berlin kam das Stück im November 1788 auf die Bühne unter Engels Direction und Wirkung¹). Und gieng es nicht der frühesten dramatischen Arbeit Goethes, den Mitschuldigen, die unter dem Einfluß der französischen Comödie entstanden, eine gute Alexandrinersprache führten, eben so? Die Alexandriner wurden für die Leipziger Aufführung von Dr. Albrecht in Prosa umgedichtet und das Stück so unter dem Titel: „Alle strafbar" mit Beifall aufgenommen, zumal da alles Anstößige, was das ästhetische und moralische Gefühl verletzte, weggefallen war. Auch Hamburg nahm „die Mitschuldigen" in Prosa an und andere Theater wie Baireuth²). Man erklärte sich besonders gegen Vers und Reim, die dieses Stück gerade heben und anmuthig beleben. Denn als es durch den Druck bekannt wurde, heißt es in der Bibliothek der redenden und bildenden Künste 3. Bd. 2. St. S. 411 f., konnten viele nicht begreifen, wie der Verfasser von Götz von Berlichingen und der Leiden des jungen Werthers ein Lustspiel in Versen habe schreiben können. Daß es Molieres nicht unwürdig wäre, mußten sie eingestehen; aber ein Lustspiel in Versen zu schreiben, das sey, nach der von Diderot aufgestellten, von Lessing verdeutschten und erhöhten, und durch Engel zum Canon ausgerufenen Theorie des Dramas, ein Frevel, den man nur einem so capriziösen Menschen, wie Goethe

¹) S. Devrients Gesch. der d. Schausp. 3. Bd. S. 78. 89 ff.
²) S. Rhein. Museen 2. Jhrg. 1. Bd. S. 436 ff.

nun einmal sey), wegen der Thränen verzeihen könne, die man über die von ihm geschilderten Leiden des jungen Werthers vergossen habe." Die Mitschuldigen kamen daher außer auf Liebhabertheatern früher, selbst in Weimar erst spät, aber dann oft auf die Bühne, und gewährten einen hohen Genuß, der immer mehr zunahm, je besser die Schauspieler mit den Alexandrinern umzugehen lernten¹); anderwärts wagte man aus diesem Grunde nicht sie zu spielen, da überdieß der Dialog derselben durch Gehalt und Leichtigkeit sich auszeichnet; nur Hamburg machte im Jahr 1807, bis wohin das Albrechtsche „Alle strafbar" in Prosa gegeben, eine rühmliche Ausnahme²).

Früher (am 29. Aug. 1787) hatte Schröder den Don Carlos in jambischer Sprache aufgeführt und rauschenden Beifall erlangt, aber die neue poetische Form war doch nicht in allen Rollen zum vollständigen Gelingen gekommen; überdieß waren auch andere Versuche mit versificirten Stücken ohne besonderes Glück gemacht worden, und Schröder hielt sich am Ende lieber an die Prosa mit Entfernung alles Poetischen und folgte der Richtung, welche in der Luft der damaligen Zeiten lag, von Iffland und Kotzebue mit Beifall benutzt und ausgebeutet³). Thränen wollte man, Rührung, weichliche Sentimentalität, häusliches Behagen und bürgerliches Misere. Daher waren die Familienstücke an der Tagesordnung,

---

¹) S. Schillers und Goethes Briefw. Nr. 982 u. 984.
²) S. Lebruns Jahrb. für Theater u. Theaterfreunde. I. S. 265.
³) S. Devrient Bd. 3. S. 166.

die doch das Gute hatten, daß sie die Ritter- und historischen
Spektakelstücke, welche in einer rohen Darstellungsweise über
die Breter tobten, zurückdrängten: eine in der Literatur wie
im öffentlichen Leben gewöhnliche Erscheinung, daß in Gegensätzen die ewig treibenden Keime des Fortschritts und der
Entwicklung ruhen und aus ihrer Vernichtung wegen gänzlicher
Einseitigkeit eine Versöhnung endlich hervorgeht. Solche
Gegensätze waren hier. War das Drama in jenen Familien-
stücken bis zur Nüchternheit und Plattheit wahr, so war es
in den Ritterstücken bis zur niedrigsten Verzerrung unwahr.
Und war vorher durch die überhäufte tumultuarische Handlung kein Platz für eine schöne poetische Rede, so war nun
vollends wegen der Gewöhnlichkeit des Stoffs nicht daran
zu denken[1]). Es mußte aus diesen Gegensätzen, wie die Tugend nach Aristoteles in der Mitte zwischen zwei Fehlern dem
Zuviel und dem Zuwenig, liegt, ein Drittes geboren werden,
die wahre Idealität, d. h. die innige Einheit und Durch-
dringung des Idealen und Realen und mit dieser Geburt
mußte auch der Vers zur Blüthe kommen, — der Hebel
des Idealen.

Wir haben eine musikalische Travestie „der Dichter"
von August Klingemann, worin der Kampf gegen den Vers
in den Dramen, wie er am Ende des vorigen und zu Anfang
dieses Jahrhunderts geführt wurde, lächerlich gemacht wird[2]).

---

[1]) S. Vorlesungen über die Geschichte des deutschen Theaters von
. E. Prutz. S. 370 ff.

[2]) S. Zeitung für die eleg. W. 1803. Nr. 45.

Klingemann studierte in Jena um das Ende der neunziger
Jahre die Rechte, war aber mehr in den Collegien der Philosophen und Aesthetiker und im Theater zu Weimar, das eben
den größten Aufschwung nahm, als in den Vorlesungen der
Juristen, und hatte im Verkehr mit Fichte, Schelling, A. W.
Schlegel, Schiller und andern Geistern die Verhandlungen
über den Vers kennen gelernt. In jener Travestie nun in
der 5ten Scene spricht Theobald mit Apollo, der modern
gekleidet, mit der Lyra in der Hand, Verse recitirt: „Für's
erste legt diese steife Sprache ab — ich glaube es sind Trimeter! Alles muß jetzt behende und natürlich seyn; es ver-
suchten es seit kurzer Zeit zwar wenige Dichter, ihre Schauspiele in Jamben zu schreiben, aber man liebt das doch im
Ganzen nicht: Leichter Dialog, Prosa, das ist die Hauptsache, alles Prosa! Ich glaube, Ihr könnt gar nicht in Prosa
reden? Apollo spricht dann in Versen:

Nur Harmonie beseelt der Dichtkunst hohes Werk;
Vom Himmel wurde sie zu Euch herabgesandt!

Darauf Theobald: Das ist Mystik, womit wir nichts zu
schaffen haben. Glaubt mir, mit solchen Ideen kommt man
jetzt nicht durch; Ihr müßt klar und verständlich seyn, daß
Euch die Kinder in der Wiege begreifen. Wir machen jetzt
solche erstaunliche Fortschritte in der Popularität, daß uns
in kurzer Zeit vielleicht sogar die unvernünftigen Kinder verstehen lernen. Davon wußte man zu Eurer Zeit nichts.
Folgt mir, ich meine es gut mit Euch; seht, wie anständig
Ihr nicht schon geworden. seid, seitdem Ihr Euch zu einer

sittlichen Kleidung bequemtet. Versucht es nun auch mit der Prosa, es wird Euch nicht gereuen u. s. w."

Am meisten aber waren für die Prosa und gegen den Vers im Drama die Schauspieler, wie Reinecke, Koch aus Berlin, ein warmer Verehrer der Satzungen Engels, Schröder in Hamburg, der bei seiner Vorliebe für die Natürlichkeitsrichtung, wenn auch groß in seinen mimischen Kunstleistungen, doch bei dem Mangel an poetischer Tiefe, die Verssprache nicht liebte. Von Reinecke ist bekannt, daß er sich um die erste Aufführung des Schillerschen Don Carlos in Leipzig verdient machte, aber in der prosaischen Auflösung der Diktion, welche auch in Berlin gern angenommen wurde[1]), und später noch in Frankfurt am Main und anderwärts in Gebrauch kam. Freilich muß bei Don Carlos festgehalten werden, daß hier, wo der Dichter zuerst des jambischen Versmaßes sich bediente, an sehr vielen Stellen und besonders in den letzten Acten die Jamben nur für das Auge vorhanden sind und das Ohr sie vergebens sucht. Daher war es ein Leichtes, daß die Schauspieler, selbst wenn sie sich auf den kunstmäßigen Vortrag der poetischen Rhythmen verstanden, in dieser Tragödie häufig in einen prosaischen Conversationston geriethen und die Verse wie schlichte Prosa vortrugen. Es kam aber auch bei metrisch vollendeten Stücken vor, daß die einen die Verse zu viel und unerträglich standirten und eine auffallende Monotonie bewirkten, andere den Verstact bis zur tonlosen Prosa verwischten; ihre Reden

---

[1]) Siehe oben S. 18. Vgl. Devrient 3, S. 18.

mit der unachtsamen Geläufigkeit unbedeutender Conversation hinauswarfen, während wieder andere jeder Sylbe ihr volles, prosodisches und recitatorisches Recht wiederfahren ließen. Es fehlte hier offenbar den Darstellenden an innerem Sinn für Rhythmus und Tempo, an Fähigkeit zu freier Bewegung des Spiels in den Grenzen des poetischen Zusammenklanges, ohne den die Poesie auf der Bühne nicht bestehen kann.

Opitz in Leipzig, ein sonst braver Schauspieler, aber eine flache, prosaische Natur, war nicht geeignet, die neuere poetische Richtung zu fördern, er kränkelte an einer misverstandenen Conversations=Sucht und konnte sich durchaus nicht über die Sphäre der guten Hausväter erheben, auch wenn er Schillersche Personen, wie den Tell, darstellte. Tiefe und Geist dürfe man bei ihm nicht suchen, sagt Körner, er sey ein armseliger Patron[1])!

Selbst Iffland, der große Meister in der Mimik, verwarf alle poetische Form in der höhern Tragödie und war ein entschiedener Feind der Rhythmen und Verse. Er hatte dieß August Klingemann unumwunden erklärt und dieser spricht oft in Kunst und Natur über sein unrhythmisches Spiel. Wenn Iffland gleichwohl auf die Berliner Bühne Schillersche Stücke wie sie fertig waren und Goethesche, die auf das Publikum weniger Wirkung hatten als die Schillerschen, brachte, wenn er Dramen von Zacharias Werner und Collin, von Shakespeare, Racine und Corneille, aufführte, so kann man doch nicht aus diesen Bemühungen auf seine Liebe

---

[1]) Vgl. Devrients Geschichte u. s. w. 3. S. 94.

zur Poesie schließen wollen. Er zeigte diesen Eifer als Vorstand der Bühne und setzte eine Ehre hinein hinter der Weimarischen nicht zurückzubleiben. Jede Neuigkeit eines classischen Produkts, was in Weimar zur Aufführung kam, mußte gleich darauf in Berlin über die Bühne gehen. Man sieht das aus den dringlichen Briefen, die er deshalb an Schiller schrieb. War ihm nicht gelungen ein fertig gewordenes Schillersches Stück gleich aufzuführen, was mit der Jungfrau von Orleans der Fall war, das zuerst in Leipzig aufgeführt wurde, so bot er alles auf, durch irgend etwas die Aufmerksamkeit auf sich zu ziehen, und sein Berliner Publikum zu beruhigen, wie er denn in jenem den Krönungszug zu Rheims mit Pracht und Pomp eingerichtet hatte, der dann oft auf besonderes Verlangen besonders dargestellt wurde.

Und doch übernahm Iffland in diesen versificirten Stücken Rollen mit großer Freude, wie Wallenstein, Tell und den ersten Chorführer in der Braut von Messina, den er, wie Augenzeugen erzählen, ebenso meisterhaft gespielt haben soll, wie Graff auf dem Weimarischen Theater, welchen in dieser Rolle Schiller selbst eingeübt hatte. In Goethes Iphigenie spielte er den Thoas, in der natürlichen Tochter den Herzog. Mit dem größten Eifer brachte er von Werner die Söhne des Thals auf die Bühne und gab selbst den Großmeister. Lieblingsrollen von ihm waren Collins Regulus und dessen Sulpitius in Coriolan. Gleich nachdem in Weimar Rodogüne von Corneille, übersetzt von Bode[1]), einem Sohne des

---

[1]) Vgl. Düntzer in den Erläuterungen z. Briefw. S. 287, Brief 933.

berühmten humoristischen Uebersetzers Bode, am 7. Sep. 1805 aufgeführt worden, ein Stück von hohem gemessenem Ernst, in einer prächtigen hin und wieder etwas zu pomphaften Diktion, gab Iffland dasselbe in Berlin und spielte darin; den Julius Cäsar brachte er nach der Schlegelschen Uebersetzung und ohne Verkürzung auf die Bühne und übernahm den Brutus.

Aber in allen diesen Darstellungen, wie des Wallenstein, des Tell u. s. w. kündigte Iffland den Versen den offenbaren Krieg an und beeinträchtigte sie hin und wieder in ihren Gerechtsamen sehr unbarmherzig. Denn es war nichts Seltenes, sagen die Berichte der berufensten Beurtheiler, daß er Verse mit solcher Hervorhebung, solchem gedehnten Pathos, ganz gegen den Sinn des Dichters, sprach, daß der große Künstler fast an Carricatur anstreifte, dann gleich darauf andere auf ganz entgegengesetzte Weise, in schnellem fast hüpfendem Tone ebenfalls gegen den Sinn des Dichters vortrug, nur um eine intendirte Wirkung hervorzubringen. Manchmal ließ er die Skansion der Verse scharf hören, manchmal wieder nicht, dann schleifte er die Endsylben einer vorangegangenen Zeile in die andere und diese in eine dritte, ja er setzte, ohne daß es ihn weiter kümmerte, ganze Wörter in metrische Rede, ohne den Vers zu verändern und das Gleichgewicht der Sylben herzustellen, hinzu. Das thue nichts, sagte er, das höre man nicht, sei ganz an schicklichem Platze, wenn dadurch der Vers nur an Bedeutsamkeit gewinne. Ebenso verfuhren der neben ihm stehende geniale Fleck und die seelenvolle Unzelmann, die zwar in der Declamation eine ausgezeichnete Künstlerin war, sich aber nicht in das Reich der Phantasie und der Ideale hinauswagte und deshalb die höhere Musik des Verses, um ihn im vollsten Wohlklange vorzutragen, vermissen ließ, wie selbst ihre eifrigsten Bewunderer erzählen. Ja die feinfühlende Unzelmann, sagt Devrient 3, 285, ließ sich ihre jambischen Rollen wie Prosa, ohne Absatz der Verse, schreiben, damit sie durch das Auge nicht verführt werde, die rhythmischen Abtheilungen zu Hemmungen des natürlichen Redeflusses zu machen. Das Beispiel fand nicht nur in Berlin, sondern an vielen Bühnen Nachahmung. Viele ließen sich ihre Rollen in Schillers Tragödien wie gewöhnliche Prosa ausschreiben, um sie über den bürgerlichen Leisten der Umgangssprache schlagen zu können. Natürlich war es ja, daß die Unzelmann, Fleck und Iffland als die hervorragensten Größen auch sonst gesetzgebend wirkten und die übrigen Schauspieler zu ihrem Tone stimmten. Dabei ist zu bedenken, wie der größte Theil derselben nur mittelmäßig, dem gemeinen Naturalismus ergeben und dennoch im Besitze bedeutender Rollen waren, wie diese von dem größten Theile des Publikums, dem nur eine getreue prosaische Darstellung einer gemeinen Wirklichkeit genügend war, keine Anregung und Aufforderung erhielten, um sich im Vortrag metrischer Stücke zu üben, und man wird begreiflich finden, was Funk in den Erinnerungen aus seinem Leben vom Berliner Theater unter Ifflands Direktion erzählt: es sei oft vorgekommen, daß man in einem und demselben Stücke Verse sprechen und Verse radebrechen gehört habe. Funk nimmt dabei Iffland in Schutz und versichert, es sei in den 90ger Jahren des vorigen Jahrhunderts eine herkötische Arbeit gewesen, ein metrisches Stück in Scene zu setzen, besonders sei Iffland die Einstudierung solcher Stücke in der ersten Zeit seines Direktoriums schwer geworden, was auch noch in den Jahren 1804 und 1805 vorgekommen sei. Ueberhaupt wurde Iffland Alles schwer, was in das Gebiet des Idealen reichte. So war er nicht im Stande, König Lear und Wallenstein, die er nach Fleck spielte, aus dem Rahmen seines Kriegsraths Dallner in Dienstpflicht heraustreten zu lassen. Und der Unzelmann fehlte es, als Maria Stuart, für den lyrischen Anfang des 3ten Aktes an poetischer Begeisterung und einem höhern tragischen Styl, indeß sie durch die hohe Ruhe der Verklärung den 5ten Akt zu einem vollendeten Meisterwerk erschuf. Auch Madam Fleck, ein schönes Weib, durch klangvolles Organ und Studium ausgezeichnet, merkte als Maria Stuart, als Jungfrau von Orleans, als Beatrice in der Braut von Messina, daß die Declamation der Schillerschen Verse eine Kunst sei, die man nicht so leicht erlange und nur durch eifriges Bemühen und Bessern erlangen könne.

Wenn nun in Berlin die Verse ein Kreuz der Schauspieler waren, so daß sie in der Declamation den Versbau zerstörten, so geschah dieß auch anderwärts. In Wien dachte man an die Einführung der jambischen Sprache erst mit dem Beginn des neuen Jahrhunderts, aber nur spärliche Versuche wurden vorerst gemacht, mit Collins Regulus und Coriolan, mit Schillers Jungfrau von Orleans und Goethes Bearbeitung des Tankred[1]). Die Schauspieler konnten sich nicht

---

[1]) Devrients Gesch. d. deutschen Sch. 3, 312 ff.

recht in die Versſprache finden. Daher hieß es im Jahr 1802:
„In Wien ſind neuerlich faſt alle Theaterſtücke in Verſen zu
ſpielen unterſagt worden. Bald wird man blos auf die ein-
heimiſchen Produkte eines Herrn Ziegler und einer Madame
Weißenthurn eingeſchränkt ſeyn."[1]) Schreyvogel, beim Theater als Sekretair angeſtellt, ſuchte der idealen Richtung der
Weimariſchen Schule, die er bei ſeinem zweijährigen Auf-
enthalt in Jena, wie A. Klingemann in den neunziger Jahren, kennen gelernt hatte, in Wien eine größere Bedeutung
zu geben, drang aber für das erſte nicht durch, doch hatte
er den Erfolg, daß man in Wien daran dachte, einige bedeutende Künſtler aus der Goetheſchen Schule zu gewinnen,
um die Schillerſchen Tragödien in Gang zu bringen.

Von München blieb die ideale Richtung lange Zeit fern;
die Jungfrau von Orleans wurde erſt 1812 gegeben und
vorher nur einige Schillerſche Stücke. In Prag, Dresden
und Leipzig wollte der Bondiniſchen und Sekondaſchen Geſellſchaft die Versſprache auch nicht gelingen. Körner klagt
in einem Briefe an Schiller vom 13. Nov. 1803, daß Don
Carlos in Dresden in Proſa geſpielt worden ſei; das habe
ihn jetzt weit mehr als ehemals geſtört, da man nun mehr
Jamben erwarte. Der ſonſt geachtete Schauſpieler Brückl
von der Sekondaſchen Geſellſchaft, aus Bequemlichkeitsliebe
dem Extemporiren ergeben, ſuchte als König Philipp ſeiner
Rede durch häufige Einſchiebung der Worte „Merkt Euch
das," einen beſondern Nachdruck zu geben und in der Eifer-

---

[1]) S. Journal des Luxus und der Moden 1802. S. 273.

suchtsscene mit der Königin gerieth er anstatt zu sagen: kurz also und ohne Hinterhalt, Madame! auf die seltsamen Flickworte: Jetzt keine Winkelhacken, Madame, und keine Schrauben![1] So zerriß und durchflickte der Schauspieler Beyer als Coriolan in Collins Stücke mit eignen Hülfswörtern die Verse auf eine so unbarmherzige Weise, daß man meinen sollte, er habe von der Bedeutung des Metrums und Rhythmus in einem dramatischen Gedicht keine Ahndung. Es fiel dies um so mehr auf, da andere Mitspielende die Jamben sehr rein sprachen. Solche Verschiedenheiten im Vortrag und Spiel waren überall bemerkbar, wo nicht eine kenntnißreiche, energische Kraft an der Spitze stand, die alle zu einem schönen Einklang vereinigte. In Cassel bei der Aufführung der Octavia von Kotzebue 1802, wußten einzelne Darsteller nicht, wie sie den Cothurn würdig tragen sollten; der eine brauchte ihn, als ginge er auf Stelzen, der andere als trüge er niedergetretene Schuhe, der dritte zog wohl gar den Cothurn an den einen und den Soffus an den andern Fuß und holperte damit durch das Stück.[2] Man fühlte recht wohl das ungebundene Verfahren und den Mangel an poetischer Abrundung. Daher sah man sich hie und da um nach Regisseuren aus Weimar. Am Hoftheater in Stuttgart wurde Vohs mit seiner Frau als Schauspieler und künstlerischer Direktor angestellt[3];

---

[1] S. Devrients Gesch. d. d Sch. 3, 91.
[2] S. Journal des Luxus u d. Moden. Okt. 1802. S. 564 ff.
[3] S. Devrients Gesch d. d. Sch. 3, S 326. Im 2ten Bd. der Briefe von Charlotte v. Sch. und ihren Freunden heißt es aus Stuttgart den 28. Okt. 1802. S. 88: Vossens räsonnieren hier schändlich über Goethen; man wird sie aber wohl bald selbst kennen lernen.

beide wirkten in kurzer Zeit durch ihre in einer guten Schule gebildete Declamation auf das darin vernachlässigte dortige Personal und machten gleich bei ihrem ersten Auftreten auf den gebildeten Theil des Publikums den lebhaftesten Eindruck. Und der unter unmittelbarer Anleitung Goethes mit Wolff zugleich gebildete Grüner[1]), trug als Regisseur zur Hebung des Darmstädter Theaters viel bei, ein Mann, der mit seltenem Geschmacke einzurichten, einzuüben und auf die Bühne zu bringen wußte, was das Publikum anziehen und bilden konnte[2]). Durch die Vorstellungen von Versstücken, namentlich von Schillerschen, wurde Gervinus, welcher Kaufmann in Darmstadt werden wollte, für poetische Literatur und Kunst so ernstlich begeistert, daß er sich längere Zeit sogar mit dem Gedanken trug, Schauspieler zu werden. Auch Berlin gewann durch Weimar, indem von hier Pius Alexander Wolff, zur Stütze und Zierde der Goetheschen Schule herangewachsen, als Regisseur und darstellender Künstler für die höhere Tragödie an das dortige königliche Nationaltheater kam, wohin ihm seine gleichfalls zu hohem Ruhm gelangte Gattin folgte. Was Berlin noch fehlte, es hatte aber unter Iffland bereits viel erreicht, das konnte jetzt nachgebracht werden. Wolff suchte mit seinem ganzen Seyn und Wirken einen ächten Styl der höhern Tragödie zu begründen, mit den einzelnen

---

[1]) Zwei theatralische Rekruten nennt sie der Briefwechsel Nr. 913. Ein Ausdruck von Bedeutung, da sie zuerst auf der Bühne Gehen und Stehen und allerlei Bewegungen, Stellungen und Schwenkungen lernten. Damals gab Goethe seine Regeln für Schauspieler.

[2]) Ueber die Wirksamkeit Grüners in Darmstadt steht einiges bei Klingemann 1 Bd. S. 67 ff.

darstellenden Kräften ein wohlgeordnetes Ganze, ein tragisches Zusammenspiel einzurichten und ächt künstlerische Totalität zu erlangen, wie sie in Weimar unter Goethe und Schiller so herrlich wirksam sich zeigte, und er konnte es, wenn die Mitspielenden ihn nur als anordnenden künstlerischen Geist anerkannten, was freilich schwierig für Viele war. Besonders aber sah er darauf, daß die Schauspieler lernten, Verse als die Formen für das höhere poetische Drama mit Freiheit und schönem Maas vorzutragen und das frische höhere Leben der Dichtungen in ihrer Darstellung wiederzugeben, unberührt von dem Vorurtheil des beliebten Natürlichen, wovon sich selbst die ausgezeichnetsten Schauspieler nicht losmachen konnten. — Wolff war in der höheren Tragödie ohnstreitig die glänzendste Erscheinung. Sein reiches inneres Leben trug sich in jede seiner Schöpfungen über und hob sie aus der Sphäre des Gewöhnlichen heraus. Ueberrascht stand der Kunstkenner, staunend das Publikum vor seinen Gebilden; durch diese wurde er ein Studium für den Maler, Bildhauer, Schauspieler, eine begeisternde Anregung für den Dichter. Amalia Wolff unterstützte den anfänglich Zagenden; beiden gelang endlich, was sie erstrebten.

Aus dem früher Gesagten geht hervor, wie die Schauspieler in Versstücken die Kunst der poetischen Sprache nicht beachteten, wie sie diese als Prosa behandelten und überhaupt darin eine Last und Unbequemlichkeit für sich sahen; und wenn ja unter ihnen glücklich Begabte waren, denen ein richtiges Gefühl, ein unfehlbarer Tact, Begeisterung des Augenblicks und das ewige Gesetz des Geschmacks und der

Schicklichkeit zu Theil ward und zu Statten kam, so standen sie allein und machten durch ihr Alleinstehen die Art und Weise der weniger von der Natur Begabten desto auffallender, so daß an eine Uebereinstimmung, an ein Zusammenspiel nicht zu denken war. Die Schönheit des Einklangs aber, die Harmonie des Zusammenspiels und viele andere Vortheile ließen sich, wie zuletzt bemerkt wurde, dadurch erreichen, daß bedeutende Theater, hauptsächlich in Residenzen, Regisseure und Künstler aus der Weimarischen Schule zu gewinnen suchten. Hier galt das ideale Princip, hier wurde das höhere Drama gepflegt, hier war für die Schillerschen und Goetheschen Stücke, wie Devrient sagt, ein erhabener, edler oder anmuthiger Vortrag, rhetorisch wie mimisch, bei der Darstellung die Hauptsache, hier waren die Schauspieler im Ganzen an eine sehr gehaltene, richtig betonte und doch gefällig gerundete Declamation des Jambus gewöhnt und viele besaßen die höhere Musik des Verses, um ihn im vollsten Wohlklange vorzutragen und sprachen die eigentlich poetisch schönen Stellen und die lyrischen besonders sehr gut.

Wäre die Bildung der Schauspieler in dieser Weise an andern Theatern bemerkbar gewesen, hätten sie die Verse gut gesprochen, das Poetische und Lyrische beachtet, wie es im Sinne der Dichtung lag, so hätte Schiller nicht Ursache gehabt, über die Mangelhaftigkeit und Schwunglosigkeit ihres Vortrags zu klagen, so daß er immer wieder auf den Gedanken kam, seine Dramen lieber gleich in Prosa zu schreiben; er hätte auch überdieß ihren Unwillen und Spott nicht zu erfahren gehabt. Denn aus Aerger darüber, daß er sie aus ihrer Bequemlichkeit heraus brachte, nannten sie ihn schlechtweg den Jambenschreiber, die böswilligen unter ihnen gaben ihm den Namen des Jambenfressers, des Jambenverschluckers, ein Spottname, der schon bei den Griechen vorkommt (ιαμβειοφάγος) von einem Schauspieler, welcher die Verse schlecht sprach. Schiller selbst war allerdings kein Meister in der Kunst des schönen mündlichen Vortrags poetischer Werke. Von Schillers Don Carlos an hieß in der Schauspielersprache alles, was Vers ist, vorzugsweise Jambe, und Schauspieler, die an Bühnen engagirt seyn wollten, besonders in Weimar, hoben damals unter ihren Tugenden und guten Seiten hauptsächlich hervor, daß sie recht gut die Jamben zu sprechen verständen.

So weit aber als Schröder in seinem Unwillen und Verdruß gegen alles Poetische und Ideale ging, ist keiner gegangen. Als Realist erklärte er gerade zu, wenn wir A. Klingemann I. S. 349, folgen, daß er Schillers Tod, in Beziehung auf die deutsche Bühne, durchaus für keinen Verlust halte, weil die Unregelmäßigkeiten und Ausschweifungen dieses Dichters in seinen letzten Werken immer weiter gediehen wären und zu nichts Gutem hätten führen können.

Anders war es in Weimar mit den Schauspielern, wie vorher angedeutet worden ist. Weimar war die Wiege des idealen Dramas, die Stätte, wo der richtige und schöne Vortrag der Verse durch Goethe eingeübt wurde, so bald es möglich war. Man darf daher Goethe keinen Vorwurf machen, daß die ersten Jahre seiner Leitung außer einigen

Versuchen, die er mit Shakespearschen Stücken machte, nichts Bedeutendes aufzuweisen haben. Sein Verfahren ist ganz naturgemäß. Die Oper pflegte er zuerst und zwar die komische und Zauberoper, gewöhnte dadurch Publikum wie Schauspieler an das Rhythmische, indem er durch Vulpius italienischen und französischen Opern einen deutschen, geschmackvollen Text unterlegen, die Musik durch den Kapellmeister Kranz durchsehen und auf diese Weise singbar gemachte Stücke auf die Bühne bringen ließ. Weimar erhielt dadurch eine Bedeutung, denn andere Theater verlangten die so verbesserten Singspiele, gerade wie von 1798 an Trauerspiele und Schauspiele von Weimar aus an viele Orte gingen. Für die Schauspieler war der dadurch gebildete, musikalische Sinn eine Vorbereitung für den Vortrag der rhythmischen Reden.

Zuerst haben die Weimarischen Schauspieler Don Carlos in der knappern Form, welche Schiller dem Stücke gegeben hatte,[1] am 25ten September 1791 in Erfurt aufgeführt, und zwar auf Verlangen des Coadjutor von Dalberg und unter persönlicher Mitwirkung Schillers, der zum Besuch nach Erfurt gekommen war, wie Charlotte von Schiller den 15ten Sept. von dort aus schreibt: „Jetzt hat Schiller Geschäfte, weil der Carlos gespielt wird," dann brachte Goethe dieses Stück in Weimar am 28ten Februar 1792 und noch zweimal in diesem Jahre zur Darstellung, unterstützt und gefördert durch die

---

[1] Auf dem Theaterzettel von Erfurt steht: die Ausgabe, nach welcher dieses Stück aufgeführt wird, ist von dem Herrn Verfasser eigends ganz neu bearbeitet.

Vorarbeit Schillers in Erfurt, der die Schauspieler auf das geistige Auffassen und Erkennen der Dichtung und besonders auf die Behandlung der jambischen Sprache hinwies, ohne daß sie bei der Aufführung selbst die poetische Form ängstlich beibehielten. Obwohl Schiller zufällig mit der Weimarischen Gesellschaft zusammentraf und auf sie günstig wirkte, kam er doch ihrem Oberhaupt nicht näher und ein eigenes Geschick war es, daß ihn bei dieser Gelegenheit, indem er sich bemühte die vaterländische Bühne zu heben, ein Fieber befällt, das nach seiner Rückkehr nach Jena in eine Brustkrankheit umschlägt, den Grund zu einer geschwächten Gesundheit legt und auf seine zukünftigen Tage der Produktion störend einwirkt. Falsch ist die Nachricht, daß Goethe die Vorstellung in Erfurt anbefohlen und ihr incognito beigewohnt habe. Es war ihm lieb, daß Don Carlos in der erneuerten Verssprache gegeben wurde; er brachte ihn im folgenden Jahre gleich auf die Bühne und zwar ziemlich mit derselben Rollenvertheilung, wie in Erfurt, wo Schiller gegen Carl Krüger, den er zu sich hatte bitten lassen, um ihn zu bewegen, den Domingo zu übernehmen, äußerte: Es sei ihm unangenehm, daß Fischer sich zum König angetragen hätte, weil er nicht die mindeste Figur noch Anstand zu dieser Rolle besäße, daß er aber mit ihm deshalb reden wollte, weil er doch als Regisseur zum Besten des Ganzen jede andere Rolle übernehmen müßte. So schreibt Carl Krüger den 14. Sept. 1791 von Erfurt aus an Kirms, doch spielte Krüger in Erfurt, wie in Weimar, den Domingo, der jedoch in den Staatssecretair Perez verwandelt war, den König Philipp Fischer, die Königin Elisabeth Mad. Matstedt,

Don Carlos Domaratius, den Herzog Alba gab Malkolmi in Erfurt, in Weimar Becker, welcher in Erfurt den Herzog Feria spielte, den in Weimar Benda besorgte, die Prinzessin Eboli gab in Erfurt Mad. Demmer, in Weimar Mad. Gatto, den Posa hier und dort Einer, für den am 3. Nov. 1792 in Weimar Vohs eintrat. Später nach Fischers Abgang (d. 1. April 1793) war die Darstellung des Don Carlos, z. B. am 18. Okt. 1794, am 12. März 1795, vollkommner, auch die Recitation der Verse richtiger, da außer Malkolmi, der den Philipp gab, die Königin Elisabeth von Mad. Malkolmi, Don Carlos von Vohs, Alba von Graff, Posa von Müller[1]) aus Breslau, Prinzessin Eboli von Mad. Becker, der Staatssekretair Perez von Becker gespielt wurden. Besonders Vohs und Mad. Becker zeichneten sich durch den Vortrag der Verse aus, aber die andern blieben nicht zurück, wie denn überhaupt alle Theile sich in einander fügten, keiner über den andern hervorragen wollte, jeder den andern unterstützte und die Nebenrollen mit eben der Sorgfalt als die Hauptrollen vorgetragen wurden. Eben in diesem Fügen und Verschmelzen zu einem Ganzen erkannte Goethe eine Hauptaufgabe seiner Didaskalien; er suchte seine Schauspieler in Lese- und andern Proben, durch Lehre und Urtheil über Darstellung und Dichtung dahin zu bringen, was ihm meistens gelang.

---

[1]) Er war in Weimar von Ostern 1794 bis Ostern 1795 und kehrte in seine Vaterstadt durch Familienverhältnisse genöthigt mit schwerem Herzen zurück. Müller hatte um seine Entlassung contractmäßig nachgesucht und Goethe gab sie ihm durch Rescript mit dem Beifügen, daß man sowohl mit seinen theatralischen Bemühungen als auch mit seinem Betragen zufrieden zu seyn alle Ursache gehabt habe.

Vortrefflich sprach Mad. Becker die Verse, im Vortrag
derselben von der Meisterin Corona Schröter gebildet. In
Prologen und Epilogen sprach sie zum Publikum so, daß sie
alle Herzen gewann und hinriß, jeder sie gern hörte, jeder
sie gern sah, wenn sie auftrat. Sie war recht eigentlich die
Schauspielerin für Goethesche Figuren, und würde als solche
noch mehr hervorgetreten seyn, wenn sie länger gelebt hätte;
denn sie war geschaffen die stille, natürlich=sittliche Schönheit
seiner Hauptpersonen zur Anschauung zu bringen. Als Ma=
rianne in den ewig jungen Geschwistern, welche sie vom 21.
Jan. 1792 bis den 12. Jan. 1796 fünfmal spielte, entzückte
sie alle, welche eine feine, zarte, poetische Auffassung zu ver=
stehen und zu schätzen wußten; als Clärchen in Egmont, sagt
ein Augenzeuge des Jfflandischen Gastspiels (d. 28. April
1796) sah man es ihr an, daß sie der Erde nur auf Augen=
blicke geliehen sei; der erste Anblick der Mad. Becker war
hinreißend, für dieses Mädchen, sagte sich jeder, würdest du
wie Egmont, fleißig durch die Straße reiten, wo sie wohnt.
Wohl berechnet war es von Goethe, den Egmont in den Cyklus
der Gastspiele Jfflands, in denen er als großer Meister in der
Menschendarstellung die Weim. Schauspieler zur Nacheiferung
anregen sollte, als letztes und eigenthümliches anzufügen, denn
Egmont bildet den Uebergang von der natürlichen zu der
idealen Richtung, die mit Wallenstein eintrat. Obschon in
Prosa gedichtet, enthält dieses Stück doch in den edleren
Charakteren eine gewisse poetische Vornehmheit, in vielen
Stellen jambischen Rhythmus und ganze 5 füßige Verse lassen
sich nachweisen, so daß man annehmen kann, daß wenn Goethe

seinen Egmont nach seiner italienischen Reise und nach seiner Bekanntschaft mit Moritz geschrieben, wir wahrscheinlich auch dieses Werk wie die Iphigenie, in Jamben erhalten hätten.

Am 12ten Oktober 1798¹) wurde bei Eröffnung des neuen Theaters, mit großem Vergnügen in die Wallensteinische Welt geblickt. Eine neue, durch einen großen Theaterzettel angekündigte, Aera begann jetzt für die dramatische und mimische Kunst. Wie es im wohlgerathenen Prolog von Schiller, welchen Vohs vortrefflich sprach, heißt, der Dichter war so kühn, die alte Bahn verlassend, aus dem engen Kreis des Bürgerlebens die Zuhörer auf einen höhern Schauplatz zu versetzen und die Muse forderte ihr altes deutsches Recht, des Reimes Spiel, ganz in Hans Sachsescher Weise.

Mit Begeisterung und dem besten Humor hatte Goethe, weil er zu dem, was er wollte einen guten Anfang sah, Wallensteins Lager in vielen Proben mit den Schauspielern eingeübt. Zu der Hauptprobe, am 11. Oktober, Tags vor der Aufführung, war Schiller von Jena gekommen, hatte manches nachbessernd hinzugesetzt und die Schauspieler gelobt und ermuntert. Weyrauch als Wachtmeister, Leißring als erster Holkischer Jäger und Haide als Kürassier deklamirten, sagt Goethe, die gereimten Verse, als wenn sie ihr Lebtag nichts anderes gethan hätten, Genast als Capuziner erfreute beson-

---

¹) Nicht den 18. Okt., wie selbst Ernst Pasqué noch in dem 2ten Bde. S. 76 von Goethes Theaterleitung in Weimar angiebt, wiewohl er im 1sten Bde. S. 228 das richtige Datum den 12. Okt. ansetzt. Ein Blick in die Theaterzettel auf der Bibliothek und im Archiv konnte alle Zweifel verscheuchen. Vgl. Dünzer in den Erläuterungen zum Briefwechsel zwischen Schiller und Goethe S. 169 Br. 533.

ders durch den unvergleichlichen Vortrag seiner Strafpredigt, die er den Soldaten hielt, man sah, daß er die Kuttenmänner kannte, und verstand recht gut den Ton zu treffen, der zu einer solchen Capuzinade gehörte. Er gelangte dadurch zu einer Berühmtheit in der deutschen Bühnenwelt. Gewiß ist es, besser konnte der Capuziner unmöglich gespielt werden als von Genast. Auch Mad. Beck trat hervor als Gustel von Blasewitz, eine flinke Marketenderin und wohl geeignet für diese stark komische Rolle. Nur die Statisten, der Croat, Scharfschütz und der zweite Kürassier, die nicht genug Proben gehabt, ließen es etwas fehlen, doch war es schon anders bei der nächsten Vorstellung, wie denn überhaupt immer darauf gesehen wurde, daß auch die kleinsten Rollen mit der größten Sorgfalt executirt wurden. Für den Charakter des Wachtmeisters hatte Goethe ein ganz besonderes Interesse, sagt Genast, und war bemüht, dem Darsteller dieser Rolle die steifen Bewegungen, den schwerfälligen Gang und den bombastischen Ton beizubringen. Dies war von Weyrauch auch größtentheils erreicht. Was das Spiel Leißrings betrifft, er gab in dem Holkischen Jäger ganz den brausenden, hocheinherfahrenden, die Neige der köstlichen Zeit gierig schlürfenden Leichtfuß, der schon alle Armeen ausgekostet hat und nun erst bei Wallenstein seine volle Rechnung findet. Aber vorzüglich zeichnete sich Haide, sagt Böttiger weiter, als Wallonischer Kürassier durch Kraft und Wahrheit der Deklamation aus. Seine Rolle, bei weitem die wichtigste in diesem Vorspiel, schien ihm, wie sein malerisches Gewand selbst, an den Leib gegossen zu sein. Man begriff es durch sein Spiel, wie ein Funke so angeschlagen, die ganze um ihn versammelte Menge in Flammen setzen mußte.

Wallensteins Lager könnte man mit Goethe als ein Lust- und Lärmspiel bezeichnen; es beginnt mit einem Soldatenlied, bietet viel Unterhaltendes und Anmuthiges und entwickelt ein buntes und munteres Leben. Alles schied heiter und vergnügt aus der Vorstellung; die große Masse staunte und gaffte das neue dramatische Monstrum an, einzelne wurden wunderbar ergriffen. Man sah nun mit gespannter Erwartung auf die in nächster Zeit verheißene Aufführung der Piccolomini, welche am 30. Januar 1799, und Wallensteins Tod hin, welcher am 20. April desselben Jahres erfolgte.

Am Tage der Aufführung der Piccolomini sagt Goethe: „So ist denn endlich der große Tag angebrochen, auf dessen Abend ich neugierig und verlangend genug bin." Die darauf verwandte unsägliche Mühe und Arbeit wurde vollkommen belohnt, wenn auch noch einige Mängel mit unterliefen: die Schauspieler widmeten dem kunstmäßigen Vortrage der Verse vorzügliche Aufmerksamkeit und bewiesen durch die Leichtigkeit, womit sie die Aufgabe einer rhythmischen Sprache zu lösen wußten, daß ein allgemeiner Gebrauch des Sylbenmaßes auf der Bühne recht wohl stattfinden könne. Alles stimmte zusammen, das Publikum staunte, auch die Unempfindlichsten wurden elektrisirt und mit fortgerissen. Das gebildete Jena fand sich zu diesem ersten großartigen Spiel zusammen, es war ja in den

Mauern der Musenstadt entstanden und so sollte es seine eigenthümlichen Schätze und Genüsse jedem Alter und jeder Bildungsstufe darbieten; auch von Gotha und Erfurt kamen viele herbei, und überließen sich mit ernstem, gläubigen Sinn den Wirkungen der Kunst, aus der innerliche Jugend und Frische und hohe Begeisterung sprach. Ebenso war es mit Wallensteins Tod, ja dieser hinterließ schon als Tragödie einen noch mächtigern Eindruck und alles ging wie umgeschaffen hinweg. Denkt man sich aber die meisterhafte Behandlung der Jambensprache aus diesen großartigen Stücken hinweg, gewiß sie würden nicht die außerordentliche Wirkung auf die Gemüther gehabt haben, die sie hatten. Wallenstein gab Graff, den Octavio Piccolomini Schall, Max Piccolomini Vohs, die Gräfin Terzky Madam Teller, die von Regensburg gekommen, die Weimarische Bühne erst vor Kurzem betreten, die Herzogin von Friedland Demois. Amalie Malkolmi, eine ganz junge Schauspielerin, die hier zum erstenmal ins Tragische überging[1]), die Thekla Demois. Jagemann. Andere Darsteller in den Piccolomini waren Becker als Questenberg, Hunnius als Oberst Wrangel, Malkolmi als Buttler, Leißring als Graf Terzky, Kordemann als Illo, Genast als Isolani, Haide als Tiefenbach, Beck als Astrolog, Weyrauch als Kellermeister, über welche der Bericht Goethe's in der Allgemeinen Zeitung von Posselt 1799 Nr. 90 ausführlich sich verbreitet, sowie auch Goethe ebendaselbst den 12. Okt. 1798 über Wallensteins

---

[1]) S. Devr. 3, 258. 262.

Lager eine Anzeige giebt; Körner soll über Wallensteins Tod berichten.

Graff und Vohs wurden von der Herzogin und dem Herzog beschenkt, ja dieser beurtheilte das Spiel der Hauptschauspieler schriftlich, eine Theilnahme, die ungemein wirksam sich bewieß. Schiller selbst, wenn auch nicht ganz mit den Leistungen der Schauspieler zufrieden, freute sich doch des guten Erfolgs. Steffens, der von Jena aus unter den Zuschauern war, lobte besonders die Jagemann als Thekla, war aber mit Graff, so sehr er auch seinen Vortrag lobenswerth fand, hinsichtlich der Gestalt, Bewegung und des Spiels nicht zufrieden. Graff zeigte in seinem Spiel und seiner Haltung eine gewisse Würde und Feierlichkeit, wie sie Goethe wünschte, wodurch sein Spiel an Freiheit und Natürlichkeit verlor. Dagegen entzückte Schiller Mad. Teller als Gräfin Terzky, in deren Spiel eine gewisse Lebendigkeit, selbst Leidenschaftlichkeit war und die in dem heftigsten Fluß der Rede nie stockte, aber, wie Steffens sagt, hatte sie etwas Geringes, Gemeines in Gestalt, Bewegung und Aussprache, welche die platte berliner war. Die zweite und dritte Vorstellung der Piccolomini am 2. Februar und 17. April, mit einigen Rollenveränderungen, waren viel gelungener und Schillers Anforderungen entsprechender, wie denn nach und nach, bei jeder Wiederholung, Vollkommneres geleistet wurde. Ebenso geschah es mit Wallensteins Tod, der auch durch einige Wiederholungen eine größere Vollkommenheit erhielt. Daher wurde den Weimarischen Schauspielern eine besondere Auszeichnung dadurch, daß das Königspaar von Preußen absichtlich der Vorstellung von Wallensteins Tod in Berlin nicht beiwohnte, um ihn zum ersten Mal in Weimar spielen zu sehen.¹) Die Gesellschaft war nach Naumburg gegangen, gab dort vom 16. bis zum 30. Juni Vorstellungen, dann zurückgerufen spielte sie am 2. Juli 1799 vor dem König und der Königin Luise und vielen Fremden den Wallenstein und erhielt Beifall und Anerkennung. Die Preise der Plätze waren ungewöhnlich erhöht. Der Dichter wurde von dem Königspaar geehrt, und besonders die Königin Luise sagte ihm Verbindliches über seine Dichtungen. Die Herzogin Luise von Weimar, erzählt Palleske, beschenkte Schillers Frau mit einem silbernen Kaffeeservice, und so, schrieb er an Körner, haben sich die Musen diesmal gut aufgeführt. Am 3. Juli die herrliche Aufführung der theatralischen Abenteuer, welche Goethe für den Tag der königlichen Gegenwart in Proben, Vorproben und Hauptproben vorbereitet hatte.

Ein gutes Mittel, um Vollkommneres zu leisten, bot der Besuch von Lauchstädt und Rudolstadt; mit Freuden sah man an jedem neuen Ort die neuen Stücke, die in Weimar eben erst aufgeführt worden waren; durch die Wiederholung derselben rundete sich das Ensemble immer sicherer ab, der Kunstsinn der Schauspieler nahm zu, die Darstellungen bekamen eine größere Leichtigkeit und Geschmeidigkeit. Denn es war nichts Kleines für den Schauspieler neben der Beobachtung der andern Erfordernisse, die eine

---

¹) Briefw. Nr. 606. 607.

Rolle mit sich brachte, auch in den richtigen Gebrauch der Verssprache sich zu finden. Ueberdieß brachte der Besuch fremder Orte mit sich, daß wenn Demois. Jagemann ihre Rolle nicht spielen wollte, eine andere für sie eintrat, wie z. B. Mad. Vohs in Lauchstädt und Rudolstadt die Thekla spielte und Demois. Götz das Fräulein Neubrunn. Wer Verse noch nicht sprechen konnte, wurde in einer kleinen Rolle darin unterrichtet, wie Demois. Caspers, welche die Neubrunn übernehmen sollte. Goethe schreibt am 12. Febr. 1800: „Auch wird es gut seyn, sie durch diesen kleinen Versuch in die rhythmische Sprache des Trauerspiels einzuführen."

So war der Sieg des höhern Dramas und der tragischen Poesie durch den Wallensteinschen Cyklus erreicht und mit ihm eine höhere und idealen Forderungen entsprechende Darstellungsweise angebahnt. Es kam nur darauf an, daß in dieser von der Bühne genommenen Richtung fortgefahren wurde. Kotzebue half zunächst, der behende Nachahmer Schillers, immer schlag= und dienstfertig auf jeden Pulsschlag der Zeit horchend. Seine versificirten Dramen brachten dem Schauspieler Uebung und Geläufigkeit im Sprechen der Verse, ohne ihm außer der Mühe des Memorirens sonst viel Arbeit zu machen und dem Publikum eine lebendige angenehme Unterhaltung. Den 4. und 6. Jan. 1800 wurde das neue historische Schauspiel in Jamben, Gustav Wasa, gegeben, so personenreich, daß mehrere Schauspieler mehrere Rollen übernehmen mußten. In Hamburg machte es keine besondere Sensation, in Weimar, wie Schiller am

5. Januar an Goethe schreibt, „haben sich die Schauspieler noch recht leidlich herausgezogen und ich kann nicht läugnen, daß ich mich über die Klarheit, welche in diesem bunten Roman doch noch herrschte, gewundert habe. Die Stimme des hiesigen Publikums wird, wie ich nicht zweifle, überall bestätigt werden und Kotzebue von seinem Calcül Ehre haben." Graff gab Christian II. von Dänemark, Vohs den Gustav Wasa, Mad. Teller Gustavs Mutter, Cecilia Wasa, Gustavs Schwester Margaretha Wasa, verwittwete Brahe Demois. Jagemann, Mad. Vohs spielte die Margaretha Löwenhaupt, Mad. Schlanzovsky die Frau Gertrude. Zum Geburtstage der Herzogin den 30. Januar kam Mahomet nach Voltaire, auf die Bühne, dem Carl August besonders zugethan war. Goethe bearbeitete diese Tragödie in Hinblick auf die Bildung seiner Schauspieler, die, wie er sagte, „sich aus ihrem Naturalisiren in eine gewisse Beschränktheit zurückziehen mußten, deren Manierirtes aber sich gar leicht in ein Natürliches verwandeln ließ." Fast alles wurde mit einem schönen Zusammenklange gespielt und gesprochen. Vohs als Mahomet, Graff als Zopir, Demois. Jagemann als Palmire wußten sich ihre Rollen zu schaffen und leisteten Vortreffliches, obwohl Carl August nicht ganz zufrieden war, namentlich das Spiel von Vohs erstaunlich wässerig und die Jagemann für die Zartheit der Palmire nicht ganz paßlich fand. Für Becker, der den Omar gab, und ihm nicht genügte, schlug Carl August den Kordemann vor, der ein etwas Arabisches Ansehn und ein schönes Organ habe. Seide, Mahomets Sclave, wurde von Haide nach Kräften,

Phanor, Senator von Mekka, von Malkolmi dargestellt. Das Stück wurde mehrmals wiederholt und immer verbessert. Das Publikum gewöhnte sich an die Gebundenheit und beschränktere Form des Ganzen, wenn auch einige, trotzdem daß Schiller in einem Prolog die Absicht des Dichters entwickelt, nichts davon wissen wollten. Wie Gustav Wasa, diente das Schauspiel „Bayard" mit seinen leicht hinfließenden Jamben den Schauspielern am 5. April zur leichtern Handhabung der metrischen Formen. Vohs spielte den Bayard, Becker seinen Waffenträger Basko, Demois. Jagemann die Blanka, Demois. Caspers die Miranda, Graff den Paolo Manfroue. Das Stück wurde gern gesehn und öfters wiederholt.

Auch bei Macbeth, der neu bearbeitet von Schiller am 14. und 17. Mai und dann öfters aufgeführt wurde, zeigte sich, daß die Schauspieler in die Jambensprache gut eingeführt, den besten Erfolg hatten, den sie nicht gehabt haben würden bei einer in Prosa aufgelösten Uebersetzung. Durchgeführt war die metrische Sprache, die im Originale mit Prosa wechselt, die zwar da, wo sie eintritt, zu den Charakteren stimmte, aber doch nicht für den würdevollen Ton der Tragödie der jetzigen Zeit paßte. Auch die Veredlung der Hexen, wenn auch viele, wie Leo von Seckendorf, damit unzufrieden waren, paßte zu den andern Milderungen des Stücks und ihre Reden und Lieder in Reimen machten einen wunderbaren Eindruck. Als eine wahre Bereicherung des Stücks sah man das schöne Morgenlied an, das der deutsche Dichter dem Pförtner nach der schrecklichen That singen läßt.

Die Schauspieler gaben sich alle Mühe, die Schwierigkeiten, die ein so großartiges Shakespearisches Stück mit sich brachte, durch ein wahrhaft lebendiges, aus dem Innern hervorgehendes und ineinandergreifendes Spiel zu überwinden. An Lese= und Hauptproben hatte es nicht gefehlt. Vor allen erfüllte Vohs als Macbeth und Mad. Teller als Lady Macbeth durch festes, kunstgerechtes Aufgreifen und Durchführen ihrer Rollen alle Forderungen zur allgemeinen Zufriedenheit. Auch war für künstlerische Anordnung der Bühne, für das Aeußere, insofern es den Effekt des Stücks verstärkte, manches gethan und was noch fehlte, suchten nach und nach Goethe durch gemachte Bemerkungen wie auch Schiller zur größern Vollkommenheit nachzubringen.

Ehe noch die Gesellschaft 1800 nach Lauchstädt ging, ward der theatralischen Recitation ein ganz neues Feld geöffnet, indem die Aufführung der Maria Stuart am 14. und 16. Juni die Behandlung lyrischer Stellen forderte. Der Dichter wollte nach Euripidëischer Weise die Gemüthszustände der Maria darstellen und das ist ihm vollständig gelungen. Dadurch nahm die Handlung einen höhern Aufschwung und die Schauspieler thaten in der Kunst der Vorstellung einen bedeutenden Schritt vorwärts. Goethe war mit der Ausführung sehr zufrieden und über das Stück, das er im Innersten kannte, außerordentlich erfreut, und in derselben Stimmung befand sich ein großer Theil des fein gebildeten Publikums, auf dessen unbefangenen Sinn die Großartigkeit der Tragödie mit Erschütterung und Rührung wirkte.

Demois. Jagemann als Elisabeth führte ihre Rolle mit der ihr eigenen Feinheit, mit Kraft und königlicher Würde durch, Madam Vohs, ein artiges Weibchen, wie Schiller sagt, von schöner Figur, mit ausdrucksvollen Gesichtszügen, einem schwärmerischen Blick, mit einem für Liebesglut, Lebensgenuß und frommen Glauben fähigen Gemüth spielte die Maria Stuart und zeigte durch erhabene Gelassenheit, Weichheit des Gefühls, einen zarten Ausdruck in Wort und Mienen, ohne durch Wehklagen oder theatralische Deklamation nach Effect zu streben, was man befürchtet hatte. Besonders trat sie glänzend hervor in dem Anfang des dritten Aktes, wo Maria vor der Unterredung mit Elisabeth auf den blühenden Teppichen der Natur, vom Klange der Jagdhörner und dem Zuge der Wolken beflügelt, in entfesselten, leicht schwebenden Rhythmen ihre Freiheit begrüßt und übertraf in diesen lyrischen Partien die im folgenden Jahr in derselben Rolle auftretende Unzelmann, da es dieser, von dem lieblichen Conversationston gefesselt, an poetischer Begeisterung und ächter Musik der Rede fehlte. Das Bild der Maria von Madam Vohs lebte in der Erinnerung fort, nicht blos in Weimar, sondern auch in Stuttgart und anderwärts, wo sie auch später noch diese darstellte. Vohs als Mortimer war der vom hohen Glanze der Schönheit hingerissene, der Leidenschaft unterliegende, doch immer edle, nur verirrte Jüngling. In seiner glühenden Begeisterung für Maria überschritt er, wenn auch nach dem Willen des Dichters, die Grenzen der Bühnen-Decenz, indem er die Maria oft ungestüm umfaßte. Vohs mußte, durch sein

leidenschaftliches Spiel zu sehr angegriffen, nach der zweiten
Vorstellung, diese Rolle an Haide abgeben, der schon mit
der Rolle des Melvil beschäftigt, nun zwei Rollen hatte,
ganz heterogene Rollen, in denen sich ein Schauspieler von
Werth zeigen konnte. Haide war ebenfalls von schöner Gestalt, feurig in der Declamation, doch fehlt ihm als Mortimer die Mäßigung und Besonnenheit, die einen Künstler
vor Uebertreibungen im Ausdruck und Gebehrdenspiel bewahren muß; die Rolle des Melvil konnte in ihrer ruhigen
Haltung und Würde nicht besser durchgeführt werden. Cordemann als Leicester war mittelmäßig, am besten noch im
5. Akt, wo er den erschütternden Monolog spricht, wie
Maria hingerichtet wird. Graff als Shrevsbury spielte
recht brav, nur etwas eintönig, Becker als Burleigh drückte
durch sein gelungenes Mienenspiel lebhaft aus, was in ihm
vorging und zeigte sich überhaupt als einen der gebildetsten
Schauspieler,[1] nur daß er in der Declamation oft zu schnell
und dabei ausdruckslos die Verse hinwarf. Malkolmi,
der gewöhnlich gutherzige Väter spielte, war als Paulet
ganz an seinem Platze, indem er mit ehrerbietiger Scheu

---

[1] Döderlein sagt: Meisterhaft war Becker als Lord Burleigh.
Den Staatsmann und Diener seiner Königin und seines Landes stellte
er mit einer Würde dar, die seinen Macchiavellismus fast vergessen
ließ. Als er seinen Antrag, die Königin Maria heimlich aus dem
Weg zu räumen, von Paulet zurückgewiesen sah, trat er mit Heftigkeit zwei Schritte von ihm hinweg wie in sittlicher Entrüstung, daß
einem Engländer sein gutes Gewissen noch mehr gelte, als Englands
offenbares Wohl.

und feiner Schonung der Maria gegenüber auftrat. Demois. Malkolmi, welche die Hanna Kennedy zuerst gab, trat für die Jagemann als Elisabeth in Lauchstedt und Rudolstadt 1801 auf, aber 1800 spielte diese Rolle Demois. Caspers an beiden Orten, die mit der Jagemann in Verhältniß stand, eine junge Mannheimerin, mit einem sehr interessanten Gesicht, einer angenehmen Figur und einem vortrefflichen Organ, die auch alle inneren Mittel besaß, um in Rollen des höhern Dramas zu glänzen, sobald sie Gelegenheit erhielt, diese durch guten Unterricht in Declamation und Spiel, vorzüglich in Haltung und Gebrauch des Körpers, zur Entwicklung zu bringen. In Weimar wurde vielfältig darauf gesehen, junge vielversprechende Schauspielerinnen durch Uebertragung bedeutender Rollen zu fördern.

Besonders fördernd wirkte auf die Schauspieler um 1800 Schiller, als er nach Weimar übergesiedelt an der artistischen Leitung des Theaters mit Goethe oder an dessen Stelle, da dieser oft in Geschäften abwesend in Jena oder anderwärts lebte, Theil nahm.

In diese Zeit gehört ein Brief von Kirms an den Schauspieler Carl Zimmermann aus Breslau, welcher von Iffland empfohlen um Anstellung in Weimar nachsuchte, ohne daß er gleich angenommen werden konnte. Kirms schreibt: „Der Herr Hofrath Schiller wird diesen Winter wieder ein bedeutendes Stück für das Theater liefern. Er ist bei Lese- und andern Proben durchaus gegenwärtig und es ist daraus leicht zu begreifen, was der denkende Künstler unter eines solchen Mannes Mitwirkung profitiren könne."

In solchen Proben, wie Kirms sie andeutet, in Leseproben verschiedener Art, in häufigen Zimmer- und Theaterproben erregte Schiller in der Seele der Darstellenden das Streben, zu einem vollendeten Ganzen hinzuwirken und dieses Streben half zu mancher sehr gelungenen Darstellung. Er arbeitete auch darauf hin, daß die Darstellenden ihre Rollen richtig auffaßten, in den Geist derselben mit zartem Gefühl, warmer Empfänglichkeit, gebildetem Verstande tief eindrangen, durch ihr Spiel andere nicht egoistisch überragten, ihre Individualität dem Charakter der Rollen unterordneten, endlich ein poetisches und nicht ein gewöhnliches Wesen producirten.

Von wesentlichem Nutzen war es, um die Bühne auf eine höhere Stufe der Kunst zu heben, daß Goethe bei bedeutenden Stücken nicht fern blieb, wenn er auch das anfängliche Einstudieren nicht geleitet hatte. Er sorgte, wenn Schiller auf das Fühlen und innige Verstehen der Rollen hingewirkt, am Ende für die Erscheinung, für das Hervortreten ins Leben. Hauptsächlich aber sah Schiller wie Goethe auf das richtige Sprechen der Verse und suchte die so sehr vernachlässigte rhythmische Declamation, welche nach Formung, Maas und Gesetz strebt, bei den Schauspielern in Aufnahme zu bringen und ihnen lieb und werth zu machen. War ein Stück in dieser Weise gut eingeübt, so bezauberte es auch den Sinn der Zuschauer, sie fühlten, daß es etwas anderes sei in Versen zu sprechen, als in Prosa. „Aber welche Mühe," sagt Gries aus seinem Leben S. 189, „gaben sich Goethe und Schiller mit dem Einstudieren von

Versstücken! Und wie spielten die Weimarischen Schauspieler die Verse! Ich kann mir keinen höheren Genuß denken. Bei 23 Grad Kälte fuhr ich von Jena nach Weimar, um den Wallenstein zu sehen, und in der Nacht wieder zurück — und fand mich überschwänglich belohnt." Und wie übte Schiller da, wo eine andere Versart, der inneren Bewegung des Gefühls entsprechend, eintrat, die Darstellenden? Er duldete nicht, daß der Vortrag sich dem Conversationstone näherte, wo die Empfindung sich höher hob, die Erregung heftiger wurde.

Es kam jetzt Schiller in seiner Stellung zu den Schauspielern als Didaskalos sehr zu Statten, daß er seinen Sinn auf die kunstreichen metrischen Formen der Griechen gerichtet, dabei sich auch mit den freieren rhythmischen Verhältnissen und Dichtungsweisen der neuern Völker bekannt gemacht hatte. Er konnte jetzt die Leitung der Proben von Stücken wie Ion besorgen, wenn es verlangt wurde, selbst des Alarkos von Friedrich Schlegel sich annehmen, der sich durch äußerst obligate Sylbenmaße auszeichnet, welche Goethe wollte sprechen lassen und sprechen hören und von dieser Seite gewinnen. Auch that Schiller sein Möglichstes, um manches Stück, mit dem Goethe nichts anfangen konnte, lebendig zu machen, wie er denn die Iphigenie zur theatralischen Erscheinung brachte.

Schwierig war es, bei der Mannigfaltigkeit des Versmaßes und der Versarten, wie sie damals im höhern Drama erschienen, einen sichern und festen Fuß für den Vortrag zu gewinnen. In der Maria Stuart wechseln die metrischen Formen, anderwärts aber noch mehr, wie in Kotzebueschen Tragödien, namentlich in der Octavia, wo der Schauspieler wegen der Regellosigkeit der Rhythmen in in der theatralischen Recitation eine feste Leitung verlangte.

Denn die Octavia trat am 10. Januar 1801 vornehm im Jambenschritt auf, und wo die Rede belebter wird und einen höhern Aufschwung nimmt, stimmte sie, nach Schillers Beispiel, andere rhythmische Weisen an, doch mehr nach Gefühl und Gutdünken, als nach einer bestimmten Regel. Mad. Vohs gab die Octavia als hohes Ideal weiblicher Sanftmuth und Vollkommenheit, während der Charakter der Cleopatra, von Mad. Teller dargestellt, zu niedrig gehalten ist, wohl nur, um die Octavia desto höher zu heben; sie ist der böse Geist des Antonius, eine schadenfrohe, rachsüchtige, tückische, Liebe heuchelnde Person, und Antonius selbst ist zu weich und unbesonnen hingestellt. Diesen gab Haide, die Sylben scharf messend, mit vieler Wärme, den Octavian Becker mit Würde und männlicher Haltung. Das Stück erhielt nicht ungetheilten Beifall, da man die Schwächen desselben einsah, und wurde nur zweimal wiederholt, aber mehrmals noch in Lauchstedt und Rudolstadt gegeben. Börne sagt in seinen dramaturgischen Blättern in scharfer Weise von dem Tragöden Kotzebue: „Wenn Kotzebue noch ziemlich rüstig erscheint, so lange er auf der Ebene des gemeinen Lebens vorschreitet, so wird er doch gleich engbrüstig und verliert den Athem, so bald er nur zwei Schritte zu steigen hat."

Einen Schritt weiter zu kommen hoffte Goethe wie

Schiller durch die Bearbeitung des Voltair'schen Tancred, der zur Geburtstagsfeier der Herzogin Luise gegeben wurde. Das Stück habe sehr viel theatralisches Verdienst und werde in seiner Art gute Wirkung thun. Schade, daß Goethe nicht dazu kam, Chöre hineinzudichten, wie er wollte, die das Stück als öffentliche Begebenheit und Handlung nothwendig fordere. Eins wünschte man hinzu, was der Zartheit und romantischen Manier der Tragödie entsprochen haben würde, den Reim, um wenigstens die Eigenthümlichkeit des Originals, was Wechselreime hat, in etwas zu erhalten. Indes Goethe liebte den Reim in der Tragödie nicht und hatte genug, seine Schauspieler durch die Uebung einer gebundeneren Weise, in Stellung und Schritt, nicht weniger durch die Ausbildung rednerischer Declamation in ihrer Kunst weiter zu bringen. Haide spielte den Tancred mit vieler Kraft und genügte in der Darstellung seiner Rolle. Graff gab den wankenden Arsir mit dem ihm eigenen Takt für das Schwebende und Klagende, was in dieser Rolle liegt, seine Tochter Amenaide wurde zuerst am 31. Januar von Demois. Caspers mit glücklichem Gelingen dargestellt,[1]) später, den 21 Februar und 8. April,

---

[1]) Von diesem Erfolg gab Schiller, welcher die Proben von Tancred geleitet hatte, nach Beendigung der Vorstellung Abends sofort an Goethe erwünschte Nachricht. Dieser nämlich, wegen Krankheit auf das Zimmer beschränkt, hatte die Rolle der Amenaide mit Demois. Caspers vorher durchgenommen und war mit dem guten Kinde, wie er sagt, recht wohl zufrieden. Und doch heißt es bei Ed. Genast „Aus dem Tagebuche eines alten Schauspielers" Th. I. S. 119. Goethe habe sich

Der Vers im Drama. 55

von Demois. Jagemann mit viel Kunst und ergreifender
Wahrheit; die schwersten Stellen gelangen ihr vortrefflich
und der ganze Zauber ihrer Kunst begleitete sie bei ihrem
Spiel. In Lauchstedt und Rudolstadt trat dann wieder
Demois. Caspers in diese Rolle.

Nach solchen Uebungen und Prüfungen und nach der

---

vergriffen in der Besetzung der Rolle der Amenaide mit Demois. Cas=
pers statt der Jagemann; und weiter: was wir vorausgesehen hatten,
geschah, die Caspers war durchaus nicht ausreichend, und Goethe sah
sich gezwungen, der Jagemann die Rolle zu übertragen. Aller=
dings spielte die Jagemann bei der ersten Wiederholung des Tan=
kred die Amenaide statt der erkrankten Caspers und zwar wie natürlich
als geübtere Künstlerin mit vielen Vorzügen, mit ihr war ja auch
Goethe dieselbe Rolle durchgegangen, bei der zweiten Wiederholung
jedoch fand die Wiedergenesene Gelegenheit, sich nach dem Spiel und
Vorbild der Jagemann, mit der sie befreundet war, zu vervollkommnen,
und konnte so besser ausgestattet in Lauchstedt und Rudolstadt diese
Rolle spielen, sobald es nöthig war, und Goethe hatte sich einer Dar=
stellerin der Amenaide an beiden Orten versichert; auswärts nämlich
trat die Jagemann contractlich nur auf, wenn sie konnte oder wollte.
Und damals gerade machte diese Künstlerin Reisen. Das Jahr vorher
(1800) war sie 3 Monate lang bis in den October in Wien und bildete
sich weiter im Gesange, in diesem Jahr (1801) spielte sie in zwei Mo=
naten 19 Gastrollen in Berlin, in der Oper und im Schauspiel Vor=
zügliches leistend, unter diesen auch zweimal die Amenaide, am 17. Oct.
das zweite Mal. Die Berliner Theater-Kritiken rühmen ihr Spiel in
Ansehung des würdevollen tragischen Anstandes, der gewähltesten Stellun=
gen und Gruppen, des Pathos in der Declamation u. s. w. Mit ihrem
Spiel vergleichen sie das Spiel der Mad. Fleck, der Inhaberin dieser
Rolle.

Daß schon damals zwischen Goethe und der Jagemann eine Miß=
stimmung gewaltet habe, die sich in der Folge immer mehr steigern
sollte, leider oft zum Nachtheil des Ganzen, läßt sich nicht sicher be=
gründen, für das Gegentheil Manches anführen.

Aufführung von Paläophron und Neoterpe am 24. Oct. 1800 im fürstlichen Hause der Herzogin Amalia glaubte Goethe die Mittel sämmtlich in Händen zu haben, um gebundene, mehr oder weniger maskirte Vorstellungen wagen zu können, und ließ am 24. Oct. 1801 die Aufführung der Brüder des Terentius nach der Bearbeitung des Cammerherrn v. Einsiedel in Masken vornehmen. Die große Liebe Goethes für das Alterthum, dessen einfachen und geläuterten Geschmack er damals hinzustellen und weiter zu verbreiten suchte, sowie sein Bestreben, die Schauspieler in ihrer Kunst zu fördern, sollten den Zuschauern, besonders dem gebildeten Theile derselben einen Begriff von dem Maskenspiel der Alten geben und den Schauspieler dahin führen, daß er den darzustellenden Charakter, der sich in der Maske aussprach, in seinem Spiel völlig ausfüllte. Es war dies eine Folge von der idealen Richtung, welche die Bühne genommen hatte, denn die Masken, das platte Copiren der Natürlichkeit hindernd, beförderten die Darstellung der idealen Wahrheit. Auf diese Weise sollte das Spiel einen Styl gewinnen.

Dieses Stück, wie Goethe sagt, verlangte eine derbe, charakteristische, sinnlich-künstliche Darstellung. Diese wurde auch zum Theil erreicht, wenn auch nicht das erste Mal, doch nach und nach, da es in Weimar 9 mal aufgeführt wurde und auswärts, wie in Lauchstedt den Hallensern große Freude bereitete. Vohs als Micio, ein wohlhabender Athenienfischer Bürger, stellte in seiner Maske einen würdigen schon durch äußere Züge imponirenden Alten dar und sprach die leichtfließenden fünffüßigen Jamben in Ruhe und edler Haltung vortrefflich. Demea, dessen Bruder, ein vermögender Landmann, von seinem Besitz in die Stadt gekommen, wurde von Malkolmi in einem polternden Tone, in einem eckigen und heftigen Wesen, welches der Styl des Ganzen fordert, gespielt. Seinen ältesten Sohn Aeschinus, in Pflege bei Micio, gab Cordemann, den zweiten Ctesiphon spielte Haide, an dem zu sehr das Klagende bemerkbar war, während Aeschinus etwas Keckes und Muntres hatte. Sostrata, die Mutter der Geliebten von Aeschinus, war Mad. Teller, ihre Vertraute, Canthara Demois. Malkolmi. Eine Sklavin, Ctesiphons Geliebte, gab Demois. Götz, kurz und leicht wie eine Bacchantin gekleidet, mit einem Schleier nach griechischer Sitte um das Haupt; die weiblichen Figuren waren ohne Masken. Die beiden Brüder erschienen angezogen wie die griechischen Jünglinge auf den alten Monumenten. Der Verwandte und Freund von Sostrata Hegio, von Graff dargestellt, bildete einen schönen Greisenkopf; er sprach mit Ruhe und Anstand. Heftiger Natur war Geta, der Diener Sostratas, Schall, den Sklavenhändler Sannio gab Genast, die drei Sklaven Strato, Dromo, Parmeno wurden von Benda, Ehlers und Eilenstein gegeben. Am meisten trat hervor Becker als Syrus, der Diener des Aeschinus, ein lustiger Bruder, pfiffig und gefräßig mit Hängebacken. Das Stück ließ alle die kalt, die den Terenz nicht kannten. Masken und Costüms sind in der Ausgabe von Einsiedel angegeben.

Als den vollkommensten Gegensatz der Brüder, deren Handlung sich sehr lebendig exponirt und viel Phantasie zeigt, gab man am 28. Nov. 1801 Nathan den Weisen. In diesem Stück, wie Goethe sagt, wo der Verstand fast allein spricht, war eine klare, auseinandersetzende Recitation die vorzüglichste Obliegenheit der Schauspieler, welche denn auch meist glücklich erfüllt wurde. Schiller hatte die Einrichtung des Stücks übernommen, auch Leseproben besorgt, aber von einer Rollenaustheilung an die Schauspieler wollte er nichts wissen; er war deshalb mit ihnen zerfallen und Goethe mußte mit seinem: „So soll es seyn" nachhelfen.¹) Nach der von Goethe bestimmten Rollenbesetzung hatte Graff den Nathan den Weisen erhalten; er spielte ihn mit der Festigkeit, Würde und Kindlichkeit, die den edlen Juden charakterisiren. Ein Meisterwerk von Declamation war die Geschichte von den drei Ringen, die Lessing bekanntlich aus dem Boccaccio entlehnt hat. Vohs als Tempelherr zeigte auch hier, daß er mit rastloser Thätigkeit dem Schönen in der Kunst nachstrebte. Saladin wurde von Cordemann, dem ein treffliches Organ zu Statten kam, mit Leutseligkeit und Offenheit dargestellt. Den Patriarchen gab Genast als einen hochmüthigen, scheinheiligen, doppelsinnigen Mann, immer einlenkend, wo es nöthig ist, nicht ohne Uebertreibung. Einen prägnanten Gegensatz zum Patriarchen bildete der Klosterbruder, den Becker vortrefflich gab; er stellte die christliche Einfalt und Demuth dar, doch nicht zu einseitig, denn er ließ, wie Döderlein sagt, den ehemaligen derben Reitknecht immer noch durch das Klostergewand und

---

¹) S. Brief Nr. 815.

die Altersschwäche durchschimmern. Als Derwisch verdiente Ehlers Lob, wiewohl er an seinem rohen Al Hafi manches hätte greller hervorheben sollen. Die Darstellung der weiblichen Rollen war im Ganzen lobenswerth: Demoiselle Malkolmi als Sittah, Schwester des Saladin, zeigte sich als denkende Künstlerin; die sanfte, schöne Schwärmerin Recha, Nathans Tochter, fand in Demois. Caspers eine würdige Repräsentantin; mit zarter Innigkeit und unbefangener Anmuth gab sie diese Rolle, und Mad. Vohs führte die Rolle der Daja, der allzugeschäftigen und schwatzhaften Stock-Christin gut durch.

Die Darstellung war allerdings schwierig;[1]) der jambische Rhythmus tritt nicht immer scharf hervor, sondern verliert sich oft wie in Prosa und die Rede erscheint überhaupt nicht gefeilt; doch war sie im Ganzen und in jeder Hinsicht trefflich.

Wenn nach der ersten Aufführung zwei einander auf der Straße sich begegneten, so redeten sie davon so, als sei der Stadt ein Glück wiederfahren. So traf Lessings Wort bei Weimar ein, das er im Jahre 1780, als Nathan eben vollendet war, aussprach, er kenne keinen Ort in Deutschland, wo das Stück schon jetzt aufgeführt werden könne, daß er aber diejenige Stadt glücklich preise, in der

---

[1]) Carl August schreibt darüber den 22. Febr. 1801 an Goethe: Es ist eine fürchterliche Entreprise, das Ding zu spielen; ich bin vor der Idee erschrocken, wie ich jetzt das Stück wieder gelesen habe. Ich höre auf zu begreifen, wie es unsere Leute aussprechen wollen, was mit so scharfen Conturen und wenigen Linien bezeichnet ist.

es zuerst aufgeführt werde. Er that diesen Ausspruch, weil in einer solchen Stadt kein starres Priesterthum sein könne, weil in ihr kein dogmatisches, sondern ein lebendiges und praktisches Christenthum und eine Toleranz edler Menschlichkeit und ächter Frömmigkeit zu Hause sei.

Die Wahl des Nathan war jetzt ganz zeitgemäß, das geht daraus hervor, daß er von Weimar aus gleich darauf über alle bedeutende Bühnen Deutschlands ging, darauf blieb und öfters wiederholt wurde.

Auf ihn folgten verschiedene Stücke, in verschiedenen Richtungen und Bestrebungen zum Besten der Schauspielkunst und zur Erreichung einer vielseitigen Bildung des Publikums, Stücke von der Würde des Antiken durchdrungen oder phantastischen Inhalts oder auch von der Großheit und Plastik der Formen umgeben, es folgten am 2. Januar 1802 Jon, ein Schauspiel nach Euripides von Aug. Wilh. Schlegel, am 30. Januar Turandot, ein tragi-komisches Mährchen nach Gozzi von Schiller, den 15. Mai 1802 Iphigenie auf Tauris von Goethe; dazu am 29. Mai ein seltsames Trauerspiel Alarkos von Friedrich Schlegel, aber durch seine obligaten Versmaße, wie schon gesagt, und Assonanzen nicht ohne Bedeutung. Was aber sehr wichtig war, viele Trauerspiele wurden in dieser Zeit wiederholt, z. B. Maria Stuart 2 Mal, Octavia, Wallenstein 3 Mal, Tankred, Mahomet, König Lear und Don Carlos, neu bearbeitet von Schiller, worin Becker den zurückgeführten Domingo, Beichtvater des Königs, in einer eigenthümlichen Weise, Tracht, Haltung und Stellung vorzüglich spielte.¹) Aber Becker verdarb auch manchmal durch die gewählte Tracht sein Spiel. So wollten manche den letzten Act der Räuber nicht sehen, Beckers willen. Er hatte eine widrige Perücke und so einen rothen Tuchrock, daß er aussah wie ein Apotheker. Gern sah man Rollen von ihm, sagt Döderlein, ohne prononcirten Character, welche nur maaßvolle Declamation und würdige Handlung verlangten, wie den schwedischen Hauptmann im Wallenstein.

Die auf verschiedene Weise geübten Schauspieler konnten in diesen Stücken schon bestehen. Im Jon, den Goethe zur Aufführung brachte,²) um zu sehen, in welchem Grade die Zuschauer für eine im antiken Sinne gedachte Behandlung eines mythologischen Stoffes und die Schauspieler für die antike Großartigkeit in dem Vortrag und in den Gebehrden empfänglich und geeignet seyen, trat Demois. Jagemann als Jon auf, mehr noch Knabe als Jüngling, ein geweihter Diener des Gottes und in der heitern priesterlichen Tracht, ganz so wie im Modejournal 1802 ihr Costüm angegeben, wie auch von den andern Personen. Außer der Jagemann als Jon waren Mad. Teller als Pythia, Mad. Vohs als Kreusa, Königin von Athen, und Vohs als ihr Gemahl Xuthus, sowie Graff als Phorbas, der alte Diener des Hauses der Erechtiden und Haide als Apollo die spielenden

---

¹) Die ausführliche Schilderung, welche Döderlein in seinen Jugenderinnerungen von dem Spiel und Erscheinen Beckers gab, wird anderwärts angeführt werden.

²) S. Nr. 7 und Nr. 41 der Zeitung für die eleg. Welt.

Personen. Alle waren gut eingespielt und für mannigfaltige
Situationen, Gruppen und Stellungen, kurz für dramatischen
oder malerischen Effect eingeübt, alle trugen auch das
Schwerste richtig vor. Das Stück ist in Jamben, enthält
aber außerdem verschiedene schwerere Sylbenmaaße, die in
der Schlegelschen Umdichtung zum Theil einigen Ersatz für
den fehlenden Griechischen Chor geben sollten. Z. B. im
Anfang des zweiten Aufzugs singt Jon vor dem Tempel,
an den heiligen Lorbeerbaum gelehnt, einen Hymnus in
Strophe, Gegenstrophe und Nachsatz, dem Apollo zur Leier
und zwar mit gehaltenem antiken Ernst. Im ersten und
zweiten Auftritt des dritten Aufzugs spricht die vor Jon
fliehende Kreusa und der sie verfolgende Jon, angemessen
der stürmischen Bewegung, in trochäischen Tetrametern und
im ersten Auftritt des vierten Aufzugs folgt der für die
Entwickelung der Handlung wichtige und in dauernder Spannung erhaltende Monolog der Kreusa, anfänglich in Jamben,
dann wo sie in ihrer Seele erregt war, in Anapästen, die
nicht durchgängig gut gebildet sind, und wo die Darstellerin
ebnen und mildern mußte. Am Schluß des Stücks, wo
Haide als Apollo unter Donner und Blitz erscheint, in der
nämlichen Tracht wie Jon, tönen festliche Trimeter und
verkünden klangvoll die Herrlichkeit des Gottes. Wurde das
Stück nur noch einmal in Weimar gegeben, weil es Manches gegen Zucht und Sitte enthielt, so gab es doch Veranlassung eine neue Stufe der theatralischen Kunst zu erstei-
gen. Es wurde nicht blos in Weimar aufgeführt, sondern
in demselben Jahre auch in Lauchstedt zweimal und das

zweite Mal auf vieles Verlangen, auch in Rudolstadt kam es auf die Bühne. An beiden Orten trat die eben erst in diesem Jahr angestellte Demois. Maas[1]) als Jon und Demoiselle Malkolmi als Kreusa auf. In Berlin wurde das Stück gegeben am 15. und 16. Mai 1802,[2]) Jon von Mad. Unzelmann, Kreusa von Mad. Meyer, Xuthus von Iffland, Phorbas von Böheim, Pythia von Mad. Böheim, Apollo von Mattausch. Wenn auch hier die Hauptrollen Jon und Kreusa vortrefflich dargestellt wurden, so fehlte es doch bei manchen, wie beim Phorbas, an Ruhe der Bewegung, an gehöriger Würde der Gebehrden und im Ganzen an dem edlen Styl in der Harmonie des Zusammenspiels, selbst Iffland als Xuthus wandte seine sonst beliebte Malerei in den Adjectiven auch hier an; das Costüm, was nach dem Weimarischen eingerichtet war, wich von diesem oft ab, und die Dekoration war auch eine andere, weniger angemessene.

Die Prinzessin von China Turandot[3]) führte in das Wunderbare der Mährchenwelt ein und gab dem Schauspieler Gelegenheit sein Spiel für das Phantastische, Fabelhafte und für seine Uebertreibung zu bilden. Ueberdieß ließ sich das begonnene Maskenspiel, da vier italienische Masken auftraten, fortsetzen. In dieser Hinsicht war die erste, zweite und dritte Vorstellung schwierig und unvollständig, nur allmälig konnte der Schauspieler sie immer ausgearbeiteter und vollendeter

---

[1]) S. Schillers Brief Nr. 844. Düntzers Erläuterungen S. 243.
[2]) S. Nr. 81. 82. 83 der Zeitung f. d. eleg. Welt.
[3]) Goethe im Journal des Luxus und der Moden. März 1802. S. 145 ff.

hinstellen. Auch gab die Lösung der in dem Stück aufgegebenen Räthsel dem gebildeten Publikum eine geistreiche Beschäftigung.

Graff spielte den chinesischen Kaiser Altoum in seiner langsamen Grandezza und Behaglichkeit und mit seinen salbungsreichen und weitschweifigen Klagen vortrefflich, Mad. Vohs dessen Tochter Turandot, eine schöne reizende Erscheinung, die eifersüchtig auf ihre weibliche Freiheit die Männer haßt, am Ende aber doch von ihrem Haß geheilt wird, indem die Gefühle ihres Herzens sich geltend machen. Demoif. Malkolmi war die tartarische Prinzessin Adelma, Sklavin der Turandot, sie spielte mit Energie und stolzer Größe; Zelima, eine andere Sklavin von ihr war Demoif. Götz; ihre Mutter Skirina Mad. Beck. Den sich kühn bewerbenden Prinzen Kalaf gab Vohs sehr gut, Malkolmi dessen Vater Timur, vertriebenen König von Astrakan, in dürftiger Kleidung erscheinend, Haide den Barak, unter dem Namen Haßan, Kalafs ehemaligen Hofmeister, Cordemann den Ismael, gewesenen Hofmeister des Prinzen von Samarkand. Die vier stehenden Masken der italienischen Komödie Pantalon, Kanzler, Tartaglia, Minister des Kaisers, Brigella, Pagenhofmeister, Truffaldin, Anführer der Verschnittenen im Serail der Turandot wurden durch ausgezeichnete komische Schauspieler, Becker, Spitzeder, Genast, Ehlers ausgeführt; als scherzhafte Figuren erschien jede in ihren charakteristischen Eigenheiten und jede in bestimmtem Costüm. Dazu noch Chinesische Doktoren. Sie führen in einer leichten, spielenden Weise eine Jambensprache, die beinahe wie Prosa klingt, und zeichnen so ihre Rede vor der

der andern Personen aus. Zum Ergötzen trägt Pantalon als Kanzler mit seiner stattlichen langen Nase das Gesetz über die Bewerbung um die Prinzessin Turandot in mit Bedacht gewählten lahmen Alexandrinern vor. (2 Akt 4 Auft.)[1]. Wie gesagt, die ersten Vorstellungen waren bloße Uebungen der Schauspieler, die in diese geistreiche Mährchenwelt sich noch nicht recht finden konnten; es ging aber in Weimar besser als in Berlin, wo Turandot nur eine kalte Aufnahme fand, und zwar durch die Schuld der Darstellung; in Weimar wurde selbst mit geringern Mitteln der Eindruck einer weit größern Pracht hervorgezaubert. Auch in Leipzig glückte es nicht leicht jedem den Standpunkt zu erreichen, aus welchem jenes Mährchen angesehen seyn wollte; nur erst unter Küstners Leitung machte es große Sensation und füllte 16mal das Haus.[2]

Endlich erschien am 15. Mai das längst erwartete hochpoetische Schauspiel Iphigenie auf Tauris von Goethe. In Wien war es am 7ten Januar 1800 zu einem glänzenden Hoffeste und am 19ten Januar für das große Publikum gegeben worden, doch ohne rechten Erfolg, da der Vortrag der Verse noch sehr mangelhaft war und manches andere fehlte. Um so mehr hatte sich das Verlangen darnach in Weimar gesteigert; man begriff nicht, warum die Direktion zögerte,

---

[1] Ed. Genast „aus dem Tagebuche eines alten Schauspielers" Th. 1. S. 125 erwähnt die Bemühungen Goethes um dieses Stück, besonders um das Gelingen der vier italienischen Masken, welche ihm in Italien Freude gemacht hatten, ausführlich. Goethe war nur von Zeit zu Zeit damals in Weimar; er kam, wenn es nöthig war.

[2] S. Rückblick auf das Leipziger Stadttheater. S. 117.

die aber ihre guten Gründe hatte; denn der Aufführung des Stücks mußte manche Vorbereitung, Uebung und Gewöhnung vorangehen, und erst jetzt, nachdem so Manches geschehen, war der Zeitpunkt gekommen, wo es einen guten Erfolg haben konnte. Schiller hatte bei der übernommenen Durchsicht und Einrichtung des Werks sich mit Abkürzung des sententiösen Theils begnügt und auf wenige Aenderungen beschränkt, da eine durchgreifende Umbildung, unter andern Belebung und Sichtbarmachung der peinigenden Furien, nach der Anlage des Stücks, unmöglich schien; hatte dann besorgt was zur Aufführung nöthig war, und Goethe konnte, wie er wünschte, am 15ten Mai gegen Abend am Schauspielhause aufahren, wie ein anderer Jenenser auch. Als ein erfreuliches Zeichen des Gelingens hatte der Dichter die Nachricht aufgenommen, die Schiller ihm gegeben, daß die eigentlich poetisch schönen Stellen des Dramas und die lyrischen besonders auf die Schauspieler immer die höchste Wirkung machten.

Indes die Aufführung dieser Dichtung bot soviel Schwierigkeiten, daß eine theilweise gelungene Darstellung fürs erste schon genügen mußte; zur vollen Geltung konnte sie nur dann kommen und sich darin erhalten, sobald von dem Geist der höhern Tragödie tief durchdrungene, richtig empfindende, wohlgebildete und zu den Rollen vollkommen passende Künstler ihrer sich bemächtigten.

Mad. Vohs, ein Liebling Schillers, gab die Iphigenie, war jedoch für diese Rolle nicht ganz geeignet. In stiller Erhabenheit, einfach und edel, wie der Charakter von dem Dichter gezeichnet ist, mußte Iphigenie erscheinen, aber es fehlte der Darstellerin, sagt Falk[1]), „bei allem Zauber der Naivität und allem hervorstechenden Talent, das ihr eigen ist, was ihr in der Tragödie immer fehlt, stille Ruhe der Empfindung, mit einem Worte, tragische Hoheit. Eine Heftigkeit, die ihr angeboren scheint, und die zu leicht das Schönste, Zarteste und Höchste in das Element des Gewöhnlichen herabzieht, wollte sie auch diesmal nicht verlassen." Doch erreichte sie durch Fleiß, Anstrengung, richtige Declamation der Verse, guten Anstand und vortreffliches Gedächtniß mehr als das Mittelmäßige.

Die Erzählung der Geschichte ihres Hauses in der 3ten Scene des ersten Akts war ergreifend und im Ganzen gelungen, dazu am Schluß des ersten Akts der schöne Monolog, der sich im freien lebendigen, anapästischen und päonischen Tanze bewegt und mit leichten Daktylen endet, wie es der Inbrunst und der heitern Hoffnung der Flehenden gemäß war.[2]) Zu Anfang des 4ten Akts spricht sich das freudig bewegte Gemüth der Iphigenie in kurzen daktylischen Rhythmen aus, welche Mad. Vohs mit Innigkeit vortrug, dann aber bei zunehmender Reflexion, ohne auffallenden Wechsel, wieder zum dramatischen Verse überging. Einen gewaltigen Eindruck machte auch der schöne Monolog am Schluß des vierten Aktes mit dem alten Parzenliede, in welchem, wie Pudor sagt, die unnachahmliche, gleichförmig kurzgemessene, vollendete Takt-

---

[1]) In den kleinen Abhandlungen, die Poesie und Kunst betreffend, S. 122.
[2]) Pudor über Goethes Iphigenie S. 109.

bewegung nicht minder, als die Kraft der Vorstellungen, Bilder und Worte dazu dient, die furchtbare Gewalt des Götterzorns darzustellen.

Statt der Mad. Vohs, welche nur noch einmal, am 2. Juni 1802, die Iphigenie gab, spielte diese Rolle in Lauchstedt den 11. August und in Rudolstadt den 7. September Amalie Malcolmi, dieselbe Schauspielerin, welche den 5. Januar 1803 als Mad. Miller, den 12. März 1804 als Mad. Becker und den 11. Mai 1807 als Mad. Wolf in dieser Rolle auftrat und so endlich nach vielen Uebungen, begünstigt von einer schönen hohen Gestalt, durch ihre trefflliche Declamation und ihr herrliches Spiel das Ideal einer tragischen Heldin aufstellte und einen hohen Genuß gewährte.

Orestes, den kräftigen Sohn des Agamemnon, gab Cordemann; mit ihm war Schiller nicht ganz zufrieden, auch sonst nicht, obwohl er dießmal, sagt Johannes Falk, über sein Vermögen und seine Kräfte hinaus, alles leistete, ja mehr, als man von ihm erwartete. Getadelt wird seine Art und Weise des Vortrags, allem Einzelnen Ausdruck und Stimme zu verleihen, wodurch die Kunst der Recitation, besonders die metrische, zu leicht in ein pomphaftes aufgeblasenes Getön, in ein leeres Wortgepränge, ausarte. Auch tadelte man ferner eine gewisse zur Manier gewordene unangenehme überfallende Stellung des Körpers und der Arme, bei welcher das Plastische, was in den spätern Darstellungen seit 1807 so herrlich hervortrat, durchaus nicht gefördert wurde.

Mit großer Wahrheit gab Haide den Pylades, der als

ein ruhiger besonnener Freund in einem schönen Contraste dem leidenschaftlichen Orestes gegenüberstand und durch seine sanften herzlichen Töne besonders auf das Gemüth wirkte. Nur manchmal verfiel er in den an ihm schon oft getadelten Fehler der Uebertreibung im Vortrag und der Ueberladung im Pantomimen- und Geberdenspiel. Bei angewandter Mäßigung aber, sagt Johannes Falk, stehe dieser junge hoffnungsvolle Schauspieler besonders in Heldenrollen auf einem schönen Wege der Kunst. Anstand, Würde, eine einnehmende, jedoch mehr zum Ernsten und Großen, als zum Gefälligen sich hinneigende Gestalt, verbunden mit einer musterhaften Declamation, seien Vorzüge, die man in dem Maße eben noch nicht häufig auf deutschen Theatern beisammen treffe."

Graff spielte den Thoas mit vieler Einsicht, hauptsächlich in den letzten Scenen des Schauspiels. „Die eiserne Verschlossenheit in der finstern Brust des Menschenopfer begehrenden Scythen, die der Dichter so schön durch einen Lichtstrahl von Liebe zu Iphigenien aufheitert, wußte, sagt Johannes Falk, der geschickte Schauspieler glücklich auf die feine Grenzlinie überzuspielen, wo sie mit dieser alles, wie durch einen stillen Spruch besänftigenden Leidenschaft, so zu sagen, in eins verschmilzt." Doch wurde ihm auch hier, wie anderwärts in lebhaften Rollen, der Vorwurf gemacht, daß er sich manchmal einem unruhigen Händespiel überließ und sich gar sehr abarbeitete, was diesem Stück zuwider war. Die minder bedeutende Rolle des Arkas ward von Becker mit gehaltenem Ernst und kalt besonnener Ruhe ganz im Geist des Dichters dargestellt.

Aber nur erst als neben Madam Wolf als Iphigenie Oels den Orestes und Wolf den Pylades gaben, vollendete sich herrlich ein schönes Ganze, das sich eines seltenen und allgemeinen Beifalls erfreute, indem der Adel antiker Simplicität, der Zauberhauch des Idealen bei dem hochgebildeten wie weniger gebildeten Publikum eine sanfte und anmuthige Stimmung hervorbrachte. Oefters wurde es wiederholt, ein gutes Zeichen für den Geschmack des Weimarischen Publikums, oft auch in Lauchstedt und Rudolstadt aufgeführt.

Das am 29. Mai 1802 aufgeführte Trauerspiel Alarkos in 2 Aufz. von F. Schlegel, nach Schiller ein seltsames Amalgam des Antiken und Neuestmodernen, von andern ebenfalls tief gestellt, von andern dagegen sehr hochgehalten, machte durchaus kein Glück und wurde in Weimar nur einmal gegeben, nur einmal in Lauchstedt und Rudolstadt. Und das geschah, heißt es in der Biblioth. der redenden und bildenden Künste 1806 1. Bd. 1. St. S. 92[1]) „nicht ohne Kränkung für den Beschützer der jungen Muse. Muthwillige Knaben, die sich in Menge auf dem deutschen Parnaß herum-

---

[1]) Am Ende des 12ten Briefs in der Uebersicht der poetischen Literatur seit dem Jahre 1795. Was Ed. Genast: Aus dem Tagebuche eines alten Schauspielers Th. 1. S. 194. Anmerk. erzählt, Goethe sei bei der ersten Vorstellung des Ion, als die erbärmliche Kotzebuesche Partei bei einer Stelle lachte, in seiner Loge wüthend aufgesprungen und habe mit seiner Donnerstimme gerufen: „Man lache nicht!" das berichtet Herders Gattin von der Aufführung des Alarkos, auf den es auch eher paßt, während die Aufführung von Ion andere Händel veranlaßte. Vgl. Düntzers Uebersichten und Erläuterungen S. 231. und 237 ff.

jagen, riefen ihm aus vollem Halse ihr „Kahlkopf" nach, und gesetzte Männer standen von ferne und ärgerten sich, daß die Knaben Recht hatten."

Aber immer muß man bedenken, wie schon einige Mal bemerkt wurde, Goethen empfahl sich dieses Trauerspiel durch die äußerst obligaten Sylbenmaße, welche sich freilich künstlich und mühevoll darin bewegen, wie Trimeter, Trochäen, Anapäste u. a., auch Reime sind mit großer Verschwendung angebracht und Assonanzen wie in der 5ten Scene des 1sten Acts, welche angemessen zum Inhalt stimmen.¹) Er suchte die Schauspieler im Sprechen derselben zu üben, wodurch sie auf Calderonische und ähnliche Stücke vorbereitet wurden, die später folgten, zumal da Alarkos ganz Calderonisch gedacht ist. — Die Hauptpersonen, den Grafen Alarkos gab Haide, den König Schall, die Infantin Solija Demois. Malcolmi, Donna Clara, Gemahlin des Grafen, Demois. Maas; neben ihnen wirkten Mad. Teller als Donna Cornelia, Mutter der Gräfin, Mad. Ehlers als Wärterin, Demois. Petersilie, vor kurzem erst engagirt, als Laura, Dame der Solisa, dann die Herren vom Hof, Don Alvaro, Octavio, Ricardo, von Becker, Cordemann, Ehlers, und Dagobert im Dienste des Grafen, von Graff dargestellt. Alle spielten mit der größten Sorgfalt, alle suchten nach Schillers Rath die Vorstellung des Stücks so vornehm und ernst als mög-

---

¹) S. Grundzüge einer Theorie des Reimes und der Gleichklänge von Poggel S. 23 ff Vgl. Jul. Schmidt Deutsche Nationalliter. 1. Th. S. 66 ff.

lich zu halten und alles was von dem Anstand des französischen Trauerspiels dabei zu brauchen war, anzuwenden, um dem Publikum zu imponiren. Auf diese Weise sollte etwas Höheres und Strengeres anklingen, um nicht eine völlige Niederlage zu erleiden.

Durch diese Vorstellungen waren schon Bühne und Zuschauer auf einen hohen Grad von Bildung gelangt. Der Ruf davon war überall hingedrungen. Wer es möglich machen konnte, ging nach Lauchstedt, um durch eigenes Schauen sich zu überzeugen, welche Fortschritte die theatralische Kunst in Weimar gemacht hatte. War doch anzunehmen, daß in den Sommervorstellungen alles das, was Besonderes und Herrliches seit dem Beginn der idealen Richtung mehrere Jahre hinter einander einzeln und zerstreut in Weimar gegeben worden, zusammengefaßt und zu schneller Uebersicht bequem wiederholt werden würde. Das war auch der Fall. Goethe hatte zur Einweihung des neuen Schauspielhauses in Lauchstedt ein Vorspiel „Was wir bringen", in der kürzesten Zeit gedichtet und als Tag der Eröffnung den 6. Juni festgesetzt.[1]) Man stellte, sagt er in seinen Annalen Bd. 27. S. 115, auf symbolische und allegorische Weise, dasjenige vor, was in der letzten Zeit auf dem deutschen Theater überhaupt, besonders auf dem Weimarischen geschehen war. Das

---

[1]) S. Nr. 84. 85. 86 der Zeitung f. d. eleg. Welt, die Eröffnung des neuen Schauspielhauses in Lauchstedt betreffend. Vgl. Aus Goethe's Leben. Wahrheit und keine Dichtung. Von einem Zeitgenossen. (W. C. Ludecus.) S. 38—47. Goethe und das Theater in Lauchstedt.

Possenspiel, das Familiendrama, die Oper, die Tragödie, das Naive sowie das Maskenspiel, producirten sich nach und nach in ihren Eigenheiten, spielten und erklärten sich selbst oder wurden erklärt, indem die Gestalt eines Merkur das Ganze zusammenknüpfte, auslegte, deutete."

„Die Verwandlung eines schlechten Bauernwirthshauses in einen theatralischen Palast, wobei zugleich die meisten Personen in eine höhere Sphäre versetzt werden, beförderte heiteres Nachdenken."

Die Verwandlungen und das Umbilden in höhere Sphären veranlaßt der Zauberer oder Tausendkünstler, der in der Person Beckers als Reisender durch das Fenster des alten Hauses, was Vater Märten und Mutter Marthe bewohnen, gesprungen, mitten in der vorher dort angekommenen und daselbst sich bewegenden Gesellschaft, deren Mitglieder mit dem Theater in Verbindung stehen, sein Wesen in allerlei Hokuspokus treibt. Er verwandelt das Haus in einen prächtigen Saal, sich selbst in den Gott Merkur und spricht als solcher gegen die Zuschauer gewendet in Trimetern erhabene Worte voller Schwung, geht wo es passend ist, in den fünffüßigen Jambus und andere Sylbenmaße über, während in den frühern Auftritten, wo die beschränkte Bürgerlichkeit vorherrscht, nur die Prosa als die geeignete Form Geltung hat, und das alles nicht ohne Beziehung auf den Gang, den die Weimarische Bühne genommen.

Merkur erklärt nun in passender Form die andern Personen, die auf seinen Teppich wie auf Fausts Mantel getreten, eine Umwandlung erfuhren, nur Mutter Marthe hatte

sich fern gehalten, wird aber auch noch gewonnen und giebt
Gelegenheit zu den ergötzlichsten Auftritten. Durch sie und
Vater Märten, welche von vorzüglichen Schauspielern, Mad.
Beck und Malcolmi, gegeben wurden und sich als Baucis
und Philemon des Tempelbaues betrachten ließen, wurde die
derbere deutsche Komödie und das biedere Familienschauspiel
repräsentirt; Mad. Beck spielte die Frau Wunschel und
Frau von Brumbach, auch die Oberförsterin in den Jägern,
sowie Malcolmi den Oberförster und beide erfreuten, wie
es im Vorspiel heißt, im Glanz der Kunstnatur. Die
Nymphe, die das Liebliche, Natürliche oder die naive Na=
türlichkeit bedeutet, am liebsten in der Natur und in dem
Natürlichen weilt, und in ihrer Steigerung den Uebergang
zur Kunst durch ein didaktisches Sonett, das sehr schön ist,
nimmt, wurde vortrefflich durch Demois. Maas dargestellt;
Phone oder die Oper, der Gesang konnte nicht besser als
durch Demois. Jagemann vertreten werden; ihr folgt die
Phantasie in Gestalt eines holden, halb schwarz halb rosen=
farb gekleideten Kindes, das den Zuschauern bald diese bald
jene Seite zuwendet und über das Musikalische und Lyrische
der Oper hinaus die romantischere Wendung des Schau=
spiels andeutet, sowie ein anderes Kind die Masken zeigt,
wo auf der einen das Groteske ans Fratzenhafte gränzt und
die andere das Schöne in dem Schrecklichen, die tragische
Medusa darstellt; Pathos oder das Tragische mit stillem
Ernst erscheinend, gab Demois. Malcolmi nicht ganz zur
Zufriedenheit, besonders nicht in den durch Rhythmus und
hinreißende Gewalt gleich ausgezeichneten vorzüglich schönen

Schlußtanzen, da das Singende ihrer Declamation und eine gewisse Monotonie im Steigen und Fallen der Rede sehr störten. Noch ehe Pathos das, was sie als Tragödie zu sagen hat, verkündet, spielt Merkur als Seelenführer den Allesverbindenden und entbietet durch das phantastische Knäblein, dem er seinen geflügelten Stab übergiebt, die übrigen zuletzt zum Verein: „Geh, führe mir die Seelen schleunigst alle her." Die Recitation Beckers in den rhythmischen Stellen war tadellos zu nennen, und sein Spiel durchgehends so anständig wie pikant in dem launigen Theil der Rolle.[1])

Bei der Wiederholung am folgenden Tage hob sich, sagt der Berichterstatter in der Zeit. f. d. eleg. W. Nr. 85, das Ganze noch heller und schärfer hervor. — Schon am ersten Tage brachte das ganze Haus, nach beendigtem Spiel, dem Dichter laut seine Huldigung dar[2]). Es war das zu erwarten, da eine Menge

---

[1]) Diese Rolle des Fremden oder Merkur, schreibt Döderlein, gehört zu denjenigen Rollen, welche ohne prononcirten Charakter nur maßvolle Declamation und würdige Haltung verlangten und am liebsten von Becker gesehen wurden. Döderlein rechnet dahin auch den zweiten Chorführer in der Braut von Messina.

[2]) Denn das Vorspiel hatte Glück gemacht, wie Goethe durch Kirms, der von Lauchstedt nach Weimar zurückgeht, an Schiller mündlich sagen läßt. Briefw. Nr. 867, Dünzers Erläuterungen S. 245. „Wir waren auf dem Balkon in einer sehr schönen Loge, berichtet Goethes Gattin," und wie das Vorspiel zu Ende war, so riefen die Studenten: Es lebe der größte Meister der Kunst, Goethe! „Er hatte sich hinten hingesetzt, aber ich stand auf, und er mußte vor, um sich zu bedanken. Nach der Komödie war Illumination, und dem Geheimerath sein Bild und Name illuminirt." Vgl. Eduard Genast. Aus dem Tagebuche eines alten Schausp. 1. Th. S. 180.

Gebildete unter den Zuschauern waren, Badegäste, Besuch aus Weimar, Merseburg, Halle, Jena und anderwärts her, wie Friedr. Aug. Wolf und andere Professoren, A. W. Schlegel, Schelling, Hegel, Frommann und andere. Die Vorstellungen dieses Sommers waren reich, es folgte auf das Vorspiel am ersten Tage Titus[1]) von Mozart und am zweiten Tage nach dem Vorspiel die Brüder nach Terenz, dann einigemal Wallenstein, Tankred von Goethe, Turandot, Alarkos, Maria Stuart, Wallensteins Lager, Mahomet, die Piccolomini, Schausp. in 3 Akt., Jon, Nathan der Weise, Don Carlos, Iphigenia auf Tauris. In Rudolstadt wurden auch mehrere von diesen gespielt.

Den 19ten September 1802 ging das Vohssche Ehepaar, nachdem es noch den Sommer hindurch in Lauchstedt und Rudolstadt durch sein Spiel erfreut hatte, von Weimar nach Stuttgart. Beide waren Zierden der Weimarischen Bühne, besonders in Schillerschen Stücken, ausgezeichnet durch Sinn und Gefühl für metrische Sprache, treffliche Declamation

---

[1]) Nicht Tasso, dessen Aufführung erst im Jahr 1807 den 16. Februar zum Geburtstage der allverehrten Großfürstin Maria Paulowna möglich war. Und doch hat der obengenannte Zeitgenosse Goethes, der bei der Einweihung des neuen Hauses in Lauchstedt zugegen war und nur Wahrheit, keine Dichtung zu geben verkündet, den Tasso auf das Vorspiel folgen und Demois. Jagemann die Leonore von Este spielen lassen. Nein, die Jagemann spielte und sang in der Oper Titus ausgezeichnet den Sextus und erhielt den lebhaftesten Beifall. Bemerkenswerth ist, daß auch C. Jul. Saupe in seinen verdienstvollen chronologischen Tafeln von Goethes Leben unter dem Jahre 1802 S. 77. ebenfalls nach dem Vorspiel den Tasso folgen läßt.

und malerische Stellungen. — Er eine geniale poetisch gestimmte Natur verband ein schönes männliches Organ mit einer kräftigen Gestalt und Brust, welche er jedoch in heftigen Rollen durch sein heißes Blut fortgerissen, rücksichtslos schwächte. Ihn suchte Haide zu ersetzen, Oels, der im Februar 1803 engagirt worden, war sein Nachfolger im Heldenfache, auch Graff trat für ihn ein. Die Rollen der Mad. Vohs besorgten zum Theil Amalie Malcolmi, Demoiselle Götz, Maas, Petersilie und andere.

Am 25. Septbr. wurde das Vorspiel „Was wir bringen", auch in Weimar aufgeführt. Voran ging ein Prolog von Becker gesprochen. Es hatte in Lauchstedt eine liebliche Wirkung gethan, und lange Jahre, sagt Goethe, erinnerte sich mancher Freund, der uns dort besuchte, jener hochgesteigerten Kunstgenüsse. Das Stück, heißt es im Prolog, passe, wenn auch für einen besondern Fall gedichtet, ebensogut nach Weimar, weil das Besondere darin, wenn es nur zugleich bedeutend ist, auch als ein Allgemeines wirke. Den Weimaranern dürfen wir (die Schauspieler) das was wir wollen, was wir bringen, um so weniger mitzutheilen zögern, da vor ihren Augen sich das, was wir begonnen, nach und nach entwickelt habe, und auch das, was noch zu erreichen in Aussicht stehe, darin angedeutet werde. In Weimar gefiel dieses Stück wie in Lauchstedt und wurde am 2ten Okt. wiederholt. Dieselben Personen traten darin auf; Pathos wird zwar von Mad. Miller gespielt, es ist aber Demois. Malcolmi, die im Sommer 1802 mit Miller sich verheirathete.

Erst jetzt am 1ten Januar 1803 kam das kleine allegorische Festspiel Paläophron und Neoterpe in 1 Akt, von Goethe, auf die öffentliche Bühne; im Hause der Herzogin Amalia war es schon 1800 zu ihrem Geburtsfeste gegeben worden. Damals gab Graf Brühl[1]) den Paläophron und Fräulein von Wolfskeel die Neoterpe. Eine Zeichnung von Meyer lag vor und bestimmte das Costüm der Spielenden mit ihren stummen Begleitern.[2]) Es ist in einem hohen einfachen Sinn gedacht und schön ausgeführt; erinnert an alte bildende Kunst, stellt ein plastisches, doch bewegliches und belebtes Werk den Zuschauern vor Augen und erfordert Uebung im Maskenspiel und im Vortrag verschiedener Rhythmen; denn es wechseln darin Trimeter, fünf- und vierfüßige Jamben, auch Trochäen kommen vor. Diesen Forderungen suchten die spielenden Personen auf der öffentlichen Bühne zu genügen. Den Paläophron, die alte Zeit, gab Haide, so, daß er nichts zu wünschen übrig ließ, die Neoterpe die neue oder junge Zeit Demois. Jagemann mit einer ihr eigenen und allbekannten Grazie. Naseweis und Gelbschnabel sind im Gefolge der Neoterpe, Griesgram und Haberecht Begleiter von Paläophron, alle in der Kleidung und in den Masken, die Meyer auf seiner Zeichnung angiebt, alle von der Haltung und Beschaffenheit, die Böttiger näher erklärt. In dem Asyl kommen alte und neue Zeit einander näher, finden,

---

[1]) Ueber Brühl s. Düntzers Erläuterungen S. 262.
[2]) S. Charlotte von Schiller und ihre Freunde Bd. 1. S. 460.

daß sie zu einander passen und daß ihnen beiden, wenn sie als Verbundene wandeln, Glück beschert sei, sie schließen daher Frieden, was nur dadurch möglich wird, daß sie die verdrießliche Sippschaft, die sie umgiebt, auf eine gute Weise von sich entfernen. Als dritte thätige Person hatte der Verfasser einen Genius, den die anmuthige Demois. Petersilie darstellte, zur Feier des ersten Tags im Jahr hinzugedichtet und so den frühern an die Herzogin Amalia gerichteten Schluß ins Allgemeine gewendet. Dieser Genius schwebte vom Himmel hernieder und brachte Kränze, die mit herzlichen Wünschen dem Publikum dargereicht bedeutend wurden, indem es dem Manne, der es so vielfältig erfreut, seine guten Wünsche ebenso herzlich zuklatschte. Das Stück gefiel ungemein und vergegenwärtigte dem Publikum lebhaft, was es dem Dichter und Leiter des Theaters zu verdanken hatte.

Es rühmte die Vorzüge der jetzigen Bühne vor der frühern, als noch die gemeine Wirklichkeit und platte Prosa herrschte, es pries die gute Ordnung, den edlern Ton, die Erhebung zum Bessern, namentlich durch Einführung und Handhabung der kunstreichen Versstücke, die geschmackvolle Unterhaltung, die jetzt so häufig sei, die Bildung der Schauspieler und ihr vortreffliches Spiel, sodaß ihr Ruf sich überall hin verbreite, sie, die Zuschauer, empfanden tief, was sie vordem in Geschmackssachen waren und was sie durch ihn jetzt sind und wiesen mit Verachtung die Angriffe zurück, welche von der Sippschaft Kotzebues gegen die Weimarische Bühne und die Spielweise der Schauspieler gerichtet waren.

Dieses Urtheil über die Leistungen Goethes und die

Fortschritte der Weimarischen Bühne bestätigt sinnreich Bode in Versen in der dritten Halle des Bildersaals obersächsischer Thalia, er läßt Phone reden und Pathos und kothurngeschmückt schreiten einher die erhabenen Gestalten Wallenstein, Orestes, Alarkos und andere, vorher stehen ebenfalls Verse über das Berliner und Leipziger Theater, welche die Intentionen derselben beurtheilen.

Zur Fortsetzung des Maskenspiels diente die Mohrin nach dem Eunuch des Terenz in 5 Act. vom Kammerherrn von Einsiedel umgearbeitet. In dieser Gestalt, völlig abweichend von dem Original, kam das Stück am 19ten Febr. 1803 zum ersten Male auf die Bühne und wurde nur noch zweimal wiederholt. Es konnte nur umgeändert auf die Bühne kommen, Carl August verlangte es[1], „da es mit unsern Gewohnheiten und Begriffen zu sehr in Widerspruch stehe", und Einsiedel darauf eingehend änderte mit Mühe, wie er sich ausdrückt, bis „die Mohrensklavin ganz weiß gewaschen war." Aber trotz der Veränderungen wollte es nicht recht gefallen, und doch thaten die Schauspieler ihr Möglichstes. Malcolmi gab den Laches, einen Alten, Cordemann den ältesten Sohn desselben Phädria, den Liebhaber der Thais, welche Mad. Miller (Amalie Malcolmi) darstellte, Unzelmann[2] den Chärea, den jüngsten Sohn; Haide

---

[1] S. Briefw. zwischen Goethe und Schiller Nr. 884. Düntzer's Erläuterungen S. 259. unten.

[2] Carl Wilhelm Unzelmann, ein Sohn der berühmten Schauspielerin Friederike Bethmann, aus ihrer ersten Ehe mit dem bekannten Komiker

als Thraso, ein reicher Kriegsmann, Nebenbuhler des Phädria und Becker als Gnatho, des Kriegsmannes Schmarotzer, erhielten ausgezeichneten Beifall. Parmeno, der Vertraute beider Söhne, wurde von Ehlers mit großer Gewandtheit gegeben; auf seinen Anschlag kommt Chärea als Mohrensklavin verkleidet in das Haus der Thais und spinnt dort mit der Pamphila, welche Demois. Götz darstellte, einer Mohrensklavin, ein Liebesverhältniß an, erhält sie dann zum Weib, da sie die Schwester des Chremes, eines jungen Mannes von edler Abkunft ist und als eine Bürgerstochter angesehen wird. In Lauchstedt wurde die Mohrin den 25ten Juli gegeben. — Zu diesem Terenzischen Stücke kam den 6. Juni 1803 Niemeyers[1]) Schauspiel in 5 Aufz. „die Fremde aus Andros" als Bearbeitung der Andria des Terenz, welche auch bald darauf den 23ten Juni in Lauchstedt und den 7ten Sept. in Rudolstadt gegeben ward, ohne Beifall zu erlangen; in Weimar kam sie noch zweimal vor. Auch der Heautontimorumenos oder der Selbstpeiniger, ein Lustspiel in 5 Aufz., wurde in Weimar später gegeben. Becker spielte in

---

Unzelmann, wurde in Weimar beim Professor Kästner in Aufsicht und Pension für das Theater erzogen. Goethe hatte der Mutter versprochen, sich des jungen Menschen anzunehmen, ließ ihn am 29. November 1802 als Görg in den beiden Billets auftreten. Gar bald zeigte er, daß Komik das Gebiet sei, in dem er sich, wie in seinem Elemente, zum Ergötzen der Zuschauer zu bewegen verstand.

[1]) Ed. Genast 1 Th. 142. theilt diese Bearbeitung dem Cammerherrn von Einsiedel zu. nach dem Briefwechsel hatte Niemeyer in Halle die Fremde aus Andros für die Weimarische Bühne bearbeitet. Briefwechsel Nr. 903. Düntzers Erläuterungen S. 245. unten 253 und 261.

der Fremden aus Andros den Davus und in dem Selbstpeiniger den Syrus meisterhaft. Dieser kam auch in Lauchstedt auf die Bühne und in Weimar noch zweimal. Aber keins von diesen Stücken erhielt die Geltung als das, was zuerst von den Terenzischen auf die Bühne kam, die Brüder.

Da Carl August das französische Lustspiel sehr hochstellte, war es ihm erwünscht, daß „Cervantes Portrait" in 3 Acten aus dem Französischen von Einsiedel geschmackvoll übertragen, am 4ten Mai 1803 auf die Bühne kommen konnte und allgemeinen Beifall davon trug. Er selbst machte Goethen aufmerksam auf ein Duodrama, welches Joseph Ludwig Stoll, der damals längere Zeit in Weimar lebte, in Alexandrinern nach dem Französischen gearbeitet hatte. Das Werk „Scherz und Ernst" schreibt der Herzog[1]) ist an und für sich selbst artig; indessen kann ich nicht leugnen, daß im Lesen diese Versart in unsrer Sprache an die Allongenperrücken der Gottscheds und Consorten erinnert. Recht neugierig bin ich, wie es sich gesprochen ausnehmen wird. Die Jagemann und Becker wollen es aufführen. Einige böse Reime, Leer- und Dunkelheiten und Reimhaschereien können vorher wohl ein Bischen gezüchtiget werden." Wirklich wurde es am 11ten Mai 1803 vor Wallensteins Lager aufgeführt und oft wiederholt, es gab auch Veranlassung zu andern witzigen Spielen der Art in Versen. Das Publikum ward in eine große Munterkeit versetzt durch die mimische Kunst der Jagemann als Cephise und Becker als Cleant war nicht

---

[1]) In dem Briefwechsel mit Goethe Nr. 194.

weniger vortrefflich. Später hat sich Wolf und seine Gattin als Cephise und Cleant oftmals meisterhaft gezeigt¹).

Angeregt durch Carl August, dann auch aus eigenem Verlangen, nach einer ungewöhnlich großen geistigen Anstrengung, wie die Braut von Messina gebracht hatte, sich eine Erholung in einer leichten, aber dem Theater doch ersprießlichen Arbeit zu suchen, wandte sich Schiller der Bearbeitung zweier französischer Lustspiele von Picard zu und vollendete sie im Frühjahr 1803 bis zur Aufführung. Das kleine in 3 Acten „der Neffe als Onkel" wurde den 18ten Mai zum ersten Mal aufgeführt. „Es habe, schreibt Schiller an Goethe²), das Publikum sehr belustigt und mache sich auch wirklich recht hübsch. Es ist mit vieler guten Laune gespielt worden, ob es gleich nicht zum Besten einstudiert war, und unsere Schauspieler, wie Sie wissen, gern fudeln, wenn sie nicht durch den Vers im Respect gehalten werden." Das zweite Picardische Stück in 5 Acten „der Parasit oder die Kunst sein Glück zu machen" mußte später gegeben werden.³)

Reichlich bedacht war jetzt das Lustspiel und die Posse; die derbere Komik wie die feinere und höhere verschiedener Völker reichte ihre Schätze dar, selbst der dänische Dichter Holberg erfreute unter dem Panier Kotzebues zweimal mit seinem Don Ranudo de Colibrados, aber mehr das gewöhnliche Publikum, als die gebildete Classe, da der adlige Bet-

---

¹) S. Tiecks dramat. Blätter III. S. 41.
²) Briefwechsel Nr. 903.
³ S. Schiller im Briefwechs. mit Goethe Nr. 903.

telstolz und die Thorheit der abligen Standesvorurtheile geschildert werden.

Zuwachs erhielt auch das ernste Drama, denn drei neue Tragödien von großer Bedeutung brachte das Jahr 1803, am 19ten März die Braut von Messina, am 2ten April die Natürliche Tochter und am 23ten April die Jungfrau von Orleans, Denkmäler der gemeinsamen Bestrebungen Schillers und Goethes und Zeugnisse für das Wirken der beiden großen Meister in der vaterländischen Dichtkunst, welche den deutschen Namen verherrlicht haben und zunächst die Weimarische Bühne mit dem gerechtesten Stolze erfüllen mußten.

In der Braut von Messina, welche nach Art der Alten, auf der Idee der unbedingten Nothwendigkeit aufgebaut ist, löste Mad. Miller als Fürstin Isabella, wie es in einem Briefe aus Jena vom 20. März heißt[1]), eine schwere Aufgabe mit allgemeinem Beifall. Demoif. Jagemann stellte ihre Tochter Beatrice mit all dem Zauber ihrer Kunst dar, der dieser vortrefflichen Schauspielerin stets zu Gebote steht. Don Manuel und Don Cesar, die beiden Brüder, wurden von Cordemann und Haide dargestellt; Cordemann war eine wirklich idealische Erscheinung, Haide spielte, besonders in dem letzten Acte ebenso vortrefflich, wie er eine etwas ähnliche Stelle (der Situation nach) als Mörder bereits im Alarkos gespielt hatte. Malcolmi eignete sich zu der nicht unbedeutenden, schönen Rolle des treuen Dieners Diego.

---

[1]) S. Zeit. für die eleg. W. 1803. Nr. 39.

Große Sorgfalt ward auf das Einstudieren des Stücks verwendet; Schiller hielt Leseproben, auch Goethe, und gemeinschaftlich sahen beide darauf, daß der Chor gut gesprochen wurde, namentlich in Bezug auf die Verschiedenheit der Verse. In den Theaterproben, deren auch mehrere waren, kam es ihnen darauf an, daß beide Chöre bei ihrem Erscheinen mit taktmäßigem Tritt auftraten und durch das ganze Stück bei jedem neuen Auftreten in dieser Weise sich bewegten, was allerdings Effekt machte. Graff als Cajetan, Führer des ersten Chors, war vortrefflich, ebenso Becker als Bohemund, Führer des zweiten Chors, beiden wurden andere Ritter zugeordnet, mit Namen zum Theil, theils ohne Namen. Der Chor erscheint bald rathend, bald tadelnd, bald bedauernd und erwägend, und über das Menschliche sich verbreitend, spricht er Lehren der Weisheit oft mit lyrischem Schwunge und in kunstreichen, den Stimmungen der Seele entsprechenden Versmaßen, bald spricht der Chorführer allein, und damit verschiedene Personen sprechen konnten, nicht alle auf einmal und nur selten, wurden sie abgetheilt von Schiller,[1] auch von Goethe[2] und machten so einen großartigen Eindruck auf das Publikum, besonders auf die frische studierende Jugend von Jena, deren jubelnde Acclamation[3] das bald folgende

---

[1] S. Briefwechs. zwischen Schiller und Goethe. Nr. 887.
[2] S. Ed. Genast aus dem Tagebuche eines alten Schauspielers. Th. I. S. 133 f., wo nach der Abtheilung Goethes das Stichomythische eine außerordentliche Wirkung thut.
[3] S das Weimarer Sonntagsblatt von Böhlau 2. Jahrg. S. 249.

Geschrei des Freimüthigen und andere Stimmen, die sich ungünstig über das Stück vernehmen ließen, mächtig übertönte. Goethe meinte, der theatralische Boden wäre durch diese Erscheinung zu etwas Höherem eingeweiht worden; er ließ das Drama noch zweimal aufführen, ehe die Gesellschaft nach Lauchstedt ging, und fast jedes Jahr ein oder mehre Male wiederholen. Schiller aber war mit seinem Versuche zufrieden, wie die Worte beweisen, die er bei der ersten Aufführung ausrief: „dies ist nun doch wirklich eine Tragödie!" Und die Leistungen der Schauspieler fanden bei dem Dichter rühmende Anerkennung.

Wie Schiller Iffland am 22. April 1803 aufrichtig gesteht,[1] hat er bei diesem Stück einen kleinen Wettstreit mit den alten Tragikern versucht, wobei er mehr an sich selbst als an ein Publikum außer sich gedacht habe, wiewohl er innerlich überzeugt sei, daß blos ein Dutzend lyrischer Stücke nöthig seyn würden, um auch diese Gattung, die den Deutschen jetzt fremd sei, bei ihnen in Aufnahme zu bringen, er würde dieses allerdings für einen großen Schritt zum Vollkommenen halten. Uebrigens aber werde er es vor der Hand dabei bewenden lassen, da Einer allein nun einmal nicht hinreicht, den Krieg mit der ganzen Welt aufzunehmen.[2] Anstoß

---

[1] S. Joh. Valent. Teichmanns literarischen Nachlaß, herausgeg. von Franz Dingelstedt S. 216.

[2] Carl August gehörte auch unter die Gegner der Braut von Messina, wie sein Brief an Goethe Bd. 1 S. 289 Nr. 199 zeigt; er hat sie mit großer Aufmerksamkeit, aber nicht mit wohlbehaglichem Gefühle gelesen und macht allerlei Ausstellungen, die ihren guten Grund haben und zum Theil Beachtung fanden.

gab hauptsächlich der Gebrauch des Chors, der nach der Strenge der alten Tragödie eingerichtet seyn sollte, aber schon wegen seiner Trennung und Getheiltheit nicht der alte Chor seyn konnte, so sehr er auch in seiner neuen Einrichtung wirkte. Dies deutet auch Friedrich v. Stein in einem Briefe an Charlotte von Schiller vom 7. Juli 1803 an, wenn er schreibt: „Sagen Sie dem Schiller recht viel Dank, daß er mir durch meine Mutter das wunderbare Trauerspiel, die Braut von Messina, mitgetheilt hat. Die Chöre wollen mir zwar nicht recht in den Sinn, doch sagen sie oft kluge Dinge, man freut sich daher nach jeder Begebenheit ihr Urtheil zu hören." Ob übrigens Schiller, wenn er im Februar 1804 an Goethe schreibt: „Mit den griechischen Dingen ist es eben eine mißliche Sache auf unserm Theater, und unbesehen des Werks würde ich schon dagegen rathen." auch an seine Braut von Messina denkt, läßt sich nicht gut annehmen. Es handelt sich um die Aufführung einer neuen Tragödie, die einen Gegenstand aus dem griechischen Mythus behandelt, und wahrscheinlich ist Collins Polyxena gemeint, mit Chören, zu denen Salieri die Musik gemacht hatte. Das Stück wurde am 15. Oct. 1804 in Wien auf dem Hoftheater aufgeführt, es gefiel aber nicht. Und so wurden damals nach dem imponirenden Vorgange Schillers schwächere Geister angetrieben, ähnliche Versuche zu machen, die das deutsche Theater aus seiner Bestimmung verrückten.

In der „Natürlichen Tochter", in welcher idealische Gestalten und zwar in rein menschlichen Beziehungen neben und nacheinander auftreten, erinnert die Hoheit, Würde und großartig strenge Durchführung der Idee an Sophokles vielfältig. Es ist nicht zu läugnen, daß diese Tragödie allen tragischen Erzeugnissen der deutschen Melpomene, wie W. E. Weber in den Vorlesungen zur Aesthetik sagt, in classischer Vollendung, in Zartheit und Lieblichkeit der Hauptperson, in keuscher Wahl der Situationen, endlich aber in melodischem Wohllaut des Rhythmus und der Sprache weit voransteht oder doch wenigstens gleichkommt. Und die Schauspieler suchten ihre Aufgabe vollständig zu lösen.

Cordemann spielte die kleine Rolle des Königs, der wohl gesinnt ist und gutmüthig, aber schwach dabei, eine majestätische Erscheinung, in voller Würde der Hoheit und Anmuth der Güte. In dem Herzog stellte Graff den zärtlichen Vater dar, dann auch das Bild eines wahrhaften und vollkommenen Edelmannes. Spitzeder gab sehr gut den habsüchtigen und charakterlosen Graf. Eugenie ward von der Jagemann gegeben als ein edles und hochsinniges Mädchen in ritterlichen Künsten geübt, ohne die zarte Weiblichkeit zu verletzen und durchdrungen von dem Geiste erhabener Gesinnung. Ihrer unwürdig wäre, meinten Herder und andere, die Sorge für Putz und Schmuck. Hierin aber liegt des Mädchens Schuld. Diese Tragödie nämlich stellt nicht, wie gewöhnlich geschieht, Tod und Untergang der Hauptperson dar, sondern entwickelt in milderer Weise das Schicksal Eugeniens, die fürstlich geboren, in dem Augenblick, als sie zu dem Rechte und Glanz der fürstlichen Geburt gelangen soll, unterm Druck der gesellschaftlichen Verhältnisse, zu der Niedrigkeit eines beschränkten und einflußlosen Privatlebens herabzusteigen genöthigt wird. Und das nicht ohne ihre eigene Schuld; denn müßte sie ganz unschuldig leiden, so wäre ihr Schicksal ein grausames; bei ihren körperlichen und geistigen Vorzügen, die sie in hohem Grade besitzt, fehlt ihr die Demuth und die Mäßigkeit, aus der ein reines Glück entspringt, sie liebt zufällige Güter allzusehr, den Prunk und Schein, und diese übermäßige Liebe treibt sie sogar das Versprechen zu brechen, das sie ihrem Vater feierlich gegeben hat, den Schrein mit den Schmucksachen vor seiner Ankunft nicht zu öffnen; deshalb ruft ihr bedeutsam die Hofmeisterin zu: Demüthigung beschleicht die Stolzen oft! Um diese Schwäche Eugeniens bemerklich zu machen, hat der Dichter den Scenen, wo sie die Schmucksachen und Kostbarkeiten anlegt, eine große Breite gegeben. Aber Eugenie leidet und das tröstet uns, ohne ihren Hochsinn zu verlieren, der einst ihrem bedrängten Vater und dem zerrütteten Vaterlande zur Stütze und zum Troste dienen soll.

Die Hofmeisterin, eine gutgesinnte Frau, war Mad. Miller, welche diese Rolle mit Würde und Bedeutung spielte, den Sekretair ließ Oels als eine tüchtige, gesunde, praktische Natur, welche die Welt nimmt, wie sie liegt, erscheinen und gefiel. Den Weltgeistlichen gab Becker ganz im Geiste dieser Rolle. Döderlein sagt von ihm: „Ganz dieselbe Haltung, die er als Domingo in Don Carlos hatte, beobachtete er als Weltgeistlicher in der Natürlichen Tochter, und die Worte: „Welch' eine Frage thust du? Wir sind fehl." sprach er ohne alles Pathos oder fühlbaren Stolz. Sein Schritt und Tritt

war hier unhörbar leise, ohne doch irgend zu schleichen oder
auf den Fußspitzen zu gehen. Er muß nothwendig katholische
Geistliche von Stand und Bildung vielfach beobachtet haben."
In den höchstanziehenden, edeln und großsinnigen Charakter
des Gerichtsraths hatte sich Haide vollkommen hineingefunden,
daß er würdig der Eugenie gegenüber stand. Ehlers gab
den Gouverneur mit Anstand und Hoheit, Silie¹) im Tone
frommer Würde und mit Grazie die Aebtissin, und Malcolmi
überraschte durch die Wahrheit seines Spiels als Mönch.
Es gehörten hochgebildete Zuschauer in das Theater, wenn
dieses Stück gegeben wurde, denn hier erscheint der Dichter
als ein vollkommen Geweihter der Muse, der nicht darnach
strebt, Leidenschaft übermäßig zu erregen, sondern eine hohe
Ruhe hervorzubringen und so in dem Zuschauer eine künstlerische Stimmung zu erzeugen. Wer freilich Leidenschaftliches, Erschütterndes oder überhaupt Effektvolles in der Tragödie verlangt, der wird in der Milde und einfachen Erhabenheit der Natürlichen Tochter nicht volles Genüge finden, ja er wird sie kalt nennen. Und manchen, die sich von
dem Gedanken an die politische Erschütterung des Nachbar-

---

¹) Auf den Theaterzetteln des März 1803 steht noch Petersilie.
Als solche spielte sie am 30. März in der Schachmaschine die Julie
von Wangen. Ohne vorangehenden Peter tritt sie mit dem zarten
Namen Silie zuerst am 2. April 1803 in Goethes Natürlicher Tochter
als Aebtissin auf. Goethe liebte es, die Namen seiner Schauspieler, die
etwas Gewöhnliches und Gemeines, etwas Hartes und Zweideutiges
enthielten, umzuändern. Statt Lortzing, Elstermann schrieb er Lorzing
Elsermann, statt Engel Engels, statt Ströbel lieber Strobe, Oels statt
Oele u. dgl. mehr.

staates nicht losmachen konnten und denen es ging, wie den Atheniensern, als sie des Phrynichus Einnahme von Milet sahen, war der Stoff der Natürlichen Tochter zum Theil drückend und widrig, ein Urtheil, von dem selbst Körner, Schillers Freund, berührt war. Vor Allem aber gelte Fichtes Ausspruch, der die Natürliche Tochter zweimal in Berlin gesehen, wenn er sie in einem Briefe an Schiller vom 20. Juli 1803 für das höchste Meisterwerk des Dichters hält, daß aber Zuschauer dazu gehören, denen man zumuthen könne, durch die Beschränktheit der Darstellung das Ideal hindurch zu erblicken. Wie das Stück in Weimar[1]) und Lauchstedt aufgenommen wurde, darüber schreibt Schiller am 6. Juli 1803 an Goethe von Lauchstedt aus: „Die Natürliche Tochter hat vielen Beifall gefunden, besonders die letzte Hälfte (in der mehr Handlung ist, als in den 2 ersten Akten) wie dieß auch in Weimar der Fall war. (Einige Bemerkungen, bei dieser Gelegenheit gemacht, will ich Ihnen mündlich mittheilen.)" An Humboldt schreibt Schiller am 18. August 1803: „Goethes Natürliche Tochter wird Sie sehr erfreuen, und wenn Sie dieses Stück mit seinen andern, den früheren und mittleren, vergleichen, zu interessanten Betrachtungen führen. Die hohe Symbolik, mit der er den Stoff behandelt hat, so daß alles Stoffartige vertilgt und alles nur Glied eines idealen Ganzen ist, dieß ist wirklich bewundernswerth. Es ist ganz Kunst und ergreift dabei die innerste Natur durch die Kraft der Wahrheit."

---

[1]) Vgl. Schillers Brief an Iffland Nr. 18 in Teichmanns literar. Nachlaß S. 217.

Desto mehr Handlung und ergreifende Wirksamkeit ist in der Jungfrau von Orleans, welche nach langem Zögern endlich am 23. April 1803 über die Weimarische Bühne schritt. Schiller schreibt darüber an Körner am 12. Mai 1803: „Ich habe mir mit den Proben viel zu thun gemacht, das Stück ist aber auch charmant gegangen und hat einen ganz ungewöhnlichen Erfolg gehabt. Alles ist davon elektrisirt worden. Ich wünschte, Ihr hättet es mit angesehen." Ist eines Volkes Befreiung aus den Händen einer fremden Macht an sich eines der größten und erhabensten Ereignisse der Geschichte, so mußte die Erhebung Frankreichs aus erniedrigender Knechtschaft der Engländer durch eine heilige, reine Jungfrau um so anziehender wirken, denn alle Herzen fühlten sich durch ihr Erscheinen erquickt und gehoben, indem sie vor Augen stellt, daß der Mensch, wenn er von der Begeisterung für einen edlen großen Zweck entzündet, mit felsenfestem Glauben und wahrhaftem Gottvertrauen an des Himmels Allmacht wirke und handle, das Unmögliche selbst unternehmen dürfe, daß aber, wer dem Göttlichen abtrünnig, für Irdisches empfänglich sei und diesem sich hingebe, schwach werde, und in dieser Schwäche büße, selbst den Tod finde.

Johanna war eine Glanzrolle, eine viel gesuchte und viel bestrittene. Wo sie auftreten sollte, wie in Berlin, Hamburg, Frankfurt, Cassel, war sie ein Erisapfel für die ersten Schauspielerinnen und wirkte auch auf die Besetzung der Rolle der Agnes Sorel. Schiller hatte der Caroline Jagemann, wenn das Stück fertig zur Aufführung käme, die Rolle der Johanna zugesagt, die Vohs aber eignete sich für diese mehr, zunächst wegen ihrer größeren Statur¹), die Jagemann sollte dann die Agnes Sorel übernehmen, die sie aber ablehnte. Endlich wurde die Sache so entschieden, daß Mad. Miller, später als Mad. Wolf berühmt, die Johanna und Demois. Maas die Sorel zu spielen erhielten. Mad. Miller spielte die Johanna mit Würde, Anstand und Begeisterung, sprach die lyrischen Stellen vorzüglich gut und alle waren von ihrem schönen Vortrag der Verse, der wie Musik klang, bezaubert.

Ebenso war Demois. Maas als Agnes Sorel ausgezeichnet. Oels gab den König Karl VII., Graff als Talbot, Haide als Lionel, Cordemann als Dunois, Mad. Teller als die unholde Jsabeau, spielten vortrefflich; Spitzeder machte den Erzbischof von Rheims. Becker als Herzog von Burgund, sagt Döderlein, war zu unansehnlich und unkräftig, wie er denn überhaupt zu Helden und Fürsten nicht recht paßte. Die Rolle des Thibaut mußte mit einem guten Schauspieler besetzt werden, das verlangte Schiller, und Zimmermann, der gewählt wurde, war ganz an seinem Platze. Da das Personal zur Besetzung aller Rollen, namentlich der kleinen, nicht zureichte, mußte mancher Spielende eine zweite

---

¹) Die kleine Figur, schreibt Schiller an Jffland den 2. Sept. 1801, hat bei der Johanna nicht soviel zu bedeuten, weil sie nicht durch körperliche Stärke, sondern durch übernatürliche Mittel im Kampf überwindet. Sie könnte also, was dieses betrifft, ein Kind seyn, wie der Oberon, und doch ein furchtbares Wesen bleiben." So schreibt Schiller, als man in Berlin bei Mad. Unzelmann hauptsächlich die Kleinheit ihrer Gestalt gegen die Uebernahme der Johanna geltend machte. Siehe Teichmanns literar. Nachlaß, herausgegeben von Franz Dingelstedt. S. 214.

und dritte übernehmen, wie denn Graff als Talbot noch das Gespenst oder den schwarzen Ritter zu besorgen hatte, bis ihn Grüner, ein Anfänger, übernahm.[1]) Auf manchen Theatern ließ man die Episode mit dem Walliser Montgomery, die in ihrem Rhythmus etwas besonderes hat, weg, weil sie für die gewöhnliche Darstellungsgabe der Schauspieler nicht gedichtet zu seyn schien, in Weimar gab sie Unzelmann, wohlgeübt in dem ungewöhnlichen Versmaß. Ueberhaupt fanden sich die Schauspieler leicht und meisterhaft in den reichen Schmuck der Sprache, in den Wechsel verschiedener Versarten und in die effektvollen Reimverschlingungen, so daß die Herzen der Zuschauer mit Bewunderung und heroischem Hochgefühl erfüllt wurden. Denn darauf hielt hauptsächlich Schiller bei den Proben, daß wo Schwung nöthig war und tragischer Styl, die Verse in diesem Tone vorgetragen wurden, unberührt von dem Vorurtheil des beliebten Natürlichen, wovon sich selbst die ausgezeichnetsten Schauspieler der größten Theater nicht losmachen konnten. Weimar hatte sich den Ruhm der ersten Aufführung der Jungfrau,[2]) welche schon 1801 fertig war, von Leipzig und Berlin vorwegnehmen lassen, mehr aus unhaltbaren Rücksichten und eingebildeten Hindernissen, als aus dem Bewußtseyn des Unvermögens. Indes hatte doch Weimar durch dieses Verspäten den Vortheil, daß der Dichter bei den Triumphen, die er

---

[1]) Z. B. am 17. Sept. 1803. Siehe Briefwechsel zwischen Schiller und Goethe Nr. 913.

[2]) S. Carl August's Briefwechsel mit Goethe: 1 Bd. S. 280.

am 17. Sept. 1801, als die Jungfrau in Leipzig zum dritten Male aufgeführt wurde, persönlich feierte, Gelegenheit fand alles das zu bemerken, was die Schauspieler nicht recht machten, namentlich, wie sie in der Declamation den Versbau, wie Ochsenheimer die Jamben, zerstörten und hochpoetische, besonders lyrische Stellen ins Gewöhnliche herabzogen. Das Bemerkte konnte er dann zum Besten der Weimarischen Darstellung beim Einstudieren des Stücks anwenden, somit manche Schwierigkeiten um so sicherer überwinden, und das Spiel zu einem befriedigenden Ganzen machen. „Ob wir gleich, sagt Schiller, keine großen Talente bei unserm Theater haben, so störte doch nichts und das Ganze kam zum Vorschein, während anderwärts große Talente durch ihr Spiel in Erstaunen setzten, neben diesen aber geringe wirkten, so daß es zu keinem Ensemble kam und eine Menge Dissonanzen entstanden."

Goethe war über den guten Fortgang des Theaters hoch erfreut und nahm sich eifriger als je desselben an. „Der Geheimerath sieht jetzt die Schauspieler mehr als sonst, schreibt Goethes Frau; alle Woche haben wir welche zu Gaste und so geht es reihcum." Aeltere klassische Stücke sollten durch neue Bearbeitung dem jetzigen Stande der Bühne näher gebracht werden und eben erst geborene in Form und Ausdruck zu größerer Vollkommenheit gelangen, wie er denn dem in Jena lebenden Voß seine Natürliche Tochter übergab, um sie in sprachlicher und prosodischer Hinsicht durchzugehen. Denn das war Goethes Bemühen, die deutsche Muse nach beiden Seiten hin zu fördern, zumal sein dichterischer Genius fortwährend zu dem formschönen und maßvollen Hellenenthum hindrängte.

Zu dem Besuch von Lauchstedt und Rudolstadt war die Gesellschaft mit neuen und alten Stücken reichlich ausgestattet. Goethe begab sich an den ersten Ort auf einige Zeit, um die Bedürfnisse der Baulichkeiten und einiges Wünschenswerthe der Umgebung anzuordnen. Später kam Schiller, schon im vorigen Sommer von vielen erwartet, und blieb gegen 14 Tage, in behaglicher, zutraulicher und heiterer Gesellschaft, durch Gespräche mancherlei Art angeregt und anregend, dabei die theatralischen Angelegenheiten besorgend. Geehrt wurde er von den Anwesenden, besonders von der studierenden Jugend, die von Halle und Leipzig herbeikam, um dem ruhmgekrönten Dichter ihre Liebe und Verehrung an den Tag zu legen. Gleich Tags darauf, als er angekommen, am 2. Juli, wurde Wallensteins Lager gegeben, am 3. einem Sonntag, die Braut von Messina, während eines schweren Gewitters;[1]) am 4. Goethe's Natürliche Tochter. Am 11. Juli, einem Montage, erfreute die Jungfrau von Orleans in 6 Akten die Anwesenden, unter denen viele von Halle schon den Sonnabend sich eingefunden hatten.

---

[1]) S. Briefw. zwischen Schiller und Goethe Nr. 903. Hofmeister in Schiller's Leben u. s. w. 5. Th. S. 134 meint, Schiller sei gleich am 11. Juni 1803 beim Beginn der Vorstellungen in Lauchstedt gewesen, was aber nicht der Fall war. Auch nach Ed. Genast's Tagebuche eines alten Schauspielers, 1. Th. S. 142 f. mußte Schiller länger als 14 Tage sich dort aufgehalten haben.

In Rudolstadt begannen die Vorstellungen den 16. August mit Cervantes Portrait und endigten den 10. Sept. mit Ifflands Schauspiel „Der Hausfriede." Goethes „Natürliche Tochter" wurde hier nicht gegeben, wohl aber Schillers Jungfrau von Orleans und die Braut von Messina. Eine besondere Auszeichnung erhielt Schiller, während die Gesellschaft in Rudolstadt noch beschäftigt war, dadurch, daß vor dem jungen Schwedenkönig, welcher mit seiner Gemahlin in Weimar zum Besuch war, Wallenstein am 30. August aufgeführt wurde. „Dem Schiller hat der König für den Wallenstein, der am Dienstag (30. August) gegeben wurde, schreibt Henriette von Knebel Donnerstag den 1. Sept. 1803 an ihren Bruder, einen schönen Brillantring geschickt mit artigen und verständigen Worten begleitet." Die zu dieser Aufführung erforderlichen Schauspieler mußten von Rudolstadt herüber nach Weimar kommen.

Im Laufe des Sommers hatte Goethe die Freude, junge Leute, welche nach Weimar kamen, um unter seiner Leitung in der Darstellungskunst sich zu bilden, in Unterricht und Lehre zu nehmen. Es sind die oben S. 30 genannten zwei theatralischen Rekruten, von entschiedener Neigung für die Bühne und von Hoffnungen erweckendem Talent, Pius Alexander Wolff und Franz Grüner. Als Jugendfreunde verbunden, kamen beide von Augsburg, aus günstigen Lebensverhältnissen, jener bisher zum Handelsstande, dieser zum Militair zu rechnen. Nach einiger Prüfung, sagt Goethe, fand ich bald, daß beide dem Theater zur besondern Zierde gereichen würden und daß, bei unserer schon wohlbestellten Bühne, ein paar Subjekte von diesem Werth sich schnell heranbilden würden. Ich beschloß sie fest zu halten und weil ich eben Zeit hatte, auch einer heitern Ruhe genoß, begann ich mit ihnen gründliche Didaskalien, indem ich auch mir die Kunst aus ihren einfachsten Elementen entwickelte und an den Fortschritten beider Lehrlinge mich nach und nach emporstudirte, so daß ich selbst klärer über ein Geschäft ward, dem ich mich bisher instinktmäßig hingegeben hatte. Die Grammatik, die ich mir ausbildete, verfolgte ich nachher mit mehrern jungen Schauspielern: einiges davon ist schriftlich übrig geblieben.[1])

Wolff erzählte Freunden[2]) noch später, daß er nie wieder das erhabene Bild vergessen habe, welches ihm und seinem Jugendfreunde Goethe von der Kunst, der sie sich widmen wollten, entworfen, daß er aber, als er ihnen die Aufnahme zugesagt, mit der Bemerkung geschlossen habe: Mit dem Gehen wollen wir anfangen! Also gründlich sollte von ihnen eine Schule für das theatralische Gehen, Bewegen und Stehen durchgemacht werden, wie von einem Rekruten bei seinem Exerciermeister. Und Wolff hatte sich einen großen Grad von Geistes- und Kunstbildung in dieser Schule nach und nach angeeignet; er verband mit seiner Schauspielkunst das Streben nach allgemeiner Bildung.

Ein dritter junger Mann, der schon früher angekommen war, trat zu den beiden genannten als Theilnehmer der scenischen Unterrichtsstunden hinzu, mit Namen Grimmer,

---

[1]) S. Goethes Werke 35 Bd. S. 435—459 in 91 Paragraphen.
[2]) Z. B. dem Direktor Fr. Schubart, der in seinen noch ungedruckten Erinnerungen a. d. alten Weimar davon spricht.

ein junger Mann von hübscher Gestalt und feinem Wesen, besonders Schillern lieb und werth und von ihm an Goethe empfohlen.[1]

Auch Unzelmann nahm Theil, ebenso Oels, der zwar kein Anfänger mehr war, dessen klangvolles, jeder Modulation fähiges Organ und unverkennbare, aber noch in der Entwickelung begriffene Anlagen doch noch einer feineren künstlerischen Ausbildung bedurften. Und diese fand er in Goethes Didaskalien. Ob Brand von Frankfurt, der bereits am 26. Februar 1803 angestellt worden war, gleich zu den Uebungen bei Goethe kam, ist noch die Frage. Er hatte eine sehr schöne Tenorstimme, aber keinen Anstand und wußte noch gar nicht, was er auf dem Theater thun sollte. Carl August räth daher, er solle bei Morelli Tanzstunden und in Ansehung der Deklamation und der Pantomine Unterricht bei Jemand nehmen, den er bezahlen wolle. Goethe ließ sonst den jüngeren Mitgliedern gründlichen Unterricht in der Kunst und besonders in der Deklamation ertheilen. Frauen besonders von anerkanntem Verdienste in der dramatischen Kunst, wie früher Corona Schröter und Mad. Beck, auch Männer, die in der dramatischen Theorie und in den plastischen Künsten zu Hause waren, unterzogen sich, auf seine Veranlassung, dem Geschäft des Unterrichts und der Anleitung. Daher erlangte Weimar großes Ansehen als eine Theaterstätte, wo ein strebsamer junger Mann sich leicht weiter bilden könnte. Es ergiebt sich dies aus einem Briefe

---

[1] S. Briefwechsel zwischen Schiller und Goethe Nr. 904.

des Sängers Dirzka, welchen er am 20. Januar 1804 an Kirms schreibt. Hier heißt es: „Franz Kratter (gefeiert in der Bühnenwelt als Verfasser des Mädchens von Marienburg) versicherte mir, daß ich sehr gut fahren würde, wenn ich in Weimar ankäme, indem ich nebst dem Gesange und der Musik auch im Schauspiel gewinnen könnte, weil da die Schule der Schauspielkunst wäre."

Goethes Theaterschule war bald auf 12 Mitglieder gestiegen; der Meister hatte großes Gefallen an den Uebungen der jungen rüstigen Leute, die selbst an das Studium des Calderon auf seinen Wunsch sich begaben, und einzelne Scenen anfangs, dann aber ein ganzes Stück bei verschlossenen Thüren zur Aufführung brachten.

Dieser Zuwachs frischer jugendlicher Kräfte und ihre Einübung in didaskalischen Stunden machten es möglich, daß Goethe gleich im Anfang des neuen theatralischen Jahres etwas im höheren Styl leisten konnte. Am 1. Oktbr. kam Shakspeares Julius Cäsar nach der Schlegelschen Uebersetzung, nachdem bald nach der Rückkehr der Gesellschaft von Rudolstadt Lese- und andere Proben gehalten worden waren, in seiner vollkommenen Gestalt bis auf einige Kürzungen auf die Bühne. „Ich habe, schreibt Goethe an A. W. Schlegel, seit 8 Wochen 3 junge Leute, die noch nie oder kaum auf dem Theater gewesen, dergestalt zugerichtet, daß sie im Cäsar einklingend auftreten konnten. Ohne diese Vorbereitung wäre diese Vorstellung unmöglich gewesen." Woher hätte denn auch das so personenreiche Stück besetzt werden sollen? Wolff übernahm drei Personen, Grüner zwei und Grimmer ebenfalls zwei; auch

Unzelmann spielte zwei, ebenso Oels, Spitzeder, Ehlers, Zimmermann, Eilenstein, Benda, Genast, Malkolmi, der anfänglich den Cicero, dann nach Cäsars Tode die Rolle des Triumvirn Aemilius Lepidus, eines schwachen Mannes, besorgte. Und doch waren noch nicht alle Rollen besetzt, welche Schlegels Uebersetzung aufführte. Cordemann gab den Julius Cäsar, den Marcus Antonius Haide, der den in Ränken gewandten Mann zeigte, ohne viel Intrigue anzudeuten, und Brutus wurde von Graff gespielt mit Würde und Heldenruhe, den Cassius gab Becker, den kräftigen Kaska Ehlers. Die besten Schauspieler hatten die Haupt- und umfangreichen Rollen zu spielen und konnten nicht so verwendet werden, daß sie unter den geringern Haufen sich mischten, um diesen in Ordnung zu halten und zu beleben. Daher war es auch schwer in den Volksscenen ein Ensemble zu erreichen.

Diese erste Aufführung hatte auf Schiller einen großen Eindruck gemacht. Er schreibt gleich am 2. Okt an Goethe: Es ist keine Frage, daß der Julius Cäsar alle Eigenschaften hat, um ein Pfeiler des Theaters zu werden: Interesse der Handlung, Abwechslung und Reichthum, Gewalt der Leidenschaft und sinnliches Leben vis-à-vis des Publikums — und der Kunst gegenüber hat er alles, was man wünscht und braucht. Alle Mühe die man also noch daran wendet, ist ein reiner Gewinn, und die wachsende Vollkommenheit bei der Vorstellung dieses Stücks muß zugleich die Fortschritte unsers Theaters zu bezeichnen dienen. — Für meinen Teil ist mir das Stück von unschätzbarem Werth." Auch von andern Seiten her erhielt Goethe Belobungsschreiben wegen der Aufführung; er selbst war ganz erfüllt von Interesse für Julius Cäsar und suchte die zweite Vorstellung für den 8. Oktober noch vollkommener zu machen, wie er denn alles that, um durch Einwirkung auf die Sinne auch die rohere Masse des Publikums herbeizuziehen und bei Halbgebildeten dem Gehalte des Stücks mehr Eingang zu verschaffen.[1]) Es blieb jedoch bei dieser einen Wiederholung. Goethe fand, daß Shakspearische Stücke, in ihrer Vollständigkeit, nicht die erwünschte Aufnahme erhielten und Schiller meinte gegen Iffland, das Weimarische Theater wäre zu eng für eine solche Darstellung. Auch in Lauchstedt wurde Julius Cäsar am 30. August 1804 gegeben, wo vollends der Raum beschränkt war.

Am 12. Okt. kam auf die Bühne das oben genannte zweite von Schiller bearbeitete Stück „der Parasit oder die Kunst sein Glück zu machen", in 5 Akten, nach dem Französischen Médiocre et Rampant, was für das beste Picardische Lustspiel gehalten wird Schiller schreibt den 24. Okt. 1803 darüber an Körner: „An den französischen Stücken, besonders dem Parasit, hat mich der große Verstand des Plans gereizt. Dieser ist im Parasit wirklich vortrefflich, nur die Ausführung ist viel zu trocken, und ich mußte sie so lassen, weil eine neue Ausführung mir eine zu große und zweifelhafte Arbeit würde aufgelegt haben." Ueberdies hat Schiller, und das war ein Nachtheil, die Verse des Originals in eine bequeme, wiewohl vortreffliche Prosa aufgelöst.[2])

---

[1]) S Gödekes Grundriß III. 840.
[2]) S. Tiecks dramat. Blätter III. S. 35.

Was die Aufführung des Stücks betrifft, hat man sich, wie Schiller den 13. Oft. 1803 an seine Frau schreibt, sehr darüber gefreut. Becker als La Roche (Subalterne des Ministers Narbonne, den Graff gab) spielte mit recht vieler Laune und alles wurde lustig, wenn er auftrat. Zimmermann¹) (als Selicour) spielte aber schlecht, und es war ein Glück, daß der Bösewicht im fünften Acte entlarvt und bestraft wurde. In dem Augenblicke, da dies geschah, entstand ein allgemeiner Jubel und lautes Klatschen über die poetische Gerechtigkeit. Der Herzog war besonders erfreut über das

---

¹) Carl Zimmermann, von dem schon früher S. 50 die Rede war, ward am Weimarischen Theater vom 1. Jan. 1803 bis Ostern 1804 angestellt. Er debütirte den 22. Januar als Carlos im Clavigo, war ein fähiger Darsteller und wurde vor seinem Abgange zu Ostern 1804 wegen seiner Brauchbarkeit bei der Aufführung von Tell als Rudolph der Harras, Geßlers Stallmeister, verwendet. So bei den ersten Aufführungen am 17., 19., 24. März, den 16. Juni trat Genast in dieser Rolle auf. Schiller schreibt an Goethe Nr. 954: „Muß man sich nach Ostern auch ohne ihn helfen, so geht es dann eher an, als wenn gleich der erste Eindruck trüb ist." Zimmermann kündigte den Contrakt selbst und schrieb deshalb an Goethe, der Folgendes antwortete: „Bei den Verhältnissen, welche mir theils schon bekannt gewesen, theils durch Ihren Brief, mein werthester Herr Zimmermann, erst bekannt geworden, halte ich es, nach reiflicher Ueberlegung für beide Theile am Gerathendsten, die bisher bestandene Verbindung, dem Contrakte gemäß, auf Ostern aufzuheben, um so mehr als bei den lebhaften Anstalten in den Churfürstlichen bayerischen Landen es kaum einem Mann von mannigfaltigen Talenten an einem wünschenswerthen Unterkommen fehlen wird.

Indem ich Ihnen also für das bisher Geleistete meinen Dank abstatte, werde ich nicht ermangeln, von Seiten fürstlicher Commission die förmliche Entlassung baldigst zu ertheilen.

Jena den 19. Dec. 1803. G.

Stück, denn er genoß eine doppelte Satisfaction, die französische Comödie triumphiren zu sehen und die linkische Art seiner deutschen Schauspieler tadeln zu können." Das Stück wurde in Weimar einigemal wiederholt.

Es folgten mehrere neue und alte Lustspiele, meistens französischen Ursprungs, mehractige und sogenannte Bagatellenstücke oder kleine allerliebste Nachspiele und hübsche Drämchen. Ueberhaupt war das Lustspiel am reichsten ausgestattet.

Aus derselben Quelle, wie der Parasit, waren Kotzebues nachbildender komischer Muse die französischen Kleinstädter, zugegangen, welche am 29. Okt. in 4 Aufzügen auf die Weimarische Bühne kamen, aber als eins der schwächeren Picardischen Stücke mit loser Verbindung der einzelnen characteristischen Scenen und ohne Gründlichkeit der Composition angesehen wurden. Doch waren einzelne Charactere ein gutes Bildungsmittel für die Schauspieler, wie die beiden Kleinstädter vom modigsten Schnitt, Paul Vernon, den Graff gab, und Nina Vernon, seine Schwester, welche Mad. Beck darstellte, sowie 2 junge Pariser von ächtem guten Ton, Desroches und sein Freund Delille. Jenen spielte Cordemann, diesen Oels. Das Stück kam noch einigemal auf die Bühne. Anziehender dagegen waren am 7. Nov. die deutschen Kleinstädter in 4 Acten, eigens von Kotzebue erfunden, nur hier und da an Holbergische Komik anklingend, mit welcher der Dichter sich damals beschäftigte. Sie sind ein treffliches Abbild des Lebens und Treibens und der manigfachen Erbärmlichkeiten in den kleinen Städten Deutschlands, Krähwinkel vor allen, und wurden in Weimar ein Lieblingsstück des Publikums. Der Schauspieler mußte Gewandtheit sich aneignen, wenn er gefallen sollte, und in manchen Rollen große Volubilität im Vortrag besitzen. Höchst komisch ist der Einfall eine Dame von Krähwinkel beim Anfang des folgenden Actes noch in derselben Complimentirlust zu zeigen, womit sich der vorhergehende schloß, und als die beste Erfindung des Stücks erschien vielen, daß Krähwinkel sich den Tag, an welchem eine Delinquentin am Pranger stehen soll, zu einem Feste machte. Viele von den Zuschauern aus der höheren Gesellschaft beklagten, daß die Rolle des Bau- Berg- und Wege-Inspektors Substituten Sperling, welcher einen abgeschmackten, süßlichen und altfränkischen Poeten repräsentirte, als eine persönliche Satire auf die Schlegel, Tieck und andere, welche Kotzebue in Schriften arg verspottet hatten, sehr beschnitten war. Becker gab diesen Poeten vortrefflich.[1]) Aber Goethe wollte auf seiner Bühne nicht die Personen verspottet sehen, welche mit ihm in der Hauptsache übereinstimmten, wenn er auch nicht jedes Verfahren von ihnen billigen, noch ihre sämmtlichen Produktionen lobenswerth finden konnte.

Andere Lustspiele, um nicht alle zu nennen, welche in diesem Theaterjahr auf das Repertoir kamen, waren „Revanche" in 2 Acten, nach dem Französischen von Rochlitz, das mehrmals wiederholt wurde; „die drei Gefangenen" in 5 Acten nach dem Französischen, von Alexander Wolf, ein unterhal-

---

[1]) Aus Goethes Leben. Wahrheit und keine Dichtung. Von einem Zeitgenossen. (Wilh. Carl Ludecus.) Goethe, Kotzebue und die deutschen Kleinstädter." S. 72—78.

tendes Intriguenstück, das allerlei drollige Misverständnisse mit sich bringt, aber in der deutschen Bearbeitung etwas zu lang gerathen ist. Am meisten unterhielt der alte komische Sergeant und Castellan der Burg von Boston Bellacunil, von Becker dargestellt, der die Gefangenen zu bewachen und zu verpflegen hatte; anziehend war auch der junge Soldat von der Garnison, George, den Unzelmann gab, durch Dienstfertigkeit, Jovialität ausgezeichnet und voll listiger Anschläge, mit denen er den beiden Liebenden, dem Rittmeister Edmond (Wolff) und der in Offiziers Kleidung auftretenden jungen Wittwe Sophie von Merville, welche Demois. Silie spielte, beisteht. Die Tochter des alten Sergeanten Fauchette, welche Demois. Brand gab, bekam er zur Frau. Das Stück blieb auf dem Repertoir. Ebenso gefiel „der Puls" in 2 Acten von Babo sehr und wurde öfters gegeben. Das Stück hat eine glückliche Haltung und geschickte Herbeiführung der Auflösung. Der ältliche Graf, von Graff gegeben, an seinen Sohn mit glühender Vaterwärme hängend, der schwärmerische, sich aufopfernde junge Graf (Oels), der die Braut (Demois. Maas) seines Vaters liebt, der redliche, weltkluge und besonnene Hausarzt (Becker), der Lakaienwitz des sonst gutmüthigen Kammerdieners (Unzelmann) sind mit schöner idealisirter Natur aufgestellt und bewährten sich als Rollen, die zur Verfeinerung des Spiels auf der Bühne beitrugen. Nimmt man nun noch einige Stücke dazu, welche schon früher gegeben waren und zur Wiederholung kamen, so bot sich den Schauspielern manche Gelegenheit dar, die komische Kraft auszubilden und soweit zu kommen, daß sie komische Stücke mit Beifall aufführen konnten, woran Carl

August so viel lag. Nach und nach verschwand der Vorwurf, den man einigen Weimarischen Schauspielern machte, daß sie im Lustspiel im Heldenschritt aufträten, zu viel Pathos hätten und durch die Mitbringung des Cothurns ins bürgerliche Leben ein Lächeln bewirkten.

Wie gesagt, das Lustspiel bot manches Neue und Interessante dar, aber sonst war man damals in Weimar, wie Schiller an Iffland schreibt, an Novitäten sehr arm und manches Niederträchtige kommt an die Reihe, um nur was Neues zu bringen, wie z. B. der zweite Theil der Saalnixe, der den 19. Nov. zum ersten Mal gegeben, dann oftmals wiederholt wurde, aber nicht so oft als der erste Theil. Da die Oper nach dem Wunsche Carl Augusts gehoben werden sollte, war am 17. Dez. „der Wasserträger", in 3 Acten, nach dem Französischen, eine sehr willkommene Erscheinung auf der Bühne und erhielt ausgezeichneten und allgemeinen Beifall. Denn das Publikum, das gebildete, wie das ungebildete, war enthusiasmirt durch Cherubinis schöne, melodienreiche Musik, sowie durch die muntere fröhliche Behandlung des Stoffes, besonders durch das Verfahren des Wasserträgers Micheli, welcher die Rettung des verfolgten Präsidenten Armand mit Entschlossenheit, unnachahmlicher Gutmüthigkeit und Nichtachtung eigener Lebensgefahr auf eine höchstspannende Weise durchführt. Goethe sagt in Wahrheit und Dichtung[1]: „Wenn gutmüthige Schalks- und Halbschelmen-Streiche zu edlen Zwecken mit persönlicher Gefahr ausgeübt

---

[1] S. Buch 7 S. 87 der Ausgabe von 40 Bdn.

werden, so sind die daraus entspringenden Situationen, ästhetisch und moralisch betrachtet, für das Theater von dem größtem Werth, wie denn z. B. die Oper „der Wasserträger" vielleicht das glücklichste Süjet behandelt, das wir je auf dem Theater gehabt haben." Daher blieb sie als Lieblingsoper auf dem Repertoir. Häufig wurden jetzt Opern nach dem Französischen gegeben. Es war als sollte Deutschland an Französisches Wesen sich gewöhnen, z. B. „der Deserteur" in 3 Acten nach dem Französischen des Sedaine, mit der Musik von Monsigny, dann die komische Oper „Je toller, je besser" in 2 Acten, mit Musik von Mehul, nach dem Französischen une folie, und andere.

Eine zweite Tragödie, welche nach Julius Cäsar in diesem Theaterjahr auf das Repertoir kam, ist „Mithridat" in 5 Acten, nach Racine von Bode; sie wurde am 30. Jan., dem Geburtstage der regierenden Herzogin Luise, aufgeführt. Die Direktion kam bei dieser Feier wegen der Wahl eines würdigen Stückes in Verlegenheit. Schiller schreibt deshalb zu Anfang des Monats an Goethe:[1] „Zu einem Geburtstagsstück scheint mir der Mithridat im Nothfall zu brauchen; er gibt, da man nichts Besseres hat, doch eine ernste und vornehme Darstellung." Er übernahm, da Bode einige bezeichnete Stellen auf Verlangen abgeändert hatte, am 16. Jan. selbst die erste Leseprobe, fühlte dabei das Leere, Halbe, Hölzerne der ganzen Manier lebendig heraus, und meinte endlich, Kleider und lebhafter Vortrag würden noch das Beste thun

---

[1] S. Briefw. zwischen Schiller u. Goethe Nr. 933.

müssen.¹) Die Darstellung hatte auch wirklich Beifall gefunden, besonders erfreute Mad. Becker durch ihr schönes gehaltvolles Spiel als Monime. Den König von Pontus Mithridat gab Graff, seine Söhne von verschiedenen Müttern Pharnaces und Xiphates spielten Cordemann und Oels; Arbates, Befehlshaber von Nymphenm, war Becker, Phödime Silie und Arcas Wolff, der schon mehrmals aufgetreten.²) Das Drama wurde noch dreimal wiederholt, auch in Lauchstädt einmal gegeben.

Nachgeholt wurden am 15. Februar 1804 — denn die andern Bühnen hatten das Stück schon längst gegeben — „die Hussiten vor Naumburg", ein vaterländisches Schauspiel mit Chören in 5 Aufzügen, von Kotzebue. Die einfache Handlung, welche auf den 28. Juli 1432 fällt, ist die Befreiung Naumburgs von den Hussiten durch die Kinder, die ins Lager der Feinde ziehen, und dort Gnade erflehen. Das Ganze, im Anfang, im Fortgang der Handlung und am Schluß belebten Chöre, die von Verschiedenen vorgetragen wurden. Diese sollten nach dem Beispiele der Braut von Messina das Stück ins Ideale heben. Die Musik dazu hatte Destouches componirt. Es machte Sensation, besonders der Anblick so vieler unschuldiger Kinder vor dem Feinde, an denen auch Wieland große Freude hatte. Bei vielen indessen wirkte das so sichtbare Bestreben zu rühren

---

¹) S. Briefw. zwischen Schiller und Goethe Nr. 942.
²) Nicht war Arcas Wolffs erster theatralischer Versuch, wie es bei Ed. Genast aus dem Tagebuch eines alten Schauspielers heißt Th. 1 S. 145.

höchst nachtheilig, auch wohl die vor Kurzem erschienene witzige Parodie auf das Stück von Mahlmann: Herodes vor Bethlehem oder der triumphirende Viertelsmeister.

In Weimar gab Haide die Hauptrolle des Stücks, den Viertelsmeister Wolf; schlichte Festigkeit, lebendiges Gefühl, liebevollen Sinn eines begeisterten Vaters, Biederkeit und Bürgertreue zeichneten ihn aus. Sein Weib Bertha spielte Mad. Becker, ängstlich besorgt um ihr Wohl und tief ergriffen von dem Loße der Ihrigen; den Bürgermeister Hildebrand stellte in seinem Patriotismus und edlem Sinne Malcolmi trefflich dar, wacker stand ihm zur Seite Becker als erster Rathsherr. Graff spielte den Heerführer der Hussiten, den Procopius, mit raschem Feuer und wildem Kriegersinn ohne sein Herz zarten Gefühlen zu verschließen. Daß das Stück in Weimar mehr gefiel als anderwärts, wo es gewöhnlich kalt aufgenommen wurde, machten die verschiedenen plastischen Gruppirungen, zu denen es manigfache Veranlassung gab.

Einen wahren ungestörten Genuß gewährte das Schauspiel Wilhelm Tell, das letzte Drama, was der Dichter und zwar das höchste, was er als Dichter der Freiheit schuf, zugleich ein sprechendes Denkmal des innigsten und edelsten Zusammenwirkens der beiden Freunde, wie es der Briefwechsel zwischen ihnen so herrlich offenbart.

Im Februar 1804 übersandte Schiller das fertige Werk an Goethe und dieser antwortet den 21. Febr.: „Das Werk ist fürtrefflich gerathen und hat mir einen schönen Abend verschafft." Schiller theilte die Rollen aus, hatte noch einige

Frauenrollen eingelegt, um Schauspielerinnen dem lästigen Statistendienst zu entziehen. Die Proben aber behandelten beide gemeinschaftlich und mit Sorgfalt, wobei Aeußeres wie Costüm und Decorationen mäßig beachtet, hingegen das Innere, Geistige so hoch als möglich gesteigert wurde. „Am 17. März, sagt Goethe Bd. 27. S. 160 war die Aufführung und durch diese erste wie durch die folgenden Vorstellungen, nicht weniger durch das Glück, welches dieses Werk durchaus machte, die darauf gewendete Sorgfalt und Mühe vollkommen gerechtfertigt und belohnt."

Der erste Theil der vortrefflichen Expositionsscene, sagt Döderlein, der am 24. März den Tell bei dessen dritter Aufführung mit Schiller zusammen in dessen Loge sah, wurde, ganz im Widerspruch mit dem allgemeinen Theatergesetz eines raschen Spieles dargestellt, absichtlich gedehnt. Die conversirenden Landleute pausirten mehrmals mitten in ihrer Unterhaltung, z. B. vor der Bemerkung: Wie schön der Kuh das Band zu Halse steht, und vor der Frage: Treibt ihr jetzt heim? Man fühlte, daß alles nur ein behagliches pourparler müßiger und sorgloser Nachbarn sei. Um so ergreifender war das Hereinstürzen Baumgartens und seine grausige Erzählung. Es war als sollten die Zuschauer bis dahin in den Wahn eingewiegt werden, daß die Schweiz in paradiesischem Frieden und der glücklichsten Zufriedenheit lebte, um auf einmal aus diesem Wahne aufgeschreckt zu werden. Ich habe seitdem, sagt Döderlein weiter, den Tell in Leipzig, München und Berlin gesehen, aber nirgend eine Spur jener Behaglichkeit, die ohne Zweifel Schiller selbst

seinen Schauspielern anempfohlen hatte, wiedergefunden."
Außer diesen Scenen, welche in das idyllische Schweizerleben
einführen, dann weiter den freien, geraden und großherzigen
Sinn des Schweizervolkes ankündigen, war von besonderer
Wirkung die Scene auf dem Rütli, wo die schweizerischen
Männer in der Stille der Mondnacht versammelt schwören:
wir sind ein Volk und einig wollen wir handeln; ferner die
Vorgänge in Altorf, Tells Weigerung dem Hute seine Re-
verenz zu machen, die Gefangennahme desselben durch Geßler, Tells glücklicher Apfelschuß, der schöne Monolog vor
der Ermordung des Landvogts und manches andere, besonders auch der Schluß des Stücks: es lebe Tell! der Schütz'
und der Erretter! Einiges jedoch mißfiel manchen im Publikum, wie der Zug der barmherzigen Brüder, und das
Erscheinen des Johannes Parricida, da es unnöthig sei,
Tells Mord, der poetisch gerechtfertigt war, durch den Kontrast in sein gehöriges Licht zu stellen; auch ließen sich Stimmen hören, daß das Stück zu lang sei und abgekürzt werden
könne. Bald nach der ersten Aufführung, bei der Schiller
nicht zugegen sehn konnte, wurde das Stück noch dreimal
aufgeführt, unverändert bei der ersten Wiederholung am
19. März, bei der zweiten am 24. März und bei der dritten am 16. Juni mit Weglassung der barmherzigen Brüder.
Am 1. Dec. 1804 und am 9. März 1805 erschien das
Stück in 4 Acten, Johannes Parricida, die barmherzigen
Brüder, Petermann der Sigrist, der Stier von Uri fehlten.
Doch am 31. Dec. 1805 wurde es wieder in 5 Acten gegeben, Johannes Parricida und die barmherzigen Brüder

waren wieder da, nur der Reichsbote fehlte und Petermann
der Sigrist und der Stier von Uri; und so erschien es immer
in 5 Acten, immer mit Johannes Parricida, aber mit Weg=
lassung der barmherzigen Brüder und der andern kleinen
Rollen.

Nach den ersten Vorstellungen des Wilhelm Tell be=
eiferten sich sogleich die vorzüglichsten Bühnen diese edle
Schöpfung dem Genusse des deutschen Volkes zu übergeben.
Das Publikum wurde überall mächtig ergriffen; in Berlin
ging Schillers Hoffnung, die er gegen Iffland aussprach, es
möge dieses Werk als ein Volksstück Herz und Sinne interes=
siren[1]), ganz in Erfüllung, denn daselbst wurde Tell, nach
Ifflands Meldung vom 17. Juli 1804 an Schiller, mit
Entzücken aufgenommen und hatte einen gleichen Zulauf.
Aber die Kritiker gaben darüber einander widersprechende
Urtheile, besonders in den Berliner Blättern, doch mehr
werth ist das Urtheil von A. W. Schlegel in den dramatischen
Vorlesungen Th. 3. S. 414: „Das letzte von Schillers
Werken, Wilhelm Tell, ist meines Erachtens auch das vor=
trefflichste. Hier ist er ganz zur Poesie der Geschichte zu=
rückgekehrt; die Behandlung ist treu, herzlich, und bei Schil=
lers Unbekanntheit mit der schweizerischen Natur und Landes=
sitte von bewunderungswürdiger örtlicher Wahrheit. Es ist
wahr, daß er hierin an des unsterblichen Johannes Müller
sprechenden Gemälden eine herrliche Vorarbeit hatte. Im

---

[1]) S. Nr. 23 Briefw. Schillers mit Iffland in Teichmanns literar.
Nachlaß herausgegeb. von Franz Dingelstedt.

Angesicht von Tells Capelle, am Ufer des Vierwaldstättersees
unter freiem Himmel, die Alpen zum Hintergrunde, hätte
diese herzerhebende altdeutsche Sitte, Frömmigkeit und biedern
Heldenmuth athmende Darstellung verdient, zur halbtausend-
jährigen Feier der Gründung der schweizerischen Freiheit aufgeführt zu werden.[1])

Was die Darstellung des Stücks durch die Schauspieler betrifft, so verdient die Einsicht, Kraft und Haltung,
mit der Haide den Tell gab, die rühmlichste Anerkennung.
Schiller hatte, wie Döderlein von dem Dichter selbst gehört,
bei der Ausführung von Tells Rolle die Persönlichkeit Haides
speciell vor Augen gehabt, sowie bei der des Landvogts die
des in Wien später lange thätigen Schauspielers Grüner.
Wirklich war Haide, sagt Döderlein, damals ein vortrefflicher
Tell. Als ich ihn fünf Jahre später wieder sah, spielte er
ihn als Theaterheld. Er hatte nämlich mittlerweile Kunst-
reisen gemacht, auf denen er seiner maßvollen Darstellung
eines, wenn auch selbstbewußten, doch anspruchslosen Bauern
von Publikum und Kritikern einen Mangel an Kraft zu-
schreiben hörte, und glaubte darauf hin seine Anstrengung
steigern zu müssen. Daß Zimmermann, der Ostern abging,
zu der Rolle des Harras, des Stallmeisters von Geßler,
verwendet werden konnte, daran war Schiller viel gelegen.[2])

"Wer war denn, frugen Theaterfreunde bald nach dieser

---

[1]) Vergl. W. E. Weber: Goethes Iphigenie und Schillers Tell,
und Hofmeister in Schillers Leben Th. 5. S. 148—224.

[2]) S. oben S. 103.

Aufführung des Tell, erzählt Döderlein, der Itel Reding? ein junger Mann, der seine kleine Nebenrolle mit dem Anstand und der Sicherheit eines großen Schauspielers gab!" „Ein Neuengagirter, hieß es, er nennt sich Wolff." Alsbald trat Wolff in die feineren Heldenrollen ein, die durch Cordemann nicht besonders vertreten waren, als Lester, Weislingen, Tasso u. s. w. und zählte bald darauf mit seiner Frau zu den ersten Künstlern Deutschlands.

Zu den bedeutensten Rollen gehört der Freiherr von Attinghausen, welchen Graff mit Würde und Wärme der Empfindung vortrefflich gab; sein Neffe Ulrich von Rudens, ebenfalls von großer dramatischer Wichtigkeit im Verlauf des Stückes, wurde von Oels auf die vortheilhafteste Weise dargestellt, besonders war sein schönes Organ für den Wohllaut Schillerscher Verse ganz besonders geeignet. Becker ließ als Werner Staufacher in jedem Zuge das Bild des treuherzigen biedern Schweizers zur Anschauung kommen. Ihm zunächst ist Cordemann als Arnold von Melchthal zu nennen, eine sehr schwierige Rolle wegen der verschiedenen Situationen, in die ihn seine Lebensverhältnisse und Schicksale bringen.

Um von den hervorragenden Frauenrollen zu reden, Gertrud, Staufachers Gattin, und Hedwig, Tells Gattin, sowie Bertha von Bruneck spielten Mad. Teller, Mad. Becker, und Demois. Maas mit schöner Begeisterung. Corona Becker, die Tochter der verstorbenen Neumann, stellte den Knaben Tell mit großer Unbefangenheit und Natürlichkeit, zur Zufriedenheit Goethes und Schillers dar, die ihr diese Rolle einstudirt hatten.

8*

Nicht von jeder einzelnen Rolle läßt sich etwas sagen, es sind der Mitspielenden zu viele; so viel steht fest, daß jeder nach Kräften zum Gelingen des Ganzen beitrug und die Gesammtvorstellung den günstigsten Eindruck machte.

Am Orte war es nach mehrmaliger Aufführung des Tell am 9. Juni 1804 das Singspiel Jery und Bätely in 1 Akt von Goethe folgen zu lassen; ebenfalls ein herrlicher Gewinn für das Repertoir. Die Handlung spielt auf einer Alpe in der Schweiz. Es ist ein reizendes Naturgemälde in schweizerischen Sitten, im Geiste und in der Form der besten französischen Operetten, sagt Aug. Wilhelm Schlegel in den Vorlesungen Th. 3. S. 400 f. Die Idee dieser dramatischen Schweizer-Idylle ist zu zeigen, daß ein wackerer Mann ein guter Beistand ist, ein Gedanke, der sich Goethen auf seiner Reise aufgedrungen hatte und den er auch gleich ausführte und fertig mit nach Deutschland brachte. Die Verse sind wie auf der Reise entstanden, nicht immer gefügig und die Gesänge nicht recht wohlklingend; doch liegt ihnen immer wahre Empfindung zu Grunde und der Komponist Reichardt hat sie sehr zweckmäßig und mit Dichtergefühl in Musik gesetzt. Gleich die musikalische Einleitung versetzt in die Schweiz. Daher konnte Goethe[1]) sagen: „Die Gebirgsluft, die darinnen weht, empfinde ich noch, wenn mir die Gestalten auf Bühnenbretern zwischen Leinwand und Pappenfelsen entgegentreten." Der Soldat Thomas, den

---

[1]) S. Bd. 37. S. 7.

Ehlers gab, sang völlig in französischem Geschmack und spielte angenehm; Mad. Müller, vor kurzem erst engagirt, war als Bätely ein frohes und unbefangenes Landmädchen, etwas spröde, dabei nicht frei von Witz, das Erwachen zärtlicher Gefühle machte sich in ihr bemerkbar, ohne anstößig und auffallend zu werden. Werner gab den Jery als einen ernstlich verliebten und besorgten jungen Landmann, sowie der Bassist Dirzka, ebenfalls vor kurzem angestellt, den Vater gut spielte und sang.[1]) In Weimar wurde das Singspiel oft wiederholt, in Berlin, wo es am 30. März 1801 aufgeführt wurde, scheint es nicht sehr gefallen zu haben.

Die Vorstellungen in Weimar endigten am Sonnabend den 16. Juni mit Wilhelm Tell, eine Woche später, am Sonnabend den 23. Juni, begannen sie in Lauchstedt mit dem-

---

[1]) Die Oper sollte nach dem Willen Carl Augusts mit dem Jahr 1804 verbessert und gehoben werden. Daher wurden neue Kräfte für Gesang und Schauspiel gewonnen. Dirzka vom Nationaltheater in Brünn, an die Stelle von Spitzeder engagirt, eine imposante Figur, erst 25 Jahr alt, übernahm erste Baß-Partien in der Oper und besorgte im Schauspiel Hülfsrollen. Werner, mit einer angenehmen Tenorstimme versehen, debutirte am 25. April 1804 als Tamino in der Zauberflöte, zur Zufriedenheit des Hofes und des Publikums. Und Mad. Müller vom Nationaltheater zu Frankfurt als erste Sängerin bei der Weimarischen Bühne angestellt, erhielt die Zusicherung, daß sie in Opern, worin sie und Demois. Jagemann in einer und derselben Rolle zugleich einstudiert seyn sollte, zuweilen auch auftreten und in Sopranrollen mit der Jagemann wechseln solle, Bestimmungen, welche bald Unzufriedenheit und Streit herbeiführen mußten. Am 11. Februar 1804 empfahl sich Mad. Müller als Astasia in Tarar.

selben Stück, das dann noch zweimal daselbst in diesem Sommer auf die Bühne kam. Es folgten nach und nach alle Stücke, die in Weimar als Novitäten erschienen, wie Julius Cäsar, Mithridat, die Hussiten vor Naumburg, besonders Lust-Singspiele und Opern meist nach dem Französischen, z. B. „Je toller, je besser", „der Wasserträger", „Jery und Bätely", auch der Saalnixe zweiter Theil erfreute, von Lustspielen unter andern „die französischen und deutschen Kleinstädter", „Revanche", „der Selbstpeiniger des Terenz", „die drei Gefangenen", „der Puls" u. s. w. Wichtig waren die großartigen Repertoirstücke, als „Maria Stuart", „die Jungfrau von Orleans", „Iphigenie auf Tauris", „die Braut von Messina", „Don Carlos", „Wallensteins Lager und Wallenstein." Von neuem gelangte „Macbeth" am 7. April 1804 in Weimar mit manchen Veränderungen auf die Bühne, und am 28. Juni in Lauchstedt, wo die Hexen, sagt Heinrich Voß,[1]) junge Mädchen waren, schön von Wuchs und recht artig gekleidet, die eine sogar zierlich, die erste von der Becker, die zweite von der Silie, die dritte von der Baranius dargestellt. Früher wurden in Weimar die drei Hexen von Männern gegeben, worunter sich einer der ersten Schauspieler befand; sie erschienen auf Cothurnen, und gaben durch ihren ernsten und feierlichen Vortrag dem Ganzen einen furchtbar phantastischen Anstrich. Die Herzogin Luise war von Macbeth sehr erfreut und eiferte sehr gegen die, die sich über das Stück aufhielten und es gegen Ma-

---

[1]) In den Mittheilungen über Schiller und Goethe.

homet stellen und überhaupt die Franzosen dagegen erheben wollten.

Weil die Gesellschaft in diesem Jahre nicht nach Rudolstadt ging, spielte sie länger als gewöhnlich in Lauchstedt und zwar in 53 Tagen bis zum 3. September, wo die Bühne mit Schröders Lustspiel „Stille Wasser sind tief" geschlossen wurde. In Weimar begannen nach der Rückkehr der Gesellschaft die Vorstellungen des neuen Theaterjahres 1804 in der Mitte des Septembers und dauerten bis zum 19. August 1805. Es ist dieß ein merkwürdiges Jahr, für Weimar erfreulich, aber auch höchst traurig und schmerzensreich. Denn es führte ihm am 9ten November in der jungen Kaiserstochter, der Großfürstin Maria Paulowna eine edle, reiche und wahrhafte Natur, einen Schatz ächter Menschlichkeit zu, aber am 9ten Mai (Donnerstags) 1805, Abends 6 Uhr war die unglückliche Stunde, wo der Tod den vielgeliebten Schiller, der um die Weimarische Bühne und deren Mitglieder ganz besonders und um die deutsche Bühne und die deutsche Nation so große Verdienste hatte, plötzlich aus der Mitte seiner Lieben hinwegriß. Allgemein war die Klage um den unsterblichen Sänger.

Gleich im Anfang dieses Theaterjahres, nachdem den 15ten Sept. der zweite Theil der Saalnixe gegeben ward, kam am 22ten Sept. das Schauspiel Götz von Berlichingen in 5 Akten, zwar nicht in Versen, aber doch in der neuen Richtung, neu bearbeitet auf die Bühne. So spät brachte es Goethe. Denn schon lange hatte es auf die deutsche Literatur gewirkt und selbst bei den spärlichen Aufführungen, die es früher erhalten, wie in Berlin und Hamburg, auf die Umgestaltung und Erhebung der deutschen Schauspielkunst einen manigfaltigen Einfluß geäußert. Die ursprüngliche Form desselben, an die Shakespearische Weise erinnernd, voll Geist und Leben, mit einem schnellen Scenenwechsel, bei dem es zu keiner ruhigen Entwickelung und Haltung kommen konnte, war zu regellos, als daß es sich neben die beliebten regelmäßigen Dramen der Zeit stellen konnte, und mußte, wenn es gefallen sollte, mehr zusammengearbeitet und an die Form der Stücke, an die das Publikum gewöhnt war, herangebracht werden. Im Juli von 1803, mit Schiller fortwährend darauf bedacht, ein Repertorium des deutschen Theaters nach und nach zu bilden, hatte Goethe angefangen, dieses Stück neu zu bearbeiten, im März 1804 die zwei ersten Akte an Schiller zur Durchsicht geschickt mit der Hoffnung, es vor dem Abgange der Gesellschaft nach Lauchstedt geben zu können, konnte es aber wegen der Zubereitungen auf den Empfang der dem Erbprinzen vermählten Großfürstin erst nach der Rückkehr derselben an dem obengenannten Tage in Weimar zur Aufführung bringen. Den 25ten Juli 1804 schreibt Goethe an Schiller: „Ich habe mich die ganze Zeit über an den Göz gehalten und hoffe ein rein Manuscript und die ausgeschriebenen Rollen zu haben, ehe die Schauspieler wieder kommen; dann wollen wir es außer uns sehen und das Weitere überlegen. Wenn es mit der Länge nur einigermaßen geht, so hab' ich wegen des Uebrigen keine Sorge." Die Länge des Stücks war nach der ersten Umarbeitung allerdings für Schauspieler wie für Zuschauer ermüdend; denn das Spiel am 22ten September dauerte gegen 6 Stunden, von halb sechs bis gegen halb zwölf, wie Augenzeugen berichten. Doch die Zuschauer fanden großen Gefallen¹) an der von Kraft und Leben durchdrungenen Darstellung des Ganzen und Goethe selbst schreibt nach der ersten Aufführung am 24. Sept. 1804 an Zelter: „Ich würde das Stück selbst gut heißen, wenn es nicht übermäßig lang wäre, die nächsten Male laß ich es theilweise spielen und dann wird sich finden, welche einzelnen Partien das Publikum am liebsten missen will, die mögen dann herausbleiben." Die Faßung der ersten Aufführung ist nicht bekannt; sie war anders und reicher an Scenen, als die gedruckte neue Bearbeitung und Goethes Angabe in dem Aufsatz über das deutsche Theater enthält, nach der z. B. der geistliche Hof zu Bamberg fehlt, wie Dr. Schade im 5. Bd. des Weimarischen Jahrbuchs und in den Weimarischen Didaskalien mit vielem Scharfsinn nachgewiesen hat. Wirklich brachte man Goethe, wie er an Zelter geschrieben, den Götz in zwei Abtheilungen, so daß erst am 29ten Sept. zwei Akte als Exposition des Ganzen und einige Tage darauf am 13ten Oktober die drei letzten gegeben wurden. Allein diese Zertheilung war unbequem und störte das Interesse. Daher gab er erst jetzt am 8ten December 1804 den Götz in der Faßung, die unter dem Titel: „Götz von Berlichingen mit der eisernen Hand. Schausp. in 5 A., für die Bühne bearbeitet" vorliegt, und öfters ganz so, wie Dr. Schade

---

¹) S. Zeitung für die eleg. Welt 1804. S. 970.

in den Weimarischen Didaskalien S. 104 ff. aus den Theaterzetteln zeigt, in den nächsten Jahren benutzt ward, nur daß manchmal der Bischof von Bamberg fehlte. Bei dieser Kürzung des Stücks war Goethen der Wegfall des geistlichen Hofes von Bamberg nicht recht, der doch, Weislingen voran, in Hofschranzen, Weiber- und Pfaffentrug die moralische Gesunkenheit der Zeit darstelle, während Götz mit Selbiz, Sickingen und den einfachen Frauen Elisabeth und Marie auf die alte edle Ritterzeit hinweise. Deshalb theilte der Dichter im Jahre 1809 das Stück wieder für zwei Abende; es sollte dadurch eine kunstgerechtere und bequemere Form erhalten, indem er den ersten Theil unter dem Titel: „Adalbert von Weislingen, Ritterschauspiel in 4 Aufz.", den 2ten mit der Ankündigung „Götz von Berlichingen mit der eisernen Hand. Ritterschauspiel in 5 Aufzügen" darstellen ließ und zwar so, daß nach der Aufführung des ersten Theils am 23. December, bald darauf am 26. der zweite folgte oder mit Weglassung jenes dieser allein gegeben wurde. Und diese Zweitheilung dauerte eine Zeit lang, bis im Jahr 1819, also nach Goethes Abgang von der Theaterleitung, eine neubearbeitete erschien, aber nur in einer zweimaligen Aufführung, am 27. Okt. der erste, am 30. Okt. der zweite Theil und 1828 am 30. Okt. und am 1. Nov. Am 28. August 1830, zu Goethes Geburtstage, trat wieder die kürzere Bearbeitung vom 8ten Dec. 1804 ein, die seitdem auf der Weimarischen Bühne geblieben ist, während nur wenige andere Theater sie ihren Vorstellungen zu Grunde legten. Soviel Mühe gab sich Goethe mit seinem Götz, ohne zu einem befriedigenden Abschluß zu kommen. Auch die alten Dichter, wie Sophokles und Euripides, veranstalteten von einzelnen ihrer Trauerspiele neue, oft sehr abweichende Umarbeitungen von zweiter Hand, aber ihre Arbeit war leichter und fruchtbarer, da die ursprüngliche Form ihrer Stücke eine sichere und feste war, die Goethe fast absichtlich verletzt zu haben scheint. Ein Stück, sagt Goethe selbst bei Eckermann 1, 250, das nicht ursprünglich mit Absicht und Geschick des Dichters für die Bretter geschrieben ist, geht auch nicht hinauf, und wie man auch damit verfährt, es wird immer etwas Ungehöriges und Widerstrebendes behalten[*]). Doch betrachtete man es immer als einen bedeutenden Gewinn, ein so herrliches Kernstück von altem Schrot und Korn auf dem Repertorium zu haben, zumal wenn die darstellenden Künstler ihr Möglichstes thaten. Aus dem Probiren kam Goethe nicht heraus, schon in Lauchstedt wurden Proben gehalten und in Weimar fortgesetzt.

Graff spielte den einfachen, schlichten, grundehrlichen, eisenfesten Götz, manchmal nicht ohne Absicht auf Wirkung und übermäßigen Kraftaufwand, so daß manche in seinem Spiel eine Gespreiztheit und Coulissenreißerei bemerken wollten. Unzelmann gab den Reitersknaben Georg vortrefflich, und Malkolmi stellte in Selbiz einen deutschen, gewöhnlichen Ritter des 15ten Jahrhunderts dar, wie ihn der Dichter in

---

[*]) Vgl. Goethes Brief an Iffland am 14. Juni 1804. Er schreibt: „Leider will er (Götz v. B.) sich noch immer nicht auf die Bühne fügen. Eine angeborne Unart ist schwer zu meistern."

Meisterzügen schildert. Götzes Gemahlin, Elisabeth, wurde von Mad. Teller dargestellt nicht ganz so, wie es das Abbild einer braven deutschen Hausfrau verlangt, seine Schwester, die sanfte Marie, gab Silie, als eine ächt deutsche Jungfrau, in deren weiblichem Wesen Grundzug die Liebe ist und die Treue. Bemerkenswerth in diesem Stück sind besonders die Antithesen der Charaktere. Im Gegensatz der kräftigen Männlichkeit des Götz steht der charakterlose Schwächling Weislingen, ihn gab Cordemann ganz gut. Als Gegenbild von Marie und Elisabeth zeigt sich Adelheid von Walldorf, ein gar wunder- und wandelbares Wesen, voll von Weltsinn und Hoffart, mit Schmeichel- und Heuchelkünsten für sich gewinnend, die, mit gehörigem Anstande und wahrer Vornehmheit geübt, nichts Störendes und Anstößiges haben. Mad. Becker verstand in dieser Rolle ihre schwere Aufgabe zu lösen. Franz Weislingens Knappe wurde als bethörter Buhle der Adelheid von Oels vortrefflich dargestellt, dessen Girren und Liebesseufzen den Kontrast mit den kräftigen Umgebungen des edeln Götz so schön vollendete.

Da das Stück so personenreich ist, besorgte mancher Schauspieler mehrere Rollen, z. B. Becker spielte drei Rollen, im 2ten Akt den Kanzler Olearius, im 3ten den Kaiser Maximilian und den Lieutenant Peter von Blitzkopf, einen Anführer der Reichstruppen; alle drei, dem Charakter nach verschieden, spielte er auch verschieden. Später gab Becker statt des Kanzlers Olearius den Mönch im ersten Akte ganz vortrefflich. Auch Genast hatte 3 Rollen, den Bauer Metzler, den Abt von Fulda und den Hauptmann Barthel von

Wanzenau, welchen der Dichter als eine Art von Fallstaff für das komische Talent Genasts hineingedichtet haben soll. Ferner treten Haide, Benda, Ehlers, Malkolmi, Wolff in zwei oder drei Rollen auf. Manche Rolle blieb in den Händen der Person, die sie einmal erhalten, wie von Mad. Teller lange Zeit die Elisabeth, von der Mad. Becker oder spätern Wolff die Adelheid, Weislingen nach Cordemanns Abgange von Wolff, sein Knappe Franz von Oels und Georg von Unzelmann gespielt worden sind.

Im Gefolge des Götz von Berlichingen waren andere Schauspiele. Es folgte am 24ten Okt. zur Geburtstagsfeier der Herzogin Amalia das romantische Schauspiel von Kotzebue Johanna von Montfaucon in 5 Akten, was auf vielen Bühnen, z. B. in Hamburg und Berlin, schon längst Aufsehen gemacht, und wenn nicht höhere, doch dieselbe Anerkennung wie die Jungfrau von Orleans gefunden hatte. In Weimar war die Begeisterung dafür schon etwas abgekühlt. Das Ganze, meinte man, habe keine Harmonie, keine rechte Haltung, keinen sichern Ton, die Begebenheiten drängten und wirrten sich durcheinander ohne gehörigen Zusammenhang, dazwischen mit einem sichtbaren Hange zum Gräßlichen, der sonst in Kotzebues Dramen nicht hervortrete, man komme daher nicht zu sich selber; dabei seien die Charaktere nur schwach gezeichnet. Andere dagegen hatten Gefallen an den schönen Sentenzen, die sich einander jagten und wahrscheinlich den Geist des Mittelalters schildern sollten, an den gewöhnlichen Effekten des Stücks, das allerdings manche glänzende Situation, manchen überraschenden Zug, manchen

glücklichen Theatercoup enthält, wie man denn von Staunen
hingerissen war, als Johanna zuletzt ihrem Verfolger in dem
Momente, als er ihren Gemahl erschlagen will, den Helm
spaltet und ganz erschöpft auf ihrem Schwert ausruht. Oft
wurde das Stück unter Goethe nicht wiederholt, nur von
Zeit zu Zeit, im Ganzen fünfmal, die Vorstellungen in
Lauchstedt nicht gerechnet.

Was die Besetzung des Stücks betrifft, Mad. Becker
gab die Titelrolle und zwar mit Energie und seelenvollem
Ausdruck; eine Freude war es zu sehen, wie sie durch schöne
malerische Bewegungen und plastisch vollendete Gruppen, zu
denen ihre Rolle im zweiten Akt und im fünften Veranlassung
giebt, ausgezeichnet und meisterhaft wirkte. Die Rolle des
Adalbert von Estavajel, ihres Gemahls, spielte Haide rasch
und kraftvoll, beleidigte aber durch gedehnte Aussprache zuweilen das Ohr, indem er Aehre statt Ehre, Viehlipp statt
Philipp hören ließ. Oels als Lasarra, Wolff als Darbon-
nay, Lasarras Bundesgenosse, sowie Graff als Wenzel von
Montenach, Genast als Guntram, Besitzer eines Meyerhofes,
erschienen sehr lobenswerth. Cordemann gab den jugendlich
feurigen Philipp, und Silie, die Tochter Guntrams, Hilde-
gard, Malkolmi war in der Rolle des Einsiedlers bedeutend.
Außer diesen noch viele kleine Rollen.

Ohne Erfolg blieb am 12ten December die Sklavin in
Surinam, in 5 Aufz., von Kratter. Vor kurzem erschienen
und von den Bühnen bald gegeben, konnte sich das Stück
wegen der Unnatur mancher Rolle und wegen einiger Un-
wahrscheinlichkeiten nicht halten, wie z. B. die Sklavin Cery

eine gekünstelte Sprache führt. Sonst hat das Stück einen guten artistischen Plan. Mit Beifall wurde am 22. December das kleine ernsthafte Schauspiel „die barmherzigen Brüder" in 1 Akt von Kotzebue aufgenommen. Kotzebue bearbeitete dieses Feld des Drama gern, wenngleich manche Kritiker eine Abart darin finden wollten, und Goethe hatte Gefallen an solchen Kleinigkeiten, besonders wenn sie mit Versen und Reimen ausgestattet waren, an deren Vortrag die Schauspieler sich üben und die Zuschauer gewöhnt werden sollten. Den Pater Hilarius gab Becker mit stiller, freundlicher Würde und sprach die gereimten Verse vortrefflich. Den Schuhmacher-Meister Kunz spielte mit Herzlichkeit Malkolmi, seine Tochter das muntere Lieschen Demois. Silie, und Wolff seinen Gesellen Caspar. Dieser warb um Lieschen, die ihm herzlich gut war, er war aber ein Lutheraner und der Vater wollte keinen, der einem fremden Glauben ergeben wäre, zum Schwiegersohne haben. Der Pater Hilarius belehrte ihn eines Bessern und machte ihn Lieschens Wünschen geneigt. Die gereimten Verse sind fließend, natürlich und ungekünstelt und werden gern gehört. Dagegen konnte sich der Marschall von Sachsen, Schauspiel in 4 Aufz., der am 29ten December gegeben wurde, nicht halten, da er wenig dramatische Haltung hatte. Der Held des Stücks z. B. kommt nur im Anfang des ersten Akts auf die Bühne und macht sich sehr wichtig, erscheint aber dann erst wieder im 4ten Akte, aber unwichtig. Das Stück kam nicht zur Wiederholung. Aber oft wurde das am 13. Febr. 1805 zum ersten Male gegebene Schauspiel Lorenz

Stark oder die deutsche Familie in 5 Akten von (Fr. Ludw.) Schmidt wiederholt. Ein schönes Familiengemälde, nach Engels Roman, im Sinne Schröders gedichtet, dessen würdiger Nachfolger der Verfasser auch auf der Bühne wurde. Schlichte Wahrheit ist in den Charakteren; sie sind zwar durchaus prosaisch, geben aber dem denkenden Schauspieler Gelegenheit, die veredelte Menschheit in ihnen darzustellen, namentlich ließ sich in der Rolle des würdigen Alten Lorenz Stark die treffendste, zarteste und gemüthlichste Charakteristik entwickeln. In Weimar gab diese Rolle Malkolmi sehr gut, in Berlin Iffland.

Für sich, nicht in Verbindung mit andern Stücken, werde hier das lyrische Spiel erwähnt, „die Huldigung der Künste" welche Schiller zum Empfang des neu vermählten Fürstenpaares gedichtet, am 12. November mit Mithridat von Racine unter der einfachen Ankündigung „Ein Vorspiel" ohne Bezeichnung der Personen auf die Bühne brachte. Man erwartete zu dieser glänzenden Festivität eine Gabe von Goethe, er war aber sonst mit den Vorbereitungen zu dieser Feier vielfach beschäftigt und gerade in keiner poetischen Stimmung. So trat für ihn Schiller als helfender Freund ein. Dieses Festspiel, welches ohne irgend eine Angabe des Inhalts überraschen sollte und wirklich überraschte, knüpfte an die Einzugsfeierlichkeit an, welche der an Größe und Pracht gewöhnten Kaiserstochter ein Bild ihres künftigen Lebens in einem kleinen aber glücklich regierten und durch Landbau, Gewerbfleiß und Kunst blühenden Lande vor Augen stellte. Frohe Landleute, Alt und Jung, hatten einen grünen Orangenbaum, der mit goldnen Früchten prangte, in den fremden Boden unter feierlicher Glückwünschung gepflanzt, um damit anzudeuten, daß sie die neue Fürstin bei sich fesseln und heimisch machen möchten. Götter nähern sich den Landleuten, der Genius mit den Künsten, die der erhabenen Kaiserstochter gefolgt waren und als Wohlbekannte sie in Weimar begrüßen. Nach manigfaltigen Antworten, die der Genius auf die Fragen der Landleute giebt und die zarte Beziehungen auf die Verhältnisse der Kaiserstochter haben, erklärt jener endlich, daß nur die Künste in Weimar der hohen Frau ein Ersatz für die verlassenen Verhältnisse sein können. Nun bezeichnet eine jede hervortretend den Antheil, den sie auf den Sinn, auf das Herz, auf die Seele der jungen Fürstin habe, jede spricht sie an voll Liebe, Freude und Vertrauen, und zuletzt erklären alle einmüthig, daß sie bereit wären allen ihren Wünschen zu genügen[1]). Das Stück machte großen Eindruck; alle freuten sich über den schönen Vortrag der Darstellenden und waren tief gerührt; Wieland hörte und sah das Spiel mit unsäglichem Vergnügen, wie er an Charlotte von Schiller am 7ten Mai 1805 schreibt, und wo er zugleich erklärt: „Ich kenne in keiner mir bekannten Sprache ein Dichterwerk, das an die Schönheit und Vollkommenheit dieses lyrischen Spiels reicht." Und die junge Fürstin vergoß Thränen der Wehmuth und Freude, wie Heinrich Voß in seinen Mittheilungen über Goethe und

---

[1]) S. Zeitung für die eleg. Welt 1804. Nr. 139. S. 1112.

Schiller S. 29. f. berichtet, als der Genius die bedeutsamen Worte sprach:

> Ein schönes Herz hat bald sich heimgefunden;
> Es schafft sich selbst, still wirkend, seine Welt,
> Und, wie der Baum sich in die Erde schlingt
> Mit seiner Wurzeln Kraft und fest sich kettet,
> So rankt das Edle sich, das Treffliche,
> Mit seinen Thaten an das Leben an.
> Schnell knüpfen sich der Liebe zarte Bande,
> Wo man beglückt, ist man im Vaterlande.

Schiller selbst hat sich mit diesem letzten Werke seines schaffenden Geistes ein ewiges Denkmal gesetzt; es enthält einmal die reifsten Grundansichten über Kunst und Poesie, dann zeigt es den ächten Dichter, der mit prophetischem Hellsehen von der jungen Fürstin voraussagte, was sie in ihrem langen segensreichen Leben wirklich vollbrachte.

Und die Fürstin selbst, welches herrliche Wort sprach sie über diesen Prolog oder die Huldigung der Künste in Wilhelmsthal gegen die Prinzessin Karoline Louise aus! Diese schreibt davon den 11ten Juli 1805 an Charlotte von Schiller. „Meine Schwägerin sagte mir neulich, daß sie den Prolog gar zu schön fände und gar lieb hätte; sie könnte es nur nicht sagen, weil er sie zu nahe anging[1]."

Daß nun in der nächsten Zeit auf der Bühne Erzeugnisse heimischer Kunst vor der hohen Fürstin aufgestellt werden würden, war natürlich. Zuerst am 14ten Nov. folgte Wallensteins Lager, am 17ten die Jungfrau von Orleans,

---

[1] S. Charlotte von Schiller und ihre Freunde. 1. Bd. S. 536.

am 24sten November Goethes Jery und Bätely, Singsp. in 1 Akt, am 1sten December Wilhelm Tell in 4 Aufz., am 3ten December Goethes Geschwister in 1 Aufz., am 8ten December Götz von Berlichingen mit der eisernen Hand. Schausp. in 5 Aufz. In diesen Cyklus von Vorstellungen gehört auch der in Weimar neubelebte Nathan der Weise, welcher am 19ten Dec. aufgeführt wurde.

Das nächste großartige Drama, welches auf die Bühne kam, war Phädra nach Racine in 5 Akten; es gab am 30. Januar 1805 eine würdige und erhebende Feier des Geburtstags der Herzogin Luise. Schiller hatte bei dauernder Krankheit seiner Familie und eigenem Unwohlsein, das ihn am Schaffen hinderte, dieses ursprünglich griechische Stück aus dem Französischen übersetzt, und Goethe und Carl August billigten dieses Unternehmen und unterstützten den Dichter durch Rath und Mittheilungen. Die französische Literatur schätzte der Herzog, wie wir wissen, sehr hoch und Goethe liebte die Regelmäßigkeit und gebundene Strenge der französischen Tragödien, um damit den Schauspieler in seiner Kunst und die Bühne in ihrem Fortschreiten zu fördern. Als letzterer von Schiller einen Theil des Manuscripts zugeschickt erhalten, schrieb er im Januar 1805: „Die drei Akte habe ich mit vielem Antheil gelesen. Das Stück exponirt sich kurz und gut und die gehetzte Leidenschaft gibt ihm Leben. Ich habe die beste Hoffnung davon. Dazu kommt, daß einige Hauptstellen, sobald man die Motive zugibt, von vortrefflicher Wirkung sein müssen. In diesen ist auch die Diktion vorzüglich gut gerathen." Dazu gab Goethe wie auch der feinsinnige Fürst dem Dichter Winke über metrische und sprachliche Sachen, wie über die Entfernung des Hiatus an manchen Stellen oder über schlechtgerathene Verse, z. B. wo zwei kurze Silben statt eines Jambus oder Trochäen oder Anapästen im ersten Fuße standen, welche dem Vortrage des Schauspielers ungünstig waren.[1]) So entstand eine durch Wohlklang und Correctheit ausgezeichnete Uebersetzung, welche den Gang des Ganzen mit Treue bewahrt, nur in einzelnen Reden sich freier bewegt und den Reim des Originals selten anwendet. Die Darstellung machte einen tiefen ernsten Eindruck. Das still zehrende Feuer, die Qualen der Liebe und endlich der Ausbruch der Liebesglut gegen Hippolyt sind meisterhafte Züge in dem Bilde der dämonisch beherrschten Phädra, welche von Mad. Becker vortrefflich dargestellt ward, da sie zu dieser Rolle eine entsprechende Persönlichkeit und Gestalt mitbrachte, die ganze Größe ihrer tragischen Kraft entwickelte, besonders auch eine malerisch schöne Haltung und Stellung in allen Attitüden und eine nicht geringe Bekanntschaft mit den Gesetzen der Plastik an den Tag legte. Ob für die Rolle des keuschen, besonnenen und feurigen Hippolyt Unzelmann passen werde, zweifelte Schiller nach einer mit ihm gehaltenen Leseprobe, weil ihm doch noch die eigentliche Männlichkeit fehlte und der Junge noch zu sehr in ihm steckte; Oels würde ihm lieber sein, er war aber

---

[1]) Siehe Briefw. Goethes u. Schillers Nr. 978. H. Dünzers Erläuterungen zum Briefw. S. 293 f. Schillers Leben u. s. w. von Hoffmeister. 5. Th. S. 284 ff.

verreist. Es blieb daher bei der frühern Austheilung, und Goethe nahm sich des Unzelmann an, instruirte ihn in Zimmerproben für die Darstellung, besonders die Heftigkeit in der Declamation mäßigend, die der junge Künstler mit Kraft und Pathos verwechselte. Vortrefflich gab Haide den strengen Heldenkönig Theseus. Sein Zorn und Fluch über den Sohn, sein Gefühl des Unrechts am Ende gegen den Jüngling und der Jammer über den Verlust desselben wirkten erschütternd. Die lange, äußerst schwierige Erzählung des Theramen, welchen Becker gab, vom traurigen Ende Hippolyts trat als eine Glanzstelle des Stücks hervor; sie ist lebhaft, der Ausdruck kräftig und überzeugend; man fühlte, der Erzähler war vom tragischen Schicksal durchdrungen und bewegt, wie denn Becker auch sonst seine große Kunst im Vortrage erzählender Reden zu entfalten verstand. Was die übrigen Rollen betrifft, Demois. Blumau[1]) als Aricia, Maas als ihre Ver-

---

[1]) Auguste, Friederike von Blumau, zweite Tochter des Königlich Preußischen Major und Chef der Festungsartillerie-Compagnie in Schweidnitz, kam von Liebe und Neigung zur Kunst, aber auch von äußerer Noth und Elend getrieben nach Weimar und suchte eine Anstellung am Hoftheater. Sie schrieb den 23. Mai 1804 an Goethe, nachdem sie Tags vorher angekommen „Hier, wo die Bühne durch Sie veredelt nur der höhern Kunst geweiht ist, nur hier kann ich wünschen, mich an die Zahl Ihrer Schülerinnen zu reihen." Am Schluß des Briefes heißt es: „Retten Sie ein Wesen, daß ohne Ihren Beistand verloren geht." Sie wurde den 21. Juli 1804 auf 3 ¾ Jahr von dato an gerechnet bis zu Ostern 1808 engagirt, in der Voraussetzung, daß sie sich zum Theater qualificiren und Beifall finden werde. Schön von Aussehen, vortrefflich gewachsen, von dem feinsten, elegantesten Benehmen, erinnerte sie zum Theil an Mad. Voßs, wie sie denn

traute Ismene und Mad. Teller als Oenone, Amme und Vertraute der Phädra waren lobenswerth, auch Silie als Panope, vom Gefolge der Phädra. Das Stück wurde oft wiederholt.

Darauf folgte eine Tragödie aus dem Römerleben. Am 23. März 1805 wurde Regulus in 5 Akten von Collin, einem damals jungen Wiener Dichter, gegeben, der sich Shakespeare und Schiller zum Vorbild genommen hatte. Goethe zögerte mit der Aufführung des Stücks, das schon am Ende des Jahres 1801 in Wien und bald darauf auch in Berlin gegeben ward und ließ es nach der ersten Aufführung nur einmal in Weimar wiederholen. Es führt in das alte Rom ein und zeigt einen unerschütterlichen Heldensinn und einen ächt römischen Patriotismus. Doch ist es ein Werk der Rhetorik, weniger durch Handlung als durch schöne Reden glänzend und in der Charakteristik mehr beschreibend als bildend, überdies durch große Breite den Eindruck schwächend. Denn Regulus ist bereits in seinem Entschluß

---

auch manche Rolle, welche diese gehabt, besorgte, z. B. Turandot, mit der sie sich den 27. Okt. 1804 dem Publikum empfahl, und Madam Friedberg in den beiden Klingsbergen, Agnes Sorel in der Jungfrau von Orleans. Sie spielte mehrmals die Rosaura im Diener zweier Herren, die Agnes von der Lobdaburg in der Saalnixe, im Oberon die Almansaris, mehrmals die Aricia. Im Ganzen war Auguste v. Bluman ein theurer Besitz für die Weim. Bühne, sie spielte wenig und machte der Direction große Noth, indem sie, stolz auf ihre Geburt und voller Ansprüche, in die hergebrachte Ordnung der Dinge sich nicht fügen wollte, besonders sich weigerte unter den Statistinnen aufzutreten und im Chor zu erscheinen. Sie bat endlich um ihre Entlassung und erhielt sie mit einem zufriedenstellenden Abfertigungsquantum zu Ostern 1807, ein Jahr früher als der Contract festsetzte.

entschieden, als er im Senat auftritt, erklärt sich aber dann von neuem vor der Atilia, seiner Gemahlin und zuletzt wieder vor dem Volk in den Comitien. Auch hielt man den Charakter der Atilia für einen Misgriff, die in verschiedenen Gestalten bald leidend und gänzlich aufgelöst, bald erbittert, bald als edle Römerin, mit hoher Seele, bald als zärtliches Weib erscheint und zu der Größe ihres Gemahls nicht paßt. Den Regulus gab Graff, die Atilia Mad. Teller. Carl August sagt im Briefw. mit Goethe Th. 1, S. 279: „Das Werk (Regulus) kommt mir seichte und lau, auch langweilig vor, indessen hat es doch einigen Verdienst. Bestärkt bin ich durch diese Schrift in meiner Meinung worden, welches gefährliche Instrument die neubeliebten Jamben in der Feder eines Lehrlings oder Stümpers sind. Gleich werden sie stachlicht, höckerige, pedantische Prosa." Doch meint Carl August ebend. S. 281: „Man sollte dem Verfasser vielleicht rathen, das französische Theater zu studiren, indem er es übersetzte, weil er Geschmack an der Regelmäßigkeit der dramatischen Arbeiten zu haben scheint, und nicht ohne Talent ist. Beides ist in unsern Zeiten selten."

Am 8. Juni 1805 Othello. Trauerspiel in 5 Akten nach Shakespeare vom Professor Voß. Wohlaufgenommen und wohlgelitten bei Goethe und Schiller hatte der junge Heinrich Voß, der seit Ostern 1804 Professor am Weimarischen Gymnasium war, auf den Wunsch des Letztern die Bearbeitung des Othello für das Weimarische Theater übernommen und sie zu Anfang des Jahres 1805 vollendet. Der gemachten Erfahrung gemäß, wie nöthig es sei, Dramen

des großen Briten nicht ganz und in ängstlich genauer Uebersetzung auf die Bühne zu bringen, zog der Bearbeiter das
Ausgedehnte und Breite des Originals in die Enge und auf
das Wesentliche zusammen, veredelte manches Motiv und
manchen Ausdruck und milderte oder unterdrückte alles Herbe
und Verletzende, wobei ihm Schiller mit seinem Kunstsinn
und seiner Gewandtheit hülfreich beistand und hauptsächlich
auf eine sich freibewegende und wohllautende Bearbeitung
sah. So kam zwar Othello umgestaltet in einer würdigen
Form auf die Weimarische Bühne, die Aufführung indessen
brachte doch bedeutende Schwierigkeiten mit sich, weil die
metrische Uebersetzung bei aller Sorgfalt, die darauf verwendet wurde, immer noch viel Steifes und Hartes enthielt und
es offenbar für den Schauspieler eine qualvolle Arbeit sein
mußte, ganz verwickelte und dem Genius der deutschen Sprache
oft zuwiderlaufende Constructionen, welche nicht gänzlich hatten
entfernt werden können, auswendig zu lernen. Die Vorstellung erhielt nur getheilten Beifall. Denn nur wenige,
die aber auch zugeben mußten, daß das Stück andern Stücken
wie Hamlet, Macbeth, König Lear nachstehe und weniger
poetischen Werth habe, bewunderten das Psychologische darin,
das die Eifersucht des Mohren von Grund aus und nach
allen Seiten hin entwickle und die Schilderung der totalen
Schlechtigkeit des Jago allmählich hervortreten lasse, die
meisten Zuschauer aber fanden gerade darin etwas Peinigen-
des, sie fühlten die Qualen und Krämpfe, die der eifersüch-
tige Mohr hatte, vom gelindesten bis zum höchsten Grade
mit, und verabscheuten den Jago, der alles schreckliche Unheil

vom Anfang bis ans Ende veranlaßt und das mit Kälte und höhnender Schadenfreude, ohne von denen, welchen er Uebles zufügt, im rechten Lichte erkannt zu werden, weshalb freilich dieser Bösewicht manchmal, wenn er der ehrliche Jago heißt, bei den Zuschauern Lachen erregte. Nur Desdemona in ihrer himmlischen Unschuld giebt dem Gemüthe Erhebung und einigen Ersatz für alles Peinigende und Mühselige, was das Stück mit sich bringt. Goethe aber, der das Stück mit den Schauspielern einübte, denn Schiller war vor der Aufführung gestorben, wandte die größte Sorgfalt darauf, weil er in der Strenge der psychologischen Entwicklung eine gute Studie für die darstellenden Kräfte bemerkte. Haide als Darsteller des Othello, eine starke und hohe Figur, mit einem kräftigen Organ, ließ die keimende und in Raserei endigende Eifersucht, die das Thier in ihm entfesselt, auf eine treffliche Weise hervortreten. Den Jago gab Becker ausgezeichnet, zwar als einen Bösewicht, aber mit Maß, nicht auf grelle Weise und immer mit dem Humor des Soldaten und mit feiner Behandlung des Details. Oels war als Cassio brav, ein edles junges Soldatenblut, fast rührend in dem ungebundenen Schmerz über die verlorene Achtung seines Generals. Die sanfte Desdemona spielte ganz vorzüglich Mad. Becker und Mad. Teller erschien nicht minder brav als Emilie, Jagos Frau; Silie war Bianka, die Geliebte des Cassio[1]).

---

[1]) Silie verdarb diese Rolle absichtlich und störte das schöne Ganze, weil sie meinte, dieselbe sei ganz wider ihren Charakter. Deshalb wurde

Bald nach der ersten Aufführung ließ Goethe das Stück in Lauchstedt aufführen, später, nach der Rückkehr der Gesellschaft, den 17. November 1805 in Weimar wiederholen und dann erst wieder im Jahre 1808.

Noch andere neue Tragödien wurden Goethe zur Aufführung angeboten, er begnügte sich aber mit den drei genannten. So hätte gern der Churfürstlich Sächsische Amtshauptmann Freiherr von Seckendorf sein Trauerspiel, Otto III., in Weimar aufgeführt gesehen, Goethe aber ließ ihm durch Kirms am 19. Juni 1805 antworten, daß es nicht möglich sei, dasselbe aufzuführen, da vor dem Weggang der Gesellschaft nach Lauchstedt viele neue andere Stücke angesetzt seien, die aber nicht aufgeführt werden könnten; und wenn es möglich gewesen, so sei der Aufführung des Stücks das starke weibliche Personal von zehn weiblichen Rollen, ohne die Statisten zu rechnen, hinderlich; so viele Personen habe man nur bei großen Theatern, wie in Berlin.

Goethe fuhr fort das Lustspiel zu heben. Auf dem Repertorium waren schon ausgesuchte Stücke und viele unter ihnen erheiterten durch ihre komische Laune. Wenn nur jedes Jahr einige neue brachte, die sich eine Zeitlang neben den alten hielten, so war das schon Gewinn. Zu den Kotze-

---

sie mit einer halbwöchentlichen Gagenstrafe zuerst belegt, mit dem Vorbehalt, daß, im Fall sie gedachte, ihre Rolle bei der nächsten Aufführung dieses Stücks in Lauchstedt zum Nachtheil ihrer und des Theaters Ehre geflissentlich verderben werde, ihr eine von den Wochengagen nach und nach abzuziehende größere Strafe von 20 Thalern unabänderlich zuerkannt werden solle.

buesten Stücken, wie den an lächerlichen Situationen so reichen Kleinstädtern, zu dem Wildfang und dem Grotesk-Komischen des Wirrwars kamen am 7. November 1804 die Pagenstreiche in 5 Akten von demselben Verfasser, eine Posse, die sehr belacht, aber auch getadelt wurde, weil darin die Würde des Alters verspottet wird. Unzelmann gab den Pagen Paul von Husch mit großer Gewandtheit und Fertigkeit, Becker seinen Reitknecht Stiefel. Unter den Novitäten befand sich auch die beschämte Eifersucht in 5 Akten von Mad. Weißenthurn, ein bühnengerechtes Stück, voll von Moral, doch angenehm unterhaltend. Auf dem Repertorium blieben nicht „die Zurückkunft des Fürsten" von K. Stein und „Bankerott aus Liebe" von A. Wolff, zwei einaktige Stücke. Hauptsächlich hatte Goethe versificirte Stücke gern, durch die er das Lustspiel, was noch darnieder lag, emporzubringen strebte. Am 16. Januar 1805 führte er zum ersten Male „die Mitschuldigen in 3 Aufz." in der Alexandrinersprache auf[1]). Als ein liebes Kind seiner Jugend lag es ihm immer am Herzen, weshalb er so oft in seinen Schriften darauf zurückkommt, das Anstößige durch Erklärungen theils entschuldigt, theils mildert und als es zur Aufführung kommen sollte, einer neuen Durchsicht und Veränderung unterwarf, die, in einem Theaterexemplar niedergelegt, nicht mehr vorhanden ist. Ueber die Vorstellung desselben, bei der Goethe wegen Krankheit nicht zugegen sein konnte, schreibt Schiller den 17 Januar 1805: „Die Mitschuldigen haben

---

[1]) Ueber dieses Stück s. oben. S. 18 ff.

gestern ein allgemeines Vergnügen gemacht und werden es immer mehr, wenn die Schauspieler besser mit diesem Vers umgehen lernen. Becker (der Wirth) hat sein Bestes gethan, stellenweis hat sich auch die Silie (Sophie) gut gehalten; Unzelmann (Söller) wollte nicht ganz in seine Rolle passen; mit Wolff (Alcest) konnte man sehr zufrieden sein. Es ist zwar hie und da etwas Anstößiges gewesen, aber die gute Laune, in die das Stück versetzt, hat diese Decenz-Rücksichten nicht aufkommen lassen. Die Großfürstin hat sich sehr ergötzt, besonders hat die sublime Stelle mit dem Stuhl (3, 4) ihre Wirkung nicht verfehlt." Und Goethe antwortet gleich an demselben Tage: „Ich danke Ihnen, daß Sie der gestrigen Vorstellung haben beiwohnen wollen. Da das Stück günstig aufgenommen worden, so läßt sich noch manches dafür thun, wie schon jetzt geschehen ist: denn es ist Verschiedenes geändert. Mich dünkt die Hauptsache kommt darauf an, daß man das, was allenfalls noch zu direct gegen die Decenz geht, mildere und vertusche, und daß man noch etwas Heiteres, Angenehmes, Herzliches hineinretouchire. Bei den paar Proben, die ich im Zimmer hatte, ist mir manches eingefallen. Ich schicke Ihnen gelegentlich das Theaterexemplar, wo Sie die Veränderungen, die ich in diesem Sinne gemacht, schon beurtheilen können und mir Rath geben werden zu ferneren. Auch wird man die Schauspieler mehr bearbeiten können, da es doch der Mühe werth ist: denn ein Stück mehr auf dem Repertorium zu haben, ist von größerer Bedeutung als man glaubt." Das Stück wurde öfters wiederholt, ziemlich jedes Jahr ein-

mal, zuweilen auch zweimal, wahrscheinlich mit Nachbesse=
rungen.

Am 2. Februar 1805 „der Selbstgefällige" Lustsp. in
1 Akt, in Versen von Alex. Wolff. Eine kleine Spielerei,
die einen Selbstgefälligen recht anmuthig, wenn auch ober=
flächlich darstellt. Goethe nahm es auf, weil es in Versen
gedichtet, in die von ihm verfolgte Richtung und zu den an=
dern neuen Stücken paßte, es erhielt aber keine Wiederho=
lung. Die spielenden Personen waren Mad. Becker als
Lucinde, Wolff als Damis und Becker als Amint.

Am 6. März folgte das reizende Schäferspiel von Goethe:
„Die Laune des Verliebten", in 1 Akt, das über 40 Jahre
alt war, als es aufgeführt wurde. Goethe dichtete es nach
eigenen Erlebnissen, wie er selbst sagt: „Ich stellte mir ihre
(Annettens) Lage, die meinige, und dagegen den zufriedenen
Zustand eines andern Paares aus unserer Gesellschaft so oft
und so umständlich vor, daß ich endlich nicht lassen konnte,
diese Situation zu einer quälenden und belehrenden Buße
dramatisch zu behandeln: daraus entsprang die älteste meiner
überbliebenen dramatischen Arbeiten, das kleine Stück „die
Laune des Verliebten", an dessen unschuldigem Wesen man
zugleich den Drang einer siedenden Leidenschaft gewahr wird."
Der zarte Farbenschmelz verleiht diesem Stück seinen Haupt=
reiz; es wurde öfters aufgeführt. Die Spielenden waren
Demois. Brand als Amine, Silie als Egle, Wolff als Eri=
don und Werner als Lamon.

Andere Stücke in Versen wurden wiederholt, z. B.

dreimal Wallensteins Lager, zweimal Scherz und Ernst von Stoll, einmal der Selbstpeiniger.

Vermehrt wurde das Repertorium auch durch neue Opern und Singstücke, wie der lustige Schuster, Tante Aurora, Frohsinn und Schwärmerei, der Schatzgräber; einen Hauptgewinn aber brachte am 1. Juni die Operette Fanchon, das Leyermädchen, in 3 Aufzügen, nach dem Französischen, von Kotzebue, mit Musik von Himmel, einen Gewinn nicht blos für das Repertorium, sondern auch für das Spiel der Sänger und Schauspieler, die zum Theil in den feinen Ton der höhern Stände sich finden mußten. In Berlin war diese Operette am 16. März 1804 zuerst aufgeführt worden, wo sie die größte Sensation machte und eine wahre Goldgrube für die Kasse war, wie der Sänger Ambrosch von dort den 12. Februar 1805 an Kirms schrieb. Dichter und Komponist hatten sie für das dortige Opernpersonal und Orchester eingerichtet und ein vortreffliches Ensemble erreicht, wodurch bei den vielen Wiederholungen, die daselbst stattfanden, doch immer ein Zauber über das Ganze sich verbreitete. Ob diese Operette auf andern Bühnen sich ebenso halten werde, zweifelte man. Indes in Weimar gehörte sie unter die beliebten Opern; fast jedes Jahr wurde sie unter Goethe aufgeführt[1]). Fanchon in ihrer reinen Natur, Grazie und

---

[1]) Auf diese Operette macht Friedrich von Stein, der sie in Breslau gesehen und liebgewonnen hatte, seine Freundin Charlotte von Schiller den 5. Januar 1805 aufmerksam. Er schreibt: „Wenn Sie etwas über die Theaterdirection vermögen, so bewirken Sie die Aufführung derselben in Weimar, um Sich und Ihren Frauen einen recht lieblichen Genuß zu bereiten."

Schönheit, der Abbé mit seiner Behaglichkeit und Jovialität, der Maler Eduard und Saint Val als Männer von Welt, dazu die Herzensgüte und Unbefangenheit von Fanchons Bruder, die komische Laune des Tapeziers Martin und die Soubretten-Anmuth und Schalkheit der Florine gefielen immer. Am anziehendsten waren immer einzelne Lieder, wie die Romanze, in der Fanchon ihre Sehnsucht nach den Bergen ausdrückt, das herzinnige Lied: „der Mann, der mich gefallen lehrte" und das Lied: „Fort, daß die Leyer klinge," bei dem der Vortrag durch seine drei Couplets sich zur wilden Lustigkeit steigert. Mit Spannung hörte man jedesmal, wenn das komische Lied des Tapeziers Martin eintrat: „die Welt ist ein Orchester, wir sind die Instrumente drin." Die ganze Komposition ist vortrefflich und zeichnet sich durch die Einführung der Couplets aus, eine Einrichtung, die den Schauspieler, der kein Sänger war, unterstützte, wie denn in Berlin die erste tragische Schauspielerin Mad. Bethmann die Fanchon, Beschort den Saint Val und in Weimar Mad. Becker und Wolff sangen. Auch die übrigen Rollen waren in Weimar gut besetzt, z. B. Werner trat als Maler Eduard auf und hob sein Spiel durch seinen reinen lieblichen Gesang, Dirzka als Abbé, Unzelmann als Fanchons Bruder, Demois. Ambrosch als das leichtfertige Kammermädchen Florine und Genast als der Tapezier Martin.

Reich ausgestattet und durch ihre Vorbereitungen hohen Genuß versprechend, kam die Gesellschaft nach Lauchstedt. Das Repertorium, erzählt Goethe in seinen Annalen, enthielt so manches dort noch nicht gesehene Gute und Treff=

liche, so daß wir mit dem anlockenden Worte: Zum Ersten-
male gar manchen unserer Anschläge zieren konnten. Nicht
leicht wird ein anderes Jahr eine solche Auswahl von neuen
und alten beliebten Stücken aufzuweisen haben, als gerade
dieses. Vom 15. Juni an, wo die Vorstellungen mit Othello
begannen, bis zum 1. Juli wurden 8 neue, Othello, Fanchon, Lorenz Stark, die Mitschuldigen, Frohsinn und Schwärmerei, Regulus, die Laune des Verliebten und die beschämte
Eifersucht gegeben, nur wenige früher gesehene stellten sich
darunter. Vom 1. bis zum 21. Juli, in welche Zeit das
sechsmalige kunstreiche Gastspiel Unzelmanns vom Berliner
Nationaltheater fiel, kamen nur bekannte vor, mit dem 21.
Juli aber folgte die zweite Reihe von neuen Stücken, wie
der lustige Schuster, Revange, der Schatzgräber, Götz von
Berlichingen, Phädra, die Pagenstreiche, Johanna von Montfaucon, Soliman der Zweite, unter die sich andere großartige oder sonst passende Stücke, wie Wallenstein, Nathan
der Weise, die Jungfrau von Orleans, Oberon, die Saalnixe, der Dorfbarbier und einige Lustspiele, wie die Hagestolzen, der Puls, Stille Wasser sind tief, die beliebt und
werthvoll waren, einstellten. Die ganze glückliche Zusammenstellung der Stücke, welche vom 15. Juni bis zum 19. August an 40 Abenden gespielt wurden, fand ihren Höhe- und
Zielpunkt in der Feier, die dieses Jahr mit sich brachte, zum
Andenken an den dahingegangenen Schiller. War nun in
andern Jahren gewöhnlich viel Besuch aus der Nähe und
Ferne in Lauchstedt, so war er in diesem Jahr bei einer
solchen Aussicht noch viel zahlreicher, besonders von Halle,

An gewissen Tagen wanderten die Studierenden in großen Zügen dorthin, blieben gleich mehrere Tage, wohl auch Wochen lang daselbst, um das Theater zu besuchen und allerlei Kurzweil zu treiben. Man nannte daher in Halle diejenige Zeit des Jahres, wo die Unordnung und der Unfleiß unter den Studierenden am größten, die ökonomischen Umstände am meisten zerrüttet und die Hörsäle am leersten waren, die **Lauchstedter Zeit**[1]).

Goethe selbst war längere Zeit in Lauchstedt anwesend und bei ihm im Monat August sein Freund Zelter; ihm lag am Herzen auf der Bühne in Lauchstedt, wie das in Leipzig, Magdeburg, Frankfurt am Main und anderwärts geschehen war, das Andenken Schillers in einer würdigen und erhebenden Weise zu feiern, jetzt als die Zeit den tiefen, herben Schmerz über den Verlust des großen Freundes etwas gemildert hatte. Diese Feier früher veranstaltet zu sehen, bald nach dem Hinscheiden Schillers, auf der Weimarischen Bühne, konnten nur die wünschen oder stürmisch verlangen, die den Schmerz um einen Geliebten auf der Zunge, nicht im Herzen trugen. Goethes Natur war es zuwider und unmöglich. Was in Weimar von Seiten der Bühne zunächst geschehen konnte, geschah: Das Theater wurde den auf den 9. Mai (Donnerstag) folgenden Sonnabend geschlossen und dem Publikum durch einen geschriebenen Zettel bekannt gemacht, daß der Schmerz um den Verlust des Dichters, der um die deutsche Bühne so große Verdienste, um die Weimarische

---

[1]) S. die Zeit. für die eleg. Welt 1804. S. 966.

Bühne und deren Mitglieder aber ganz besondere habe, diese
letztern zu spielen hindere. Goethe, der, als Schiller starb,
krank war, wollte, kaum genesen, die letztbegonnene dramatische
Arbeit desselben, den Demetrius, vollenden; ein hochherziger
Gedanke, würdig ihres innigen Freundschaftsbundes und ihrer
für die deutsche Bühne gemeinschaftlichen Bestrebungen. Das
fertige Stück, meinte er in den Annalen, auf allen Theatern zugleich gespielt zu sehen, wäre die herrlichste Todtenfeier, die Schiller sich selbst und seinen Freunden bereitet
hätte. Es traten aber Hindernisse ein. Er wählte nun das
Lied der Glocke und suchte diesem trefflichen Werke, welches
auf eine bewunderungswürdige Weise sich zwischen poetischer
Lyrik und handwerksmäßiger Prosa hin und her bewege, und
so die ganze Sphäre theatralischer Darstellung durchwandere,
ein vollkommen dramatisches Leben mitzutheilen und dichtete
dazu jenen bekannten, tief empfundenen Trauer- und Erinnerungsgesang auf den zu früh dahingegangenen Freund. Am
10. August fand die Aufführung unter Mitwirkung sämmtlicher Hofschauspieler statt, vorhergingen die drei letzten Akte
der Maria Stuart. Die Einrichtung dieser Darstellung beschreibt ein Zuschauer in dem Journal des Luxus und der
Moden 1805 S. 620 folgendermaßen: Lauchstedt den 10.
August 1805. „Diesen Abend wurde im hiesigen Schauspielhause Schillers Andenken dadurch gefeiert, daß man die drei
letzten Akte seines Trauerspiels Maria Stuart vorstellte,
worauf sein bekanntes Lied von der Glocke dramatisirt folgte.
Die Bühne stellte die Werkstätte des Glockengießers vor,
mit allen Apparaten und Maschinen. Einige von den Schau-

spielern stellten die Meister dar, welche die Verse des Meisters deklamirten, und die phantasiereichen Reflexionen dazwischen wurden abwechselnd von den Gesellen und neun phantastisch gekleideten Damen, welche ab- und zugingen, gesprochen. Der Zapfen wurde ausgestoßen, und das Metall floß nach rechter Weise; vorher aber wurde ein frommer Spruch gebetet, welchen eine Harmonie von Blasinstrumenten begleitete. Zwei Kinder, welche einer der Meister herbeibrachte, stellte uns die Häupter seiner Liebe vor; „und sieh! ihm fehlt kein theures Haupt." Die Form war glücklich gefüllt; man ließ die strenge Arbeit ruhen, und Jeder that sich im Hintergrunde gütlich, von einer heitern Musik accompagniret. Als am Ende das Gebäude zerbrochen wurde, und die Glocke wirklich auferstand, eilte man herbei sie mit Blumen zu schmücken, und Guirlanden zu binden, und nachdem sie mit der Kraft des Stranges eine bestimmte Höhe erreicht hatte, trat Madame Becker (welche uns kurz zuvor als Maria Stuart entzückte) unter die Glocke, von da auf's Proscenium, und sprach den von Goethe verfaßten Epilog in Stanzen, worin er der letzten Arbeit des Verstorbenen, seines edlen Charakters, seines hohen Geistes, der Verdienste um das Weimarische Theater erwähnt, und bei den Worten „nun weint die Welt, und sollten wir nicht weinen, denn er war unser," empfand gewiß Jeder mit inniger Rührung den großen Verlust des großen, verdienstvollen Mannes; eine allgemeine traurige Stimmung verbreitete sich, und nach den letzten Worten der Rednerin ertönte eine kurze (man behauptet, von Zelter komponirte) Trauermusik, bei deren letzten Takten der Vorhang langsam niederrollte." Dieser Bericht über die Einrichtung der Feier läßt sich zum Theil vervollständigen durch das, was Goethe den 10. Mai 1815 zu Schillers und Jfflands Andenken (Bd. 35 S. 308 ff.) geschrieben. Er schreibt auch den 12. August 1805 an H. Meyer über die Aufführung in Lauchstedt und nennt sie eine recht gelungene. Die ganze Feier, nur daß statt der Maria Stuart der Parasit nach Picard von Schiller eintrat, wurde den 19. August zum Beschluß der Vorstellungen in Lauchstedt auf Verlangen wiederholt.

Nachträglich sind nun noch die Veränderungen in der Schauspielerwelt zu erwähnen. Neue Schauspieler und Schauspielerinnen traten an, da mehrere Ostern und später abgegangen waren. Ein Schauspieler von guten Anlagen und vielem Eifer für seine Kunst, auch in der Glanzperiode der Schillerschen Stücke, in die seine Thätigkeit fiel, vielfach glücklich beschäftigt, war Friedrich Cordemann der Aeltere, und doch ging er Ostern ab. Schiller nennt ihn in einem Briefe an Iffland[1] einen sehr verdienstvollen Schauspieler, den die Weimarische Bühne ungern verliere; auch verschaffte er ihm durch Empfehlung sechs Vorstellungen auf der Breslauer Bühne, wovon eine zu Cordemanns Benefiz.[2]

Cordemann wäre gern in Weimar geblieben und war betroffen, als die Theater-Commission den mit ihm bisher

---

[1] S. Teichmanns literar. Nachlaß, herausgegeben von Franz Dingelstedt S. 233.

[2] S. Friedr. von Stein an Charlotte von Schiller den 2. Juni 1805 S. 490 f.

bestandenen Contract auf nächstes Ostern als geendigt ansah, ihm auf seiner künftigen Laufbahn alles Gute wünschte und für die zeitherige Verwendung seiner Talente zum Besten und zur Ehre des Weimarischen Theaters ihren Dank beizufügen nicht verfehlte; er trug aber selbst die Schuld an dieser unerwarteten Entscheidung, denn bei jedem Contractstermin machte er allerlei Vorstellungen, Forderungen und Bedingungen und schien nie recht zufrieden zu sein mit dem, was die Direction über und für ihn bestimmte. Goethe nun liebte die ewigen Querelen der Schauspieler nicht, er verlangte Vertrauen zu seinen Anordnungen. Dabei mag wohl auch Goethes Ueberzeugung mitgewirkt haben, daß ein Theater lebendige Fortschritte machen müsse, das sich mit frischen jugendlichen Subjecten von Zeit zu Zeit erneuere. Cordemann war in Weimar etwas über 7 Jahre in Thätigkeit, anfänglich zur Aushülfe, wenn der kränkliche Vohs nicht spielen konnte, dann aber selbstständig auftretend im Fach der ersten Liebhaber und Charakterrollen.

Auch Ferdinand Cordemann der Jüngere ging ab oder vielmehr entwich im Monat Mai, da er nach erhaltener Kündigung des Contracts erst zu Michaelis abgehen durfte. Er wollte in das Rollenfach von Ehlers eintreten; die Direction sollte sich im voraus darüber erklären, sie ließ sich aber keine Fessel anlegen. Von Cordemanns Stimme ließ sich etwas erwarten; sie hatte, wie Kirms sagt, eine hübsche Höhe, Tiefe und Geschmeidigkeit.

Abgegangen war Wilhelm Ehlers mit seiner Frau Christiane Ehlers Ostern 1805. Er war $4\frac{1}{4}$ Jahre am

Weimarischen Theater thätig, spielte den Bouffon in Opern,
im Schauspiel aber besorgte er das komische Fach), war als
ein sehr fertiger und geschmackvoller Sänger beliebt, zugleich
hervorragend durch ein angenehmes und gewandtes Spiel,
was man sonst an den meisten deutschen Sängern nur zu
sehr vermißte. Besonders schön für gesellige Unterhaltung¹)
war sein Gesang zur Guitarre, wenn er seine selbst kompo-
nirten Lieder von Goethe oder Schiller dazu sang. Die
Weimarische Bühne wußte seinen Werth zu schätzen und be-
dauerte seinen Verlust sehr. Mad. Ehlers war ohne Bedeutung, sie spielte Aushülfsrollen. Auch verließ Wilhelmine
Maas aus Berlin, welche den 17. Februar als Chatinka
im Mädchen von Marienburg zum ersten Male aufgetreten
war, zu Ostern 1805 das Weimarische Theater. Sie war
nach Schillers Urtheil im Briefwechsel mit Goethe Nr. 844
so recht aus dem Schooß der Sentimentalität heraufgestiegen,
so daß man ihr die Schule der Unzelmann, nicht zu ihrem
Nachtheil, anmerkte. Ihre Person war niedlich und anmuthig durch ein natürliches Wesen, ihre Stimme hatte viel
Wohlklang, es fehlte ihr nicht an Herzlichkeit, wenn auch
vielleicht an etwas Feuer und Nachdruck, weshalb man an
ihr wohl die Kälte der Goetheschen Schule bemerken wollte,
die jedoch, war sie bei ihr vorhanden, mehr als persönliche
Eigenschaft angesehen werden dürfte. Ihre Stellungen waren
durchaus trefflich malerisch. Auch Goethe spricht in einem

---

¹) Vgl. Briefwechsel zwischen Goethe und Schiller Nr. 852, 901.
Dazu Düntzers Erläuterungen S. 244 und 261.

Brief an Iffland¹) von ihr als einer Schauspielerin, die auf einem größren Theater der Weimarischen Bühne Ehre machen könnte.

Zu Ostern 1805 ward Minna Ambrosch aus Berlin, die Tochter des bekannten Sängers Ambrosch, der sie selbst gebildet und auf große Vorbilder des Berliner Theaters hingewiesen hatte, im Schauspiel und der Oper zu Liebhaberinnen und anderen Rollen, welche man ihren sich entwickelnden Talenten angemessen finden würde, engagirt und trat am 30. März als Oberon in der gleichnamigen Oper auf. Empfohlen ward sie an das Weimarische Theater, das einer jungen talentvollen Künstlerin bedurfte, von Oels, welcher sie von Berlin her kannte. Gar bald zeigte sich's, daß sie den Erwartungen entsprach, besonders als Sängerin sich auszeichnete. Sie war klein von Figur, sonst eine liebliche Erscheinung auf der Bühne, ihre Stimme hatte den seltensten Umfang und außerordentliche Bravour und Höhe, dabei zeigte sie eine Lebhaftigkeit, die für hohe Darstellungskraft galt, obwohl manchmal gellende, schneidende Töne hörbar waren, die den Beifall minderten.

Eine gute Acquisition machte die Weimarische Bühne an Carl Friedrich Leo, der vom Mannheimer Theater kam und von Ostern 1805 bis Ostern 1806 engagirt wurde. Er war ein höchst origineller Schauspieler, bewährte sich als braver und denkender Künstler in bürgerlichen Stücken, besonders im Fach der intriguanten Rollen, zeigte ein ausge-

---

¹) S. Nr. 43 S 239 in Teichmanns literar. Nachlaß, herausgegeben von Franz Dingelstedt.

führtes und durchdachtes Spiel und eine so große Sicherheit, daß er des sonst so unentbehrlichen Soufleurs gar nicht bedurfte. Schade nur, daß er ein arger Hypochondrist war, von krankhafter Reizbarkeit, voll von Launen und Sonderbarkeiten, und daß er in Folge dieser Gemüthsstimmungen bald wieder abging. Er spielte dreimal im Monat Mai, den 1. Mai den Graf von Klingsberg in der unglücklichen Ehe aus Delikatesse, den 13. den Peter im Herbsttag, eine seiner Lieblingsrollen, und den 25. den Graf von Leicester in der Maria Stuart. Aber hier nahm er Anstoß, indem er einmal die Jamben nicht zu sprechen verstand oder vielleicht aus einer falschen Vorliebe für den Conversationston, diesen da anwandte, wo er durchaus unpassend ist und ein höheres Gebiet anfängt, dann ärgerte er sich mit dem Theaterschneider herum, der ihm sein Kleid nicht in Ordnung gebracht hatte, kurz er fühlte, daß er als Lester seine Sache schlecht gemacht habe, so schlecht, daß Schiller im Tode bereuen müsse, je einen Lester geschrieben zu haben, und bat die hohe Commission sein Auftreten auf dem Weimarischen Theater als Gastrollenspiel zu betrachten und ihm zu erlauben, morgen oder übermorgen davon zu reisen. Und die Theatercommission sah ihrerseits, gegen ihre Grundsätze, die vorher gegebenen Vorstellungen als Gast- und Proberollen an und ertheilte ihm seine Entlassung unbedenklich. Darüber erschrocken wandte sich Leo an Goethes Großmuth mit der Bitte, nur bis Michaelis möchte er ihn wiederaufnehmen. Allein bei Goethe fand ein solches Verfahren, wie Leo gezeigt, kein Erbarmen.

Vom 9. Juni 1805 an ward auf sechs Wochen Weberling, Zögling der Stuttgarter Akademie, unter der Bedingung angestellt, während dieser Zeit dem Weimarischen Theater in Lauchstedt bei Opern und anderen Stücken zu assistiren. Schon früher im Jahr 1800, als Weyrauch abgehen wollte, bot Weberling seine Dienste als Sänger und Schauspieler dem Weimarischen Theater an, und Goethe war auch geneigt ihn anzustellen, aber die Forderung einer zu hohen Gage, welche jener that, hob alle weitern Verhandlungen auf. Jetzt nun wurde Weberling zur Aushülfe in Lauchstedt verwendet und spielte mehrmals mit Beifall, wie den 22. Juni 1805 in der Saalnixe den Junker Aalwart von der Triesnitz, den 27. Juni als Sextus im Regulus, den 8. Juli im Portrait der Mutter als Gerichtsdiener Krähe. Man rühmte von ihm, daß er auch nicht Eine Rolle verdarb.

Andere junge Leute von Figur und hübschem Aussehen kamen nach vorausgegangenen Empfehlungen von Berlin direct nach Lauchstedt, um daselbst, wenn sie die Probe beständen, der Weimarischen Gesellschaft sich anzuschließen und gleich in Thätigkeit zu treten. Die Ankömmlinge waren meist auf Liebhabertheatern gebildet. So kam Johann Friedrich Lortzing aus der Königsstadt, wo sein Vater Kaufmann war, im Juni 1805 nach Lauchstedt und wurde daselbst von Goethe in dem Saale des alten Schlosses geprüft. In dieser Prüfung ließ der Meister den jungen Künstler einige Proben seiner Kunst ablegen, um seine Befähigung zum Schauspieler in verschiedenen Richtungen kennen zu lernen, und hörte ihn aufmerksam an, bald in seine Nähe,

bald in die Ferne des Saales tretend. „Nun gut," sprach
Goethe, „ich sehe schon, Sie sind gut geübt, und was mir
lieb ist, das Wort mit seinem Ton und Accent ist Ihnen
wichtig, und wer das Wort zu seinem Rechte bringt, macht
wesentlich die Dichtung geltend, Sie sollen an unserm Theater eine Stelle finden. Lieb ist es mir auch, daß Sie sich,
wie ich höre, anfänglich der Malerkunst widmeten und deshalb die Zeichen- und Bauakademie Ihrer Vaterstadt be-
suchten. Denn da haben Sie Ihr Auge frühzeitig gewöhnt,
die Merkmale der Gegenstände aufzufassen und zu unter-
scheiden und manches Schöne in der Natur und Kunst wird
Ihnen aufgeschlossen sein." Weil Lortzing durch äußere Vorzüge, Jugend, Gestalt, durch eine freundliche Erscheinung,
durch ein wohlklingendes, etwas weiches Organ, sowie durch
ein höfliches Benehmen und gesellige Tournüre als Darsteller
unterstützt wurde, bestimmte ihn Goethe für die Liebhaber-
rollen. Angestellt wurde er vom 1. Juli auf 3 Jahre bis
zu Michaelis 1808 contractmäßig und spielte schon in Lauchstedt verschiedene Rollen, z. B. den Husaren-Lieutenant
von Berg in den Pagenstreichen, den Kammerdiener Frey
in der Schachmaschine, den Rittmeister Neumann in Wallenstein u. a., in Weimar aber empfahl er sich am 12. Oktober
1805 als Gouverneur in der Natürlichen Tochter. Mit
Lortzing zugleich angekommen, wurde Demois. Emilie (Beate?)
Elstermann vom 1. Juli bis zu Michaelis 1808 im Schauspiel und in der Oper zu Liebhaberinnen und andern Rollen,
welche die Direktion zu bestimmen sich vorbehielt, ebenfalls
engagirt. Im Goetheschen Hause wohl aufgenommen, wurde

sie als eine liebe Tochter desselben angesehen. Sie war eine Schauspielerin von schönen Mitteln, in ihrem Spiel ganz Grazie und Natur, doch nicht frei von einer sentimentalen Manier; sprach sehr deutlich und vernehmlich, nur daß sie öfter, als gut war, in eine rhetorische Deklamation verfiel, da sie offenbar länger in ihren Artikulationen und Tiraden verweilte, als Drang der Empfindung und Wahrheit des Gedankens verstatteten. Sie trat schon in Lauchstedt mehrmals auf, z. B. als Sabine in den deutschen Kleinstädtern, als Margarethe in den Hagestolzen und debütirte in Weimar den 21. September als Natalie in den Corsen. Auch kam Ernestine Engel damals nach Lauchstedt und wurde vom 1. Juli 1805 an bis Ostern 1807 im Schauspiel und in der Oper ebenso wie die Elstermann angestellt. In Lauchstedt trat sie mehrmals auf als Sängerin und als Schauspielerin, noch mit ihrem eigentlichen Namen Engel in der Oper cosa rara den 6. Juli 1805 in der Person der Isabella, ungeändert in Engels als Titania im Oberon, in welcher Rolle sie auch in Weimar sich empfahl. Gerühmt wird, daß sie gut sprach, und wenn sie sprach, gern gehört wurde; sie war groß von Figur.

Sehr willkommen war auch Wilhelm Deny von Berlin, der vom 1. Juli 1805 an zu den Weimarischen Schauspielern zählte, ein hübscher, begabter junger Mann von großer Brauchbarkeit und erfreulicher Gewandtheit. In Lauchstedt war er gleich sehr thätig; vom 3. Juli 1805 an, wo er in den Corsen zuerst als Felix, Sohn des Verwalters Wacker, auftrat, bis zum 19. August, wo er im Parasit als der junge Bauer Robineau erschien, hat er in verschiedenen Rollen der Oper, des Lustspiels, der Posse, des Schauspiels und der Tragödie mit Beifall gespielt, in Weimar dann den 31. August als Lubino in der Lilla sich empfohlen.

Die vier zuletzt genannten neuen Mitglieder schlossen sich dem Künstlerkreise, der sich wie eine Familie in Weimar gebildet hatte, auf eine würdige Weise an: sie suchten sich nach und nach in die Harmonie des Ganzen zu finden, bildeten sich künstlerisch weiter und weiter, und dankbaren Herzens für die Förderung in der Kunst blieben sie fortwährend in Weimar.

September 1805 bis September 1806.

Bald nach der Rückkehr der Gesellschaft von Lauchstedt hoffte das Publikum die Wiederholung der Schillerschen Todtenfeier auch in Weimar veranstaltet zu sehen; allein Goethe, der solche Feierlichkeiten gern an bestimmte Tage knüpfte, konnte keinen passendern herausfinden als den 10. Mai 1806. Dieser Tag war der schönste Gedenk- und Erinnerungstag an den großen Dichter; er schloß das erste Jahr nach dem Tode desselben ab und war zugleich derselbe Theatertag, der Sonnabend, an welchem im vorigen Jahre die Bühne aus Schmerz über den Verlust Schillers verstummt war. Aufgeführt wurde an diesem Tage (den 10. Mai) Wallenstein, Schauspiel von Schiller. Zweiter, dritter und vierter Akt, darauf folgte das Lied von der Glocke und zum Schluß Goethes berühmter Epilog und ein Chorgesang. Theilnehmende Klage um den edeln, unvergeßlichen Dichter war allgemein.

In diesem Jahr hatten die Tragödie und das Lustspiel,

sowie die Oper auf dem Repertorium ein Uebergewicht, das Schauspiel dagegen stand zurück. Im Ganzen wurden von schon gegebenen fünfzehn wiederholt, die meisten, sieben an Zahl, von Kotzebue, unter diesen das Versstück „die barmherzigen Brüder", zwei von Goethe, drei von Schiller, drei von Iffland. Als einzige Neuigkeit kamen am 31. Oktober 1805 die Stricknadeln in 4 Aufzügen hinzu, die in Weimar und anderwärts viel Beifall fanden und oft gegeben wurden; sie sind ein Beweis für des Verfassers Talent ein Stück zu erfinden und schnell zusammenzustellen; in 36 Stunden war es fertig.

Was die Tragödie betrifft, verfolgte Goethe auch in diesem Jahr die angenommene Richtung und ließ Tragödien der Franzosen in guten Bearbeitungen neben vaterländischen zur Aufführung bringen, um das Publikum in der Kenntniß der ganzen dramatischen Kunst zu fördern und die Schauspieler in Recitation, Action und zusammenstimmender Haltung des Ganzen fortzuüben und weiter zu führen. Er wählte daher, nachdem Phädra von Racine gefallen hatte, von Corneille zwei Tragödien, Rodogüne und Cid, obgleich Schiller bereits den 31. Mai 1799 in einem Briefe an ihn ein scharfes Urtheil über Rodogüne, Pompée und Polyeucte gefällt hatte, was einem Vorsteher der Bühne alle Lust benehmen konnte, eine von diesen je zur Aufführung zu bringen; auch hatte Lessing schon früher, als er den Deutschen das englische Theater zum Studium empfahl, viel Schlimmes über Rodogüne und andere Stücke gesagt, indessen war Goethen die strenge Regelmäßigkeit, die in diesen Stücken sich geltend macht, besonders lieb, weshalb er sie zur Darstellung brachte. Nach seiner Gewohnheit mußten unter den neuen auch vaterländische sein, und diesmal war es seine ins Tragische gewendete Stella; die vierte Neuigkeit, das Ende des Cevennenkriegs in 5 Akten von Crisolin, blieb ohne Erfolg. Die andern auf dem Repertorium bereits stehenden Tragödien waren Mahomet, Othello, Macbeth, König Johann nach Schlegel, welcher früher 1791 und 1792 zweimal nach der Eschenburgischen Uebersetzung aufgeführt war, von Goethe die Natürliche Tochter, Clavigo, Egmont, welcher am 31. Mai 1806, wie Charlotte von Schiller den 2. Juni an Zacharias Becker in Gotha schreibt, vortrefflich gegeben wurde, Regulus von Collin und von Schiller die Jungfrau von Orleans, Maria Stuart, die Braut von Messina, Don Carlos, die Verschwörung des Fiesko. Dieses Drama, unter Bellomo früher mehrmals und am 14. Februar 1789 zum letzten Mal in Weimar gegeben, kam unter Goethe erst jetzt auf die Bühne, als ihm daran lag, durch Aufnahme älterer Stücke das Repertorium zu erweitern, und eins von Schiller mehr darauf zu haben, ein lieber Gedanke war. Goethe konnte die Aufführung desselben, was neben dem raschen Gange der Begebenheiten, glücklicher Charakteristik und effektvollen Situationen viel Grelles und Unwahrscheinliches in sich schließt, jetzt um so sicherer unternehmen, als durch die Bildung der Schauspieler zur naturgemäßen Kunstschönheit manches Auffallende und Uebertriebene gemildert und niedergehalten werden konnte. Doch gelangte es für jetzt nicht zu mehreren Aufführungen, nur in Lauchstedt wurde es wiederholt.

Von den neuen Tragödien wurde zuerst am 7. September 1805 Rodogüne in 5 Akten, nach Corneille, von Bode bearbeitet, aufgeführt. Bode lebte damals, wie früher sein Vater, in Weimar. Von den Franzosen wurde Rodogüne ein Logogriph genannt; der Dichter nämlich hat seine Charaktere und Situationen durch spitzfindige, oft verworrene und dunkele, oft scharfe und kräftige Antithesen gebildet, Eigenheiten, die der Bearbeiter nicht nachbilden wollte und dadurch entfernt, daß er ganze Stellen kürzer zusammenzieht oder auch allerlei Flitter und Zieraten anbringt, wie er denn seiner Muse durchgängig ein freies Verfahren gestattet. Manches hat er auch in die Handlung, welche abenteuerlich ist, hineingedichtet und dadurch das Romanhafte derselben erhöht. So stimmt der letzte Akt mit den vorhergehenden, in denen ziemlich französische Haltung des Ganzen durchgeführt wird, nicht wohl überein, da derselbe auf einmal den Geist deutscher Dichtung athmet. Uebrigens ist die metrische Behandlung der Sprache leicht und nicht unzierlich; sie unterstützte die Schauspieler in ihrer Kunst die Verse schön vorzutragen und förderte ihr Spiel, durch das dieses Stück allein gehoben werden kann. Das Publikum hatte besonderes Gefallen an den herrlichen Scenen zwischen den beiden Brüdern Seleukus und Antiochus, welche von Wolff und Oels so dargestellt wurden, daß man meinte, sie hätten der theatralischen Art des Talma nachstrebend sich zeigen wollen. Ihre Mutter Cleopatra war Mad. Teller, Becker ihr Erzieher Timagenes, Silie gab die Laonice, die Vertraute der Cleopatra, Graff den parthischen Gesandten Orontes.

Vortrefflich spielte Mad. Becker als Rodogüne, besonders in der Scene, wo sie stirbt.

Am 15. Januar 1806. Stella. Ein Trauerspiel in 5 Aufzügen von Goethe. Es war ursprünglich ein Schauspiel, und wie Goethe es benannte, ein Schauspiel für Liebende, in die sentimentale Stimmung der Wertherperiode einschlagend, fand aber, da die Handlung eine Doppelehe zur Grundlage hat und in der edeln Entsagung des einen liebenden Theils doch keinen befriedigenden Schluß findet, großen Anstoß bei der ersten Aufführung 1776 in Hamburg unter Schröder, ebenso 1777 in Berlin und wurde durch Verbot von der Bühne entfernt. Jetzt nun bei dem Fortschreiten der Weimarischen Bühne zum Feinern und Höhern kam im Rathe der beiden Freunde, als es sich um Bereicherung des Repertoriums durch Aufnahme von ältern Stücken handelte, auch Stella zur Sprache. Schiller änderte gleich und verkürzte die empfindungsreichen Stellen des Dialogs, und Goethe wendete mit andern Verbesserungen das Ganze zu einem tragischen Ende, wodurch das Gefühl befriedigt und die Rührung erhöht wurde. Wenn manche meinen, die ersten Aufführungen der Stella in Weimar hätten den alten Schluß des Schauspiels gehabt, so ist das ein Irrthum, den Goethe in seinem Aufsatz über das deutsche Theater veranlaßt hat, wo er zwar von der ersten Aufführung den 15. Januar 1806 mit dem alten Schlusse spricht, aber damit eigentlich die Redaktion Schillers meint, in der mit der vermittelnden Ausgleichung Ceciliens geschlossen wurde. In Weimar ist das Stück von Anfang an als

Trauerspiel aufgeführt und oft wiederholt worden, gewöhnlich allein, zweimal nur in Verbindung mit einem Lustspiel. Das Publikum war jedesmal gespannt; das Frische der Handlung, das Feine und Natürliche der Charaktere zog immer an, nur manche meinten, es hätte zu der mit richtigem Takt vorgenommenen Umwandlung manches im ersten Akt noch umgeändert werden sollen, der für ein Trauerspiel zu munter sei und in der Postmeisterin namentlich eine lustige Person habe.

In Bezug auf die Besetzung des Stücks und die Auffassung und Ausführung der einzelnen Rollen, besonders der fünf Frauenzimmer-Rollen von abgestuften, sorgfältig unterschiedenen Charakteren, gibt Goethe selbst in dem Aufsatz über das deutsche Theater die nöthigen Bemerkungen und Winke, nach denen auf anderen Theatern verfahren werden solle, in Weimar bereits verfahren worden war. Für die Rolle der Stella paßte nur Mad. Wolff, welche bis gegen das Ende des Jahres 1805 noch Mad. Becker hieß; sie erschien schwärmerisch und leidenschaftlich und riß in der Darstellung ihrer Gefühle das Publikum mit sich fort. Die Rolle war wie für sie geschrieben. Cecilie, von der Silie gegeben, mußte, wie Goethe wollte, das anfänglich schwach und gedrückt Scheinende bald hinter sich lassen und als eine freie Gemüths- und Verstandesheldin vor dem Publikum im größten Glanz erscheinen. Sie entsprach jedoch nicht ganz diesen Anforderungen, war auch für diese Rolle noch zu jung, als sie diese zum ersten Mal gab. Ihre Tochter Lucie, welche Corona Becker gab, später Mad. Becker, geb. Ambrosch, hatte sich angeeignet, was Goethe verlangte, sie stellte einen Charakter dar, der sich in einem behaglichen Leben frei gebildet hat, und den äußern Druck, der auf sie eindringt, nicht empfindet, ja, abstößt. Die Postmeisterin, eine junge, heitere, thätige Wittwe, die gern wieder heirathen möchte, um mehr im Leben zu gelten und besser angesehen zu sein, gab Demois. Brand, später Demois. Elsermann. Und Aennchen, welche Sophie Teller darstellte, sprach als junges Mädchen mit Entschiedenheit das, was es zu sprechen hatte.

Die Rolle des Fernando gab Haide ganz angemessen, indem er die leidenschaftliche Verlegenheit, in die er sich gesetzt sah, mit manigfaltiger Steigerung auszudrücken suchte. Später spielte ihn Oels. Die kleine Rolle des Verwalters wurde von Graff gut gegeben. Wie Goethe sagt, gehört ein vorzüglicher Schauspieler dazu, der die Rolle der ernst zärtlichen Alten spielt. Die übrigen Rollen Karl, Wilhelm, in Besitz von Louise Beck, Unzelmann, waren gut eingeübt, auch wirkte Lortzing als Postillion kunstmäßig angenehm.

Am 31. Januar 1806. Der Cid. Trauerspiel in 5 Aufzügen nach Pierre Corneille. Zur Feier des 30. Januar, des Geburtsfestes der Herzogin Luise, eignete sich der feierliche, gemessene Ernst und die edle energische Sprache des Stücks, worin der der Sache angemessene Wechsel des Sylbenmaßes von guter Wirkung ist. Der französische Dichter hatte dieses berühmte Trauerspiel, welches den Kampf zwischen Pflicht und Liebe, zwischen Chimene und Don Rodrigo erschütternd darstellt, nach dem Vorbilde des spanischen Dichters

Guillien de Castro für das französische Theater bearbeitet und damit eine neue Epoche für die Tragödie in Frankreich herbeizuführen und geltend zu machen gewußt, obgleich er bei seinen Landsleuten, selbst bei seinem Beschützer, dem Kardinal Richelieu, bedeutenden Widerspruch fand. In Deutschland erhielt das Stück mehrere Bearbeiter, die theils in Uebersetzungen, theils in freien Bearbeitungen den französischen Kothurn auf der Bühne einführen wollten, wie Graf Benzel=Sternau, Collin, Aug. Klingemann, Gottlieb, Anton, Christian Niemeyer, Professor in Kassel, und andere. Auch Madame Mereau, wie Schiller den 20. März 1802 an Goethe schreibt, bearbeitete den Cid des Corneille. Allein keine Bearbeitung hatte glücklichen Erfolg, so interessant das gewählte Süjet im Allgemeinen ist und so vielen Reichthum es dem tragischen Dichter darbietet. Einen Anstoß bei dem Publikum gab immer die Katastrophe des Ganzen, welche in einer Verbindung des Rodrigo mit der Chimene sich abschließt, wo eine Tochter dem Mörder ihres Vaters die Hand giebt oder doch sich soweit mit ihm versöhnt, daß dem Zuschauer für die Folge kein Zweifel in dieser Rücksicht übrig bleibt. Die Bearbeitung Niemeyers in Kassel[1]) wurde zur Aufführung in Weimar gebracht, er hat die Infantin Urraca in Donna Clara umgewandelt. Haide als Rodrigo (der

---

[1]) Eduard Genast aus dem Tagebuche eines alten Schauspielers Th. 1. S. 159. theilt die Bearbeitung des Cid nach Corneille frisch weg dem Kanzler Niemeyer in Halle zu; es ist aber der kurhessische Hofrath und Professor am Cadetteninstitute in Kassel der Bearbeiter desselben.

Cid), Graff als Don Gomez, der hochherzige Vater der Chimene, Becker als Don Diego, der Vater des Rodrigo, Malkolmi als Don Ferdinando, waren in ihren Rollen vortrefflich. Mad. Wolff als Chimene hatte viel Lieblichkeit und Grazie in ihrem Aeußern, aber auch viel Pathetisches in der Deklamation und viel Feuer in ihrem Spiel. Auch das übrige Personal leistete nach Kräften das Seinige.

Diese Festvorstellung hatte das Auszeichnende, wie Goethe in seinen Annalen 1806 erzählt, daß ein Chor Trompeter von dem preußischen Regiment Ostin, was in Weimar lag, in einem Halbkreis zum Willkommen auf das Theater traten, Proben ihrer außerordentlichen Geschicklichkeit gaben und zuletzt einen Gesang begleiteten, dessen allgemein bekannte Melodie, einem Inselkönig gewidmet und noch keineswegs von dem patriotischen Festland überboten, ihre vollkommen herzerhebende Wirkung that."

Aus dem Bereich des Lustspiels waren viele alte beliebte Stücke auf dem Repertorium. Gewählt waren diese zum Theil für die verehrten Fremden und Gäste, welche der drohende Krieg nach Weimar oder in die Nähe von Weimar geführt hatte. Dahin gehören Wallensteins Lager, das öfters gegeben wurde, Minna von Barnhelm, der Fähndrich und andere. Zum Theil wurden manche zarte und kunstsinnige Lustspiele aufgeführt, besonders solche, welche die genommene Richtung des Weimarischen Theaters an den Tag legten. Zu den alten kamen viele neue von ähnlichem Sinn und Ton, unter denen jedoch die meisten (es waren zwölf neue) entweder gleich oder nach der zweiten Aufführung wieder verschwanden. Ein Grund dieser Erscheinung liegt wohl darin, daß damals bei der Vorliebe für französische Lustspiele viele Unberufene auftraten, die dergleichen Stücke auf der deutschen Bühne einheimisch zu machen suchten; sie hatten Kotzebue und Schiller als Vorgänger, aber nicht den Erfolg, welchen diese hatten. Ohne besondere Wahl und Prüfung, ohne Kenntniß des deutschen und französischen Publikums machten sie aus dem Bearbeiten französischer Stücke, wie sie erschienen waren, ein Gewerbe. In Weimar war zwar die Direktion vorsichtig mit solchen neuen Stücken, sie hielt sich lieber an ältere treffliche französische Lustspiele, wie denn in diesem Jahre zwei Molieresche von Zschocke bearbeitet erschienen, doch nicht mit dem besten Erfolg: am 25. September der Wunderarzt in 3 Akten, und am 13. November der Geizige in 5 Akten, von welchen beiden jedes nur noch eine Aufführung erhielt. In dem letztern ist Vieles dem Plautus entnommen und hat außerdem starke Mängel, die A. W. Schlegel in seiner scharfsinnigen Kritik Molieres aufgedeckt hat. Das Portrait des Geizigen in der Person des Kammerrath von Fegesack gab dem Schauspieler Becker Gelegenheit, sein Künstlertalent in der Ausführung dieses Charakters trefflich zu bewähren. Nur einmal wurde am 6. Januar 1806 der Vermittler in 5 Akten, nach dem Französischen von Alexander Wolff, gegeben. Aber auch andere als Stücke französischen Ursprungs hatten dasselbe Schicksal: am 2. December das einaktige Lustspiel: So gehts, von Rochlitz, am 17. März 1806: Das Gelübde in 2 Aufzügen von Theodor Hell, am

7. Juni: Der Geheimnißkrämer, oder: Abentheuer im Bade in 4 Akten, von Einsiedel.

Nur fünf von den neuen Lustspielen hatten eine längere Dauer auf dem Repertorium, am längsten das Räthsel in 1 Akt von Contessa. Angenehm versificirt stimmte es zu dem früher oft gegebenen und jetzt wiederholten Stoll'schen Stücke „Ernst und Scherz" und erhielt eine Fortsetzung dieser Art in dem Geständniß oder der Beichte von Kotzebue, die zuerst in Lauchstedt den 19. Juli 1806 gegeben wurde. Schade, daß Streit und Liebe, das Gegenstück zu Scherz und Ernst, in 2 Aufzügen von Stoll, ebenfalls in Versen gedichtet, außer der ersten Aufführung am 19. März nur noch einmal am 26. gegeben wurde. Das Räthsel, zum ersten Male den 18. September 1805 aufgeführt, ist voll von Witz und Naivität. Unter den fünffüßigen Jamben, die meistens einen leichten, gefälligen Gang haben, sind von dem Dichter oft Alexandriner, wie es ihm einfällt und bequem ist, eingemischt, auch wirksame Reime treten ein, nur sind diese nicht immer rein und streng gehalten. Der Inhalt des Stücks ist unbedeutend, hat aber ein vortreffliches dramatisches Detail und hat sich dadurch zu der Stufe eines Theaterkunstwerkes erhoben. Ein junger Mann, schlechtweg Carl genannt, der mit einem geistvollen aber eigenwilligen, auf ihrem Vorsatz beharrenden Mädchen, Namens Elise, verlobt ist, erhält von einem Freunde ein Räthsel zugeschickt, dessen Auflösung in einem versiegelten Zettel beigefügt ist, der aber nicht eher geöffnet werden soll, als bis der Uebersender bei ihnen selbst angelangt ist. „Das würde, schreibt der Freund, eine hübsche Gelegenheit für Carl sein, die Geduld und Selbstbeherrschung seiner Zukünftigen zu erproben." Elise wird darüber erzürnt und wendet alles an, um von ihrem Bräutigam den Zettel zu erhalten; da dieser ihn aber nicht herausgeben will, so entsteht als Vorläufer ehelicher Hauskriege, ein kleiner, anfangs sehr bedeutend scheinender, Zwist. Carls Onkel, ein alter eitler Geck, der Elisen heimlich liebt, beschließt sich das zu Nutze zu machen, und als er mit ihr allein ist, erzählt er ihr ein Fäbelchen von einem alten Bär, der eine schöne junge Schäferin im Thale gehen sieht und in Liebe entbrennt, und bekennt dann, daß niemand anders als — Er dieser Bär sei. Eine Versöhnungsscene, die für den Onkel sehr drollig und etwas beschämend ausfällt, beschließt, wie vorauszusehen war, das kleine amüsante Stück.[1]) Goethe hatte große Freude daran, da besonders gut gespielt wurde, wie denn überhaupt auf das gute Spiel bei solchen Stücken alles ankommt, und wünschte, daß die Aufführung desselben Schiller erlebt hätte. So brachte Silie als Elise das Launenhafte, was in diesem Charakter liegt, nach allen Abstufungen trefflich zum Vorschein; so gefiel Oels als Carl, indem sein Vortrag der Verse durch Wohllaut und munteres Leben sich auszeichnete; und Becker spielte den Onkel, wie von ihm zu erwarten war, meisterhaft.

Beifall erhielt auch am 1. Januar 1806 die Posse: das glückliche Mißverständniß in einem Aufzuge, nach dem Französischen, von Haug. Besonders bei dem männlichen

---

[1]) Vgl. Morgenblatt für gebildete Stände 1807. S. 276.

Personal brachte es eine fröhliche Stimmung hervor und Goethe selbst hatte großes Gefallen daran, daher derselbe am Ende des Stücks einige Modificationen mit eigener Hand, lediglich für das Weimarische Publikum zu machen für gut gefunden hat. Er hielt das für nothwendig: denn als die Stelle kam, wo es heißt, es sei auch ein zweites Produkt unterwegs, so machte das weibliche Publikum gewisse empfindliche Bewegungen, die Männer aber waren desto lauter. So erzählt Kirms.

Am 3. März „die gefährliche Nachbarschaft", Lustspiel in einem Akt, von Kotzebue. Es gefiel sehr wegen des Schneiders Fips und der Modehändlerin Madame Zephyr und wurde öfters wiederholt. Den Schneider Fips spielte Becker. Seine äußere Erscheinung, seine Beweglichkeit, sein Mienenspiel zeigten vortrefflich die tapperiche Natur des alten zärtlich verliebten Schneiderleins; die Madame Zephyr gab Mad. Beck, auch in ausgezeichneter Weise.

Am 23. April: Die Gefangenen. Lustspiel in 5 Aufzügen, nach Plautus. Ein sehr anziehendes Lustspiel und nicht von der Einförmigkeit, wie man sie in den römischen Dramen gewöhnlich antrifft. Die Verwickelung hat etwas Außerordentliches und die Auflösung ist so befriedigend als innig rührend. Das Stück ward nach der Uebersetzung von Einsiedel, die voll Leben ist und deren glücklich angebrachte Reime gute Wirkung thun, zu allgemeiner Zufriedenheit gegeben.

Am 21. Mai: Die Wette. Lustspiel in einem Akt, nach dem Französischen. Es ist ein nicht bedeutendes Conversationsstück mit einer gewöhnlichen Intrigue und einem faden Dialog. Es wurde doch einigemal wiederholt.

Von neuen Opern brachte dieses Theaterjahr nur eine einzige. Am 26. Oktober 1805 wurde Lodoiska in 3 Akten nach der aus dem Französischen des Filette=Loraux frei gebildeten Bearbeitung von C. Herklots gegeben. Die Musik von Cherubini ist in einem kräftigen Styl gearbeitet. Die erstaunliche Wildheit und finstere Harmonie in seinen Tönen stimmt zu dem Heroischen der Handlung. Wenn diese auch gedehnt und zuweilen langweilig ist, so erregt doch ihre Manigfaltigkeit mehr Interesse als die gewöhnlichen Opern-Sujets und war eine Lieblingsoper des Pariser Publikums. In Weimar wurde sie mehrmals wiederholt.

Dagegen hatte das stehende Repertoir eine Reihe bewährter Opern aus dem ernsten und komischen Fache, von italienischer, französischer und deutscher Art, von denen die eine die Weise der andern unterstützte. Fanchon, immer noch der Liebling des Publikums wurde fünfmal gegeben, zweimal Oberon, Lilla[1]), die Savoyarden, der Schatzgräber, Jery und

---

[1]) In dieser Oper spielte Liberati von Berlin den 14. Oktober 1805 als Debut den Infant von Spanien, auch gab er den 7. Dec. in der Maria Stuart den Arzt Bourgoyn. Angestellt vom 1. Sept. 1805 an auf drei Jahre bis Michaelis 1808 als Sänger und Schauspieler in Weimar, hatte er die edle Absicht, seine verarmte Familie, Mutter und Angehörige durch sein Verdienst zu unterstützen, denn Liberati (Carl August Friedrich) war ein angenommener Name, um seine adliche Abkunft zu verbergen, er hieß eigentlich August von Zieten und war ein Enkel des großen, aus dem siebenjährigen Kriege bekannten Preußischen Generals. Nicht ein volles Jahr blieb er in seiner Stelle; er bat mit Be=

Bätely. So sind sie alle, die Hochzeit des Figaro, die Zauberflöte, Titus, Camilla, das unterbrochene Opferfest¹), mehrere nur einmal, wie Palmira, Solimann II., der Waserträger, die Müllerin, der Dorfbarbier, Adolph und Clara u. a., auch Dittersdorfs Apotheker und Doktor kam wieder zur Darstellung.

---

scheinigung wichtiger Familienereignisse um Entlassung von seinem Contract, erhielt sie am 18. Februar 1806 von Goethe abgefaßt und ging als Rittmeister in baierische Dienste. Er war ein schöner, feingebildeter junger Mann, der sich unter Anweisung von Ambrosch und Eunicke, einem der ausgezeichnetsten Tenoristen, im Gesange vollkommner zu werden alle Mühe gegeben hatte. Später ging er wieder zum Theater.

¹) In dieser Oper debutirte Strohmeyer am 22. März 1806 als Oberpriester der Sonne, vorher am 10. März gab er als Gastrolle den Sarastro in der Zauberflöte. Carl August hatte ihn im Bade Liebenstein gesehen und gehört und bezeichnete ihn in einem Briefe an Kirms als vortrefflichen Sänger, der mit dem Bassisten Geru zu vergleichen wäre, aber als schlechten Schauspieler, jedoch mit dem Auftrage, ihn für die Weimarische Bühne zu gewinnen. Darauf reiste Genast nach Cassel, wo Strohmeyer gerade spielte, um ihn zu sehen und zu hören, er bestätigte das Urtheil des Fürsten: Strohmeyer sang den Sarastro vortrefflich und hatte dabei die Hände im Gurt. Vgl. Briefwechsel des Großherzogs Carl August mit Goethe Bd. 1. S. 308.

Später heißt Strohmeyer auf den Theaterzetteln Stromeier. Wir kennen Goethes Gewohnheit die Namen der Künstler zu verändern, wenn sie auf Zweideutiges und Gewöhnliches hinführen könnten. Vgl. oben S. 90 in der Note. In derselben Oper, dem unterbrochenen Opferfest, und an demselben Tage (22. März) debutirte als Murney auch der Tenorist (C. F.) Strebel, wie er sich nennt, nachher auf den Theaterzetteln Strobe genannt. Er hatte eine sehr schwache, monotone Stimme und versprach nicht viel, er sollte wenigstens das Fach eines zweiten Tenoristen besorgen. Gestorben war der Tenorist Benda Ende Novembers 1805, er war ein trefflich geschulter Sänger, aber kein guter Schauspieler.

In Lauchstedt begannen die Vorstellungen den 14. Juni 1806 mit Fiesko und endigten am 25. August mit der Jungfrau von Orleans. Wie in andern Jahren wurden auch jetzt hauptsächlich die in Weimar zuletzt aufgeführten Stücke gegeben und die Neuigkeiten dieses Jahres, die in Weimar auf die Bühne gekommen waren, wenn sie einigermaßen gefallen hatten, wiederholt. Auch wurde am 23. Juli 1806 eine neue Tragödie „Die Freyer von Kalydon" in zwei Akten aufgeführt, die in Weimar nicht aufgeführt worden war und auch später nicht aufgeführt wurde. Verfasser derselben ist der fein gebildete August Apel aus Leipzig, der mehrere Dramen im Geiste der Alten geschrieben. Diese Tragödie erschien 1807 im Druck unter dem Titel Kalirrhoe. In Weimar bis jetzt noch nicht, sondern nächstens aufgeführt und Repertoirstück geworden, kam in Lauchstedt den 19. Juli das Geständniß oder die Beichte, ein Lustspiel in Versen von Kotzebue zur Darstellung. Es handelte sich auch darum noch einige Neuigkeiten zu bringen, wie die Weihe der Kraft von Werner, die im Sommer 1806 in Berlin oft wiederholt wurde, nachdem die ersten Aufführungen im Berliner Publikum großen Unwillen mit Tumult erregt hatten, der nur durch Waffengewalt unterdrückt werden konnte und doch einige Wochen darauf bei einem Straßenaufzug, von Gensdarmerie-Offizieren veranstaltet, eine ärgerliche, aber höchst treffende Parodie des Stücks veranlaßte. Berliner und andere Badegäste hätten gern eine Vorstellung des Stücks, das damals großes Aufsehen machte, da es von Iffland auf die Bühne gebracht war, in Lauchstedt von der Weimarischen Gesellschaft gesehen, aber Goethe zauderte, den

Kirchenreformator, durch den, wie Werner andeutet, überall, wo seine Lehre Eingang gefunden, die Kunst und der kindliche Glaube getödtet worden sei, zur theatralischen Erscheinung zu bringen¹). Auch schrieb der Regisseur Becker den 17. Juli 1806 von Lauchstedt an Kirms, daß gegen die Aufführung der Weihe der Kraft theatralische Hindernisse vorhanden wären, daß er ferner kaum glaube, daß die Sächs. Regierung eine Aufführung des Stücks gestatten werde, dann thue ihnen mit diesem Stück Iffland in Halle Schaden, der es den 8. August dort lesen wolle. Noch ein anderer Luther von Klingemann lag vor, dessen Aufführung gewünscht wurde, Becker jedoch schreibt darüber: „Diesen Doktor Luther können wir nicht geben, er ist so langweilig, daß die Menschen herauslaufen müssen. Was ich von Ambrosch (Berliner Schauspieler, der in Lauchstedt damals Gastvorstellungen gab,) gehört habe, so ist der Berliner (der Wernersche) zwanzigmal besser."

Der Besuch des Theaters in Lauchstedt diesen Sommer war zufriedenstellend, obgleich die Gemüther bereits durch Befürchtungen wegen eines nahen Kriegs geängstigt wurden. Außer den Badegästen fand sich an den Theaterabenden, wie Varnhagen von Ense im 2ten Bande seiner Denkwürdigkeiten vom Jahr 1806 schreibt, immer eine bunte regsame Gesellschaft ein, es waren Hallesche Gäste dort, sowie auch aus Leipzig, Merseburg und Weimar der Besuch nicht fehlte.

---

¹) Viel Interessantes und Belehrendes über die Weihe der Kraft bietet der Briefw. zwischen Werner und Iffland Nr. 93 ff in Teichmanns literarisch. Nachlaß, herausgegeb. von Franz Dingelstedt.

Daher konnte der Regisseur Becker den 17. Juli an Kirms berichten: „Mit unsern theatralischen Geschäften hat es noch immer einen guten Fortgang, auch hoffe ich, soll nach dem, wie wir unsere Einrichtung getroffen, das Publikum bis zum Schluß geneigt bleiben und befriedigt werden."

Weimar 1806—1807.

Die Vorstellungen des Theaterjahres 1806—1807 begannen in Weimar mit dem 30. August und dauerten den Monat September hindurch ungestört fort. Allmählig wurde es unruhig in Stadt und Land, die Truppenmärsche nahmen zu und in den ersten Tagen des Oktobers kam das preußische Hauptquartier nach Weimar, auch der König und die Königin. Bei der Aussicht auf Krieg in der Nähe war in den Gemüthern keine Stimmung mehr für den Besuch des Theaters. Doch unterhielt Goethe den Fortgang der Vorstellungen, als wäre tiefer Friede; nur bei der Wahl der Stücke nahm er auf die Zeitverhältnisse und auf den Besuch der Fremden und Gäste, welche gingen und kamen, Rücksicht. Außer dem vaterländischen Preußenstück Minna von Barnhelm wurden bei dem gegenwärtigen Druck der Zeit meist Opern und Lustspiele gegeben als heitere und leichte Unterhaltung; an die Aufführung von Tragödien war zunächst nicht zu denken, wie denn Hakon Jarl von Oehlenschläger, für den schon Kleider und Dekorationen ausgesucht und gefunden waren, aufgegeben wurde, weil es bedenklich schien, zu einer Zeit, da mit Kronen im Ernst gespielt wurde, mit dieser heiligen Zierde sich

scherzhaft zu geberden; selbst Stücke, die in Weimar gern
gesehen und meisterhaft gespielt wurden, wie Wallensteins
Lager, unterblieben, weil man sie in der Wirklichkeit vor
Augen hatte.

Noch den 13. Oktober wurde „Fanchon" das Leyermäd­
chen aufgeführt, während es schon wild und traurig in der
Stadt aussah, und niemand ahndete, daß den nächsten Tag
die Schlacht bei Jena erfolgen würde. Ein Augenzeuge[1])
berichtet in Bezug darauf: „Durch die Esplanade schreitend,
erblickte ich vor den Thüren des Theaters eine ziemliche An­
zahl Menschen, Musiker aus der Hofkapelle, Schauspieler
und Schauspielerinnen; vernahm, näher hinzugetreten, ernste
und sorgenvolle Gespräche über die Tagesereignisse und über
die Zukunft. Bald erfuhr ich auch, daß heute Theater sei
und daß „Fanchon" das Leyermädchen gegeben werden solle
und die Sängerin Ambrosch, welche die Rolle der Fanchon
hatte, rief aus: „Es ist doch entsetzlich, was wir von diesem
Manne (Goethe) gequält werden. Man sollte Betstunde
halten und wir müssen Comödie spielen." Jetzt erschien Goe­
the und Alles, so auch ich, begab sich in das Haus, was
aber sehr leer war und es hatten sich auch nur einige Preu­
ßische Offiziere, die man wohl besonders vor Augen gehabt
hatte, eingefunden. Nach einiger Zeit gab Goethe in seiner
Loge das Zeichen zum Anfang, und ich entfernte mich, von
dem Gefühle des Mißbehagens ergriffen; doch hat das Stück
durchgespielt werden müssen."

---

[1]) Der Kirchenrath Linke in der Schrift: Meine Erinnerungen aus
dem Jahre 1806. S. 4.

Als den folgenden Tag, den 14. Oktober, das tragische Waffenspiel auf den Höhen von Jena aufgeführt wurde und darauf unzählige Leiden Stadt und Land trafen, wurde das Theater in der nächsten Zeit und zwar auf 10 Wochen geschlossen. Viele von den Schauspielern hatten durch die Plünderung gelitten, manche selbst mit Lebensgefahr, und konnten lange nicht die schlimmen Tage des Oktobers vergessen. Und jetzt entstand dazu die Frage, ob das Theater fortbestehen oder aufgelöst werden solle, da seit den unglücklichen Ereignissen die Theaterkasse auf weniger Einnahme als sonst zu rechnen hätte. Doch Kirmsens väterliche Fürsorge und weise Sparsamkeit halfen über die Noth hinweg, die Theatergesellschaft bestand fort, nur wurde hie und da ein Mitglied derselben vor Ablauf des Contraktes, nach der Regel der Billigkeit, entlassen oder in der erwarteten Gagenerhöhung nicht gefördert. Die Arbeit der Schauspieler für das Theater begann bald wieder, es begannen ihre didaskalischen Studien und manches wurde für die Wiederaufnahme der Vorstellungen vorbereitet, da Goethe es für Pflicht hielt, die Theateranstalt als einen öffentlichen Schatz, als ein Gemeingut der Stadt zu bewahren. Am 26. December wurde das Theater wieder eröffnet und mit allgemeinem Enthusiasmus die regierende Frau Herzogin Luise, die Schutzgöttin des Landes, im Theater empfangen. „Herzen und Hände, so schreibt ein Augenzeuge,[1] schlugen dieser vortrefflichen Fürstin entgegen, deren Name in den Annalen von Weimar

---

[1] In der Zeitung für die elegante Welt 1807. S. 8.

stets als ein heilbringendes Gestirn prangen wird. Denn ihre Entschlossenheit, ihre Liebe zu dem Lande und zu den Einwohnern der Stadt; ihre edle Resignation und ihr Muth haben uns in den Tagen der Gefahr vom gänzlichen Untergange gerettet." Und als Tags darauf, am Sonnabend den 27. December, nach der Oper „Der Schatzgräber" von der Bühne herab, unter Trompeten= und Paukenschall, die Nachricht des am 16. December zu Posen zwischen Napoleon und dem Herzog geschlossenen Friedens dem Publikum bekannt gemacht und unter lautem Rufen und Vivatrufen aufgenommen ward, da bevölkerten sich, schreibt Goethe in den Annalen 1807, Balkon und Logen, Parterre und Gallerie gar bald wieder, als Wahrzeichen und Gleichniß, daß in Stadt und Staat alles die alte Richtung genommen."

Das Lustspiel erhielt in diesem Theaterjahr die meisten Neuigkeiten. Gleich die erste Vorstellung am 30. August brachte das Geständniß oder die Beichte in einem Akt von Kotzebue. In Versen gedichtet ist es eins der vorzüglichsten unter den Stücken dieser Art von Kotzebue. Anfänglich hieß es kurzweg die Beichte, erhielt aber noch die vorangehende Benennung „Das Geständniß", um nicht christliche Gemüther zu verletzen. Höchst anziehend ist die Scene, worin die Baronin ihrem verkleideten Gemahl die Beichte ablegt, und eben so vortrefflich die, wo sie den vor ihr knieenden armen Sünder absolvirt. In beiden Scenen zeigte Madam Wolff, welche die Baronin Ammer gab, in ihrem Gesicht einmal Ehrlichkeit, dann daneben schalkhafte Bosheit, überdieß war bei der Ertheilung der Absolution jede Bewegung ihrer

Hand ausdrucksvoll und malerisch. Durch ihr gutes Spiel gefiel das Stück sehr und wurde oft wiederholt. Wolff spielte den Baron Ammer ebenfalls mit großer Feinheit. Dagegen blieb ohne weitern Erfolg am 6. Oktober „Die Ueberraschung" in drei Akten von L. Wieland, dem Sohne des Dichters, eins von den 1805 erschienenen Lustspielen, die ohne höhere künstlerische Bedeutung sind.

Am 26. December ward bei der Wiedereröffnung der unterbrochenen Vorstellungen das Lustspiel „die Erben" in 4 Akten, von Mad. Weißenthurn gegeben. In Wien und Leipzig schon 1804 aufgeführt und gern gesehen, gefiel es auch in Weimar. Doch mußte das gute Spiel der Schauspieler über die hie und da eintretende Langweiligkeit hinweghelfen; es kam darauf an, sich und ihre Kunst dem Publikum von Neuem zu empfehlen und das geschah auch vollkommen. Ebenso mußte die Posse von Kotzebue „die Unglücklichen" in einem Akt, welche am 7. Januar 1807 gebracht wurde, durch richtige Charakteristik und fleißige Darstellung jeder einzelnen Rolle gehoben werden. Eine ganze Familie Falke ist vereinigt, die auch in ihrer Lebensrichtung mit einander in Verbindung stehen, wie der Philosoph, Recensent, die Sängerin u. s. w. Um einige Darsteller zu nennen: Becker gab den Recensenten Falk, Geier genannt, mit der trefflichsten Komik, den Dichter Eduard Taube spielte Deny, den Philosoph Emanuel Falk Haide, die Sängerin Falkonella war Demois. Ambrosch, deren Vortrag des Liedes „Freut euch des Lebens" eine äußerst lächerliche Sensation machte. Man sagt, dieses Stück gehöre zu den gelungensten Kleinigkeiten Kotzebues. In dem am 23. Februar 1807 aufgeführten Lustspiel „die Organe des Gehirns" in drei Akten, von Kotzebue, wird Galls Lehre lächerlich gemacht, gegen den Kotzebue persönlich abgeneigt und schon im Freimüthigen losgegangen war. Goethen war es sonst zuwider, Stücke auf die Bühne zu bringen, in denen bekannte Persönlichkeiten angegriffen werden. Die Hauptfigur dieses Stückes ist der für die Schädellehre schwärmende Herr von Rückenmark, in der Weimarischen Vorstellung Herr von Rücken genannt, der alles Geistige bei Thieren und Menschen aus dem Rücken entspringen läßt. Durch das Befühlen des Kopfes meint er, eines Jeden Charakter mit Sicherheit zu bestimmen, wie er denn einen spitzbübischen Bedienten für einen grundehrlichen, einen stockdummen für einen scharfsinnigen hält, worauf die Verwickelung des Ganzen beruht. Seinen Sohn will er mit einem bucklichen Fräulein verheirathen, weil sie einen starken musikalischen Sinn habe und er die Musik über alles liebt, seine Tochter aber mit der seinem Sohne heimlich angetrauten Gattin, die dieser in der Verkleidung eines jungen Offiziers ins Haus bringt, und die den Herrn Schwiegervater durch sechs Schädel, die sie ihm schenkt, dahin zu bringen weiß, daß Sohn und Tochter ihrer Neigung gemäß sich verheirathen können. Der erste Akt wirkt durch die wiederholten phrenologischen Versuche etwas ermüdend, dagegen bieten die andern recht ergötzliche komische Scenen und werden durch einen stets frischen und lebendigen Humor belebt. Malkolmi hatte den für die Schädellehre begeisterten H. von Rücken gut aufgefaßt und erhielt Beifall. Elsermann als Emilie, Tochter von Rücken, und Unzelmann als Eduard, Sohn desselben, sowie Silie als Caroline von Hellstern und Wolff als Ferdinand von Bombeck, Becker als Peter Gutschaaf, Eduards Bedienter, Genast als Katzrabe bildeten das vortrefflichste Ensemble. Besonders belebte Caroline von Hellstern, als Offizier verkleidet, das Ganze durch ihr munteres Spiel und die wechselnde Physiognomie ihres Verfahrens, das sie gegen Eduard und Emilie, wie gegen den Liebhaber derselben und gegen den alten Herrn von Rücken annahm. Das Stück erhielt einige Wiederholungen. Vorübergehend war am 4. März das einaktige Lustspiel „die Comödie in der Comödie", das auf andern Bühnen schon früher gegeben ward. Ebenso verschwand gleich nach der ersten Vorstellung am 16. März das Lustspiel „Blinde Liebe" in drei Akten, nach dem Französischen, von Kotzebue. Es hat wenn auch witzige Stellen und Scenen, einen gar zu unzusammenhängenden Plan und die Binde ist gar zu dicht, welche Amors listige Hand um die Augen der verliebten Schönen geschlungen hat.

Ein römisches Lustspiel sollte nicht fehlen. Am 29. April wurde „das Gespenst" in fünf Akten von Plautus, was von Einsiedel bearbeitet hatte, zur Aufführung gebracht, gefiel aber wenig und verschwand wieder. Mehr gefiel am 6. Mai die Kleinigkeit „der Pfandbrief" in einem Akt, der noch einige Wiederholungen erlebte, weniger am 13. Mai die launige Kleinigkeit „die Journalisten" in einem Akt, von Schütze.

Auf dem Gebiet des Schauspiels bringt dieses Jahr einige Neuigkeiten, die der Beachtung werth sind, am bedeutendsten ist Torquato Tasso, der zugleich mit der Iphigenie auf Tauris aufgeführt den besten Beweis giebt, wie weit die Kunst der Weimarischen Schauspieler fortgeschritten und der Geschmack des Publikums verfeinert war. Dazwischen stellt sich aber auch contrastirend ein Stück von derber Kost „der Spieler" von Iffland.

Am 24. September 1806 wurde das Schauspiel „Neue und Ersatz" in vier Akten von Vogel aufgeführt, das eine Zeit‑ lang auf dem Repertorium blieb. Es hat einen raschen Gang mit einer drolligen Intrigue und vielem Humor, ent‑ zückt und rührt abwechselnd. Die Rolle des Buchhalters Fest spielte als Gast Carl Reinhold und gefiel sehr, vorher den 17. September hatte er bereits als Graf Bal‑ ken in der Schachmaschine zur Zufriedenheit gastirt[1]).

Am 2. Februar 1807 Eugenie, Schauspiel in fünf Ak‑ ten, nach Beaumarchais, von Vulpius. Eugenie, die Toch‑ ter eines Landedelmanns, wird von dem Lord und künftigen Herzog von Clarendon geliebt und durch eine falsche Ehe, die statt des Priesters einer von den Domestiken vollzieht,

---

[1]) Der gute Erfolg in beiden Rollen brachte ihm Engagement am Weimarischen Theater auf ein Jahr, vom 7. September 1806 bis Mi‑ chaelis 1807. Reinholds Fächer waren zärtliche und launige Alte, auch alte Chevaliers im Schauspiel, in der Oper machte er sich nur zu un‑ tergeordneten Baß‑Partien verbindlich. Ihm wurde bei seiner Anstel‑ lung gesagt, daß er erst nach und nach in bedeutende Rollen eintreten könne, denn gegenwärtig würden ernsthafte Alte von Graff, gutmüthige und launige von Malkolmi, komische von Becker gespielt. Er war an verschiedenen bekannten Theatern angestellt gewesen, zuletzt ununter‑ brochen 8 Jahre an dem Schleswiger Hoftheater als Regisseur, und zeichnete sich aus als guter Charakterdarsteller und routinirter Schau‑

getäuscht und verführt. Der Lord denkt nicht daran, Eugeni,
als seine Gemahlin anzuerkennen, ist vielmehr im Begriffe
sich mit einer vornehmen, reichen Erbin zu vermählen. Allerlei Verwickelungen und effektvolle rührende Scenen entstehen. Der Betrug wird zufällig entdeckt. Eugeniens
Tante, Vater und Bruder sind dabei thätig. Ein Duell
erfolgt; Eugenie fällt in Ohnmacht und ist dem Sterben
nahe; der Lord geht endlich in sich, bittet Eugenien seine
Hand anzunehmen und erhält nach einigem Zögern von Allen Verzeihung.

Man fühlte bei der ersten Aufführung, daß dieses rührende Schauspiel ins Tragische gewendet sich besser ausnehmen würde. Dann hätte das betrogene Mädchen groß da-
gestanden und der Lord nicht eine so erbärmliche Rolle
gespielt, der, um zur Versöhnung zu führen, in sich gehen,
Gewissensbisse verspüren und Eugenien endlich lieben muß,
ob er sie gleich vorher der Schande preisgeben wollte. Auch
Eugeniens Vater und Bruder würden gegen das Ende hin
nicht so unbedeutend erscheinen und gelassen zusehen, wie es

---

spieler, der zugleich bedeutende theatralische und musikalische Kenntnisse
besaß. Seine Frau Caroline Reinhold, die erste Partien in der Oper
und zwar fertig und richtig sang, im Schauspiel das Fach der tragischen
und muntern Liebhaberinnen zu besorgen sich verbindlich machte, wurde
zugleich mit engagirt, doch mit dem Bemerken, daß in den Opern bisher die vorzüglichen Rollen durch die Demois. Jagemann und Ambrosch
besetzt seien, aber bei neuen Austheilungen solle es ihr auch an dergleichen nicht fehlen. Caroline Reinhold hatte den 10. September in der
Müllerin die Rolle des Röschen als Gastrolle und am 13. die der
Astasia in Tarare ebenfalls als Gastrolle gespielt und in beiden sich zum
Besten empfohlen.

mit der Tochter und Schwester ablaufen werde. Uebrigens rühmte man, der Dialog sei fein und präcis, oft genau treffend, doch bisweilen zu sententiös und beinahe geziert; billigte aber keineswegs den Einfall des Dichters, den Vorhang in den Zwischenakten gar nicht fallen, statt dessen eine leere Pantomime durch Bediente, die allerlei Geschäfte besorgen, ausführen zu lassen. Das Stück wurde nur noch einmal gegeben.

Einen hohen Genuß dagegen gewährte am 16. Februar 1807 Torquato Tasso in fünf Aufzügen von Goethe. Längst im Stillen von den Schauspielern eingelernt, und mit Eifer und dauerndem Bemühen vorbereitet, wurde dieses Schauspiel zur Geburtstagsfeier der abwesenden Frau Großfürstin Maria Paulowna gegeben und war ein erhabenes Festspiel für alle, die durch ein feines und tiefes Studium damit schon innigst vertraut waren, wirkte mit stiller Macht auf die, welche es nur oberflächlich oder gar nicht kannten, und Goethe, der immer gezweifelt hatte, ob das Stück wegen Mangels an äußerer und rascher Bewegung, an eigentlichem dramatischen Leben aufgeführt werden und von der Bühne herab gefallen könne, war jetzt anderer Meinung und freute sich dem liebevollen, anhaltenden Drängen der Schauspieler nachgegeben und durch eine würdige Kunstleistung die Feier des Tages verherrlicht zu haben.

Gleich die erste Scene, in welcher sich die Prinzessin und ihre Freundin in dem Garten von Belriguardo unterhalten, und jede ihre Gefühle, Neigungen und Ansichten mit der größten Feinheit und Zartheit und mit allem Zauber der

Sprache entwickelt, erregte die größte Spannung und Aufmerksamkeit und führte auf das Erscheinen des Dichters hin, der im Reiche der Ideen sein Glück und Unglück findet. Man bewunderte die Fülle poetischer Schönheit, die tiefe Erfahrung, die individuelle Kenntniß des menschlichen Herzens, die durch das Stück herrscht; man war besonders angezogen von der Scene zwischen Tasso und der Prinzessin im zweiten Akte, dann von der Duellscene, wie überall, wo der Affekt sich immer mit Würde, die Leidenschaft sich nie ohne Anmuth äußert; dagegen war man besorgt um Tasso, als die Gluth seiner Liebe sich steigert und er, sich selbst vergessend, die Prinzessin in seine Arme preßt. Aber entzückend wirkten Stellen, wie: „Wenns Männer gäbe, die ein weiblich Herz zu schätzen wüßten" u. s. w., „Wohl ist sie schön die Welt" u. s. w., und die vielen goldenen Sprüche, die in der edelsten Dichtersprache und in der reinsten Musik der Worte dahinfließen; selbst der Schluß des Stücks, der immer für die Bühne unbefriedigend zu sein schien, genügte und jeder verließ das Theater in froher Stimmung.

Goethe hatte zugleich bei dieser Aufführung des Tasso die zarte Rücksicht genommen und anstatt der Hermen Ariosts und Virgils, die den Gartenplatz von Belriguardo zieren sollen, die Büsten Wielands und Schillers aufstellen lassen. Als Antonio nun seine Schilderung vom Meister Ludwig begann, da richteten sich unwillkührlich alle Blicke nach der Loge, in welcher Wieland saß, und Jedermann freute sich seines geehrten Alters.

Ueber den Erfolg der Vorstellung schreibt Goethe den

25. Februar 1807 an seinen Freund Knebel: „Die Vorstellung von Tasso hat einen sehr guten Eindruck gemacht, einen bessern als ich erwarten konnte. Vielleicht haben Dir die Frauenzimmer davon geschrieben." Und Knebel schreibt den 27. Februar zurück: „Deinen Tasso hätte ich gern mögen aufführen sehen. Es ist ein wunderbares Stück und verlangt große Kunst der Sprache und Vorstellung." Diese hatten die Schauspieler, die es unternahmen das Stück zuerst auf die Bühne zu bringen und sich zuerst Bahn brechen mußten. Wolff wird gerühmt[1]) als Torquato Tasso wegen seines trefflichen, reiflich durchdachten und fast immer in dem richtigen Maße seines Charakters gehaltenen, zart nüancirten Spieles. Den Herzog spielte Oels mit Würde und edler schöner Haltung. Auch Becker erwarb sich in der Rolle des Antonio verdienten Beifall. Vielleicht hätte er, bemerkte man, als kluger geschmeidiger Hofmann manches ein wenig leichter behandeln, feiner nüanciren sollen. Demoiselle Silie als Prinzessin that zwar was sie vermochte, aber sie ließ unter allen am meisten zu wünschen übrig. Mehr ruhige Milde, das wünschte man, weniger Gestikulation mit den Armen und weniger schmelzende Zärtlichkeit in der Modulation ihrer Stimme würden ihrem Spiele im Ganzen zuträglich gewesen seyn. Mad. Wolff als Leonore Sanvitale gab ihre Rolle mit gefälliger Anmuth und mit der schönen Haltung, die man an dieser braven Künstlerin zu sehen gewohnt war. Alle, sagt der Berichterstatter der ersten Aufführung,

---

[1]) S. Morgenblatt 1807. S. 252.

hatten ihre Rollen gut gelernt; und da auf der Weimarischen
Bühne der kunstmäßige Vortrag des Verses besonders beach=
tet wird, so war auch in dieser Hinsicht die Aufführung des
Tasso sehr befriedigend, oder vielmehr sie ward nur durch
den richtigen und schönen Vortrag der Verse möglich, welche
freilich in diesem Meisterwerke der Goethe'schen Muse ganz
besonders wohllautend und fließend sind. Jeder sinnvolle
Vers ward sinnvoll und in schönem Ebenmaße vorgetragen,
alles Hervorragende gehörig geltend gemacht, und selbst in
den leidenschaftlichen Scenen ging von den einzelnen Schön=
heiten nichts für den Hörer verloren, so daß das Gemüth
des Zuschauers ohne Störung dem reinen Strome der Har=
monie folgen konnte, die sein Inneres bewegte.

Die zweite Aufführung am 21. März, kurz vor Ostern,
brachte Manches in größerer Vollkommenheit, wie denn
Demois. Silie vieles glücklicher traf, als bei der ersten.

Am 4. Mai 1807, der Hahnenschlag. Schauspiel in
einem Akt, von Kotzebue. Dieses kleine Stück wirkte durch
Natur und Innigkeit, sowie durch die gereimten Verse,
welche Leben und Munterkeit befördern. Eine Hauptrolle
ist der Bauernknabe Fritz, welchen Mad. Becker, geborne Am=
brosch, gab. Das Stück fand Beifall.

Zwei neue Opern brachte dieses Jahr zu den alten,
die in ausgesuchter Zahl auf dem Repertorium standen.
Am 31. Januar 1807 Faniska in drei Akten, von Sonnen=
leithner, mit Musik von Cherubini, zur Feier des Geburts=
tags der Herzogin Luise. Diese Oper gehört zu den soge=
nannten Pein= und Qualopern, in denen Gewölbe, Kerker

und Zufall eine Hauptrolle spielen und alles auf den gröbsten sinnlichsten Effekt berechnet ist. Ihr stellen sich Holbeins Produktionen wie Fridolin, Ida und der Tyrann von Syrakus als Ausgeburten eines verdorbenen Geschmacks an die Seite. Die Handlung der Oper ist ziemlich verwickelt, aber gut durchgeführt. Was die Musik betrifft, so gewährt sie, nach dem Ausspruch der Kenner, einen hohen Genuß; sie ist ebenso großartig und energisch und von wohlklingender Harmonie als die der Lodoiska, nur muß sie öfters gehört werden, um ihre Schönheiten zu fassen. Cherubini hatte sie für das Wiener Hoftheater componirt und zwar, da er des Deutschen unkundig war, nach einem italienischen Text, der erst nachher von Sonnenleithner übersetzt wurde. Dadurch sind manche Unebenheiten in dem Versbau und den gereimten Worten entstanden. Die Oper blieb lange Zeit auf dem Repertoir.

Am 30. März Helene in drei Akten, nach dem Französischen des Bouilly frei übersetzt von Treitschke, mit Musik von Mehül. Sujet und Musik dieser Oper erinnern an Cherubinis beliebten Wasserträger, sie hatte aber wenig Erfolg. Die Musik hat zwar neben einigen Alltäglichkeiten, die sich gleich in der Ouvertüre zeigen, manches Liebliche, aber die Entwickelung des Stücks ist matt und mangelhaft. Helene, die Hauptperson des Stücks, muß mit ihrem Gemahl Constantin, Grafen von Arles, und ihrem Kinde Adolph fliehen, weil der Verdacht auf ihnen ruht, den letzten Grafen von Arles ermordet zu haben. In der Verkleidung eines Hirten, mit Namen Jacob, wird sie mit ihrem Sohne, den sie unter dem Namen Paul für ein gefundenes Kind ausgiebt, von einem reichen Pachter Moritz, ohne sie weiter zu kennen, wohlwollend aufgenommen, später auch ihr Gemahl als verkleideter Schnitter. Die Tochter des Pachters Anna verliebt sich in den Hirten Jakob, worüber ihr Bräutigam Bastian, ein junger Bauer, eifersüchtig wird und dadurch zu drolligen Scenen Veranlassung giebt. Unterdessen wird der Gouverneur des Bezirks auf die Fremden aufmerksam und läßt sie vor sich fordern. Jetzt entdecken sich die Flüchtigen ihrem Beschützer Moritz, der sich ihrer auch in dieser Lage redlich annimmt. Der Gouverneur schickt die Bedrängten zu Edmund, dem erwählten Grafen von Arles, und von diesem selbst wird ihre Unschuld, aber auf eine, dem Zuschauer nicht völlig genügende Art, entdeckt. Die Helene gab Demois. Jagemann, Stromeyer ihren Gemahl Constantin, den reichen Pachter Moritz spielte Dirzka, seine Tochter Anna Mad. Reinhold.

Leipzig, Lauchstedt, Leipzig.

In diesem Jahr ging die Weimarische Gesellschaft nach Leipzig und zwar schon im Monat Mai. Sie bedurfte einer Erhebung und Anerkennung, da in Weimar nach den Kriegsstürmen die rechte Theaterlust noch nicht zurückgekehrt war. Lauchstedt, ihre gewöhnliche Theaterstätte für den Sommer, sollte von Leipzig aus besucht werden, wenn sich dort bei den traurigen Zeitumständen Badegäste eingefunden hätten; denn auch von Halle, wo die Universität gestört war, und auch aus der Umgegend ließ sich nicht viel Besuch erwarten. Leipzig sollte daher Ersatz bieten und Goethe, der sich immer umsah, wo etwa außer Lauchstedt die Weimarische Gesellschaft spielen könnte, hatte die ihm liebe Stadt ohne Bedenken gewählt, als von hier aus eine freundliche Aufnahme verheißen wurde. Hier war nicht blos ein theaterliebendes Publikum, das Unterhaltung suchte, sondern auch ein Kreis von Männern beisammen, deren geläuterter Geschmack und Kunstsinn Höheres verlangte, als ihnen die Bühne der Brüder Sekonda Winter und Sommer bieten konnte. Ihre Gesellschaft, wenn auch in einzelnen Mitgliedern von gutem Bestand, im Ganzen von geringen oder mittelmäßigen Kräften, war in einem argen Materialismus befangen, ihr Repertorium meist auf den Kasseertrag berechnet; namentlich hatte sie bei ihrer letzten Anwesenheit nicht die beste Auswahl der Stücke getroffen und für diesen Sommer es vorgezogen, lieber in Dresden zu bleiben als nach Leipzig zu gehen, was gegen alles Herkommen war. Deshalb trat nun die Weimarische Gesellschaft ein, wohlausgestattet mit einem Repertorium, das, wie Goethe in den Tag- und Jahresheften 1807 sagt, vielleicht das bedeutendste sei, was die Weimarische Bühne, wie nicht leicht eine andere, in so kurzer Zeit gedrängt aufzuweisen habe[1]). Stücke aller Art, von ganz verschiedenem Styl und Inhalt, erschienen, alles Vortreffliche und Schöne, was

---

[1]) Professor Dr. Schade führt in den werthvollen Weimarischen Didaskalien S. 104 Anm. das Repertorium dieser Sommervorstellungen des Jahres 1807 nach den Theaterzetteln genau an, verlegt sie aber nach Halle und Lauchstedt, obwohl sie in ersterer Stadt damals im Jahre 1807 wegen der Zeitereignisse nicht gehalten werden konnten. Freilich ist in den Jahresheften Goethes durch einen Gedächtnißfehler **Halle** statt **Leipzig** genannt worden.

Der Vers im Drama.

in der dramatischen Kunst in Weimar zuletzt erreicht war, fand sich zusammen, selbst die kühnsten Versuche das Denkbare und Mögliche zu erproben, sollten erneuert werden, und wenn Unbedeutendes neben Bedeutendem sich eingemischt zu haben scheint, so ist das bei näherer Betrachtung nicht der Fall und in einer bestimmten Rücksicht geschehen. Interessant wäre es, alle die Bezüge und Gesichtspunkte zu kennen, unter denen die Anordnung und Zusammenstellung des Repertoriums vor sich ging. Eine Hauptrücksicht war, Stücke von poetischem Werth und höherem Schwung zu produciren, wie sie in Leipzig nicht gewöhnlich waren, besonders Versstücke. Und durch die Aufführung solcher Meisterstücke sollte der immer mehr um sich greifenden Flachheit, Willkühr und Bedeutungslosigkeit dramatischer Unterhaltung, wie sie in Leipzig schon lange bestand, auf der Bühne gesteuert werden. Daher freute sich die Weimarische Schauspielergesellschaft, vor einem Publikum auftreten zu können, von dem ein großer Theil nach Poesie verlangte, und die ideale Richtung ihrer Darstellungsweise kennen lernen wollte. Die Gesellschaft bestand hier die Feuerprobe und wurde anerkannt als eine, mit der eine neue Epoche für die deutsche Schauspielkunst begann.

Am 24. Mai begannen die Vorstellungen mit Schillers Don Carlos, dem ein gedankenreicher Prolog, von Goethe auf den Wunsch des Hofraths Rochlitz gedichtet und von Mad. Wolff vortrefflich gesprochen, voranging. In diesem gedenkt die Rednerin zuerst der drangvollen Zeit, in welcher die Weimarische Hofschauspieler-Gesellschaft gleich einem von

den Wellen umher getriebenen Schiffe hieher geführt worden
sei, wendet sich dann an die Leipziger Gönner des Weimari=
schen Theaters und bittet alle Bewohner der Stadt um
gleiche Gunst, indem sie hinzufügt, sie möchten hauptsächlich
auf ihr Wollen sehen, wenn auch das Vollbringen nicht im=
mer alles leiste, und überzeugt sein, daß ein redliches Stre=
ben nach Fortbildung und Belehrung die Gesellschaft beseele.
Sie sagt im dritten Abschnitt des Prologs:

> Und wie man überhaupt das Wollen schätzt,
> Wenn das Vollbringen auch nicht alles leistet;
> So haben wir ein Recht an Eure Gunst:
> Denn Keiner ist von uns, der sich vollendet,
> Der sein Talent für abgeschlossen hielte:
> Ja Keiner ist, der nicht mit jedem Tage
> Die Kunst mehr zu gewinnen, sich zu bilden,
> Was unsre Zeit und was ihr Geist verlangt,
> Sich klärer zu vergegenwärtigen strebte.
> Drum schenkt uns freien Beifall, wo's gelingt,
> Und fördert unser Streben durch Belehrung.

Die Rednerin sprach dies und was noch folgt mit be=
klommenem Herzen, aber mit einem solchen Anstande, als
man ihn lange bei solchen Veranlassungen nicht gesehen hatte.
Eine seltene Stille war in dem gedrängt vollen Hause und
alle Herzen waren gewonnen.

Was die auf den Prolog folgende Vorstellung des Don
Carlos betrifft, dieser war 1787 zum ersten Male in Leip=
zig und seitdem öfters, aber immer gegen Sinn und Würde
des Stücks nach der prosaischen Bearbeitung und mit man=
chen störenden Veränderungen aufgeführt worden, jetzt kam
er in Versen vollständig und in der Pracht und Fülle der
poetischen Sprache zur Darstellung und fand durch den Eifer

der Spielenden allgemeinen und ausgezeichneten Beifall.
Es war nämlich nicht ohne Bedeutung, mit der Dichtung
die Vorstellungen zu beginnen, welche durch die Wiederauf=
nahme des Jambus eine neue Epoche für das deutsche Drama
ankündigte. Zugleich sollten die Weimarischen Schauspieler
bemerkbar machen, worauf sie in ihrer Spielweise ein beson=
deres Gewicht legten. Dieselbe Intention tritt bei der gleich
am 28. Mai folgenden Aufführung der Mitschuldigen von
Goethe hervor, die ebenfalls schon in Leipzig aufgeführt,
aber nur nach der von Dr. Albrecht vorgenommenen Um=
wandlung in Prosa und unter dem Titel: „Alle strafbar"
gesehen worden waren. Und so folgen in den ersten Vor=
stellungen bis auf einzelne dazwischen gestellte Opern lauter
Versstücke hintereinander, in denen die Gesellschaft ihre
Stärke und zwar den neuen Aufschwung ihrer Kunst zeigen
wollte.

Außer Don Carlos, der später noch einmal wiederholt
wurde, kamen von Schillers Dramen Maria Stuart, die
Jungfrau von Orleans, Wallensteins Lager und dieses zwei=
mal zur Aufführung. Das Publikum bemerkte freudig, wie
der große Geist auf diesen Vorstellungen ruhte, namentlich
auf der des Lagers, das man noch nicht in dieser Vollendung
gesehen hatte. Daß unter den Schillerschen Stücken Wil=
helm Tell, die Braut von Messina und Phädra fehlten,
hatte seinen Grund wohl darin, daß Haide nach Wien ge=
gangen war, der in jedem dieser Stücke eine Hauptrolle
hatte, und namentlich für die Darstellung des Tell ver=
mißt wurde.

War manches französische Drama, um Schauspieler und Publikum mit dem französischen Kothurn bekannt zu machen, in Weimar auf die Bühne gebracht worden, so sollte von dieser höhern Gattung in Leipzig wenigstens ein Stück an die Reihe kommen. Rodogüne nach Corneille von Bode war das erwählte; die Handlung des Stücks ist abenteuerlich und von dem Bearbeiter ins Romanhafte gesteigert, aber reich an ergreifenden Scenen. Von Shakespeare kam kein Drama zur Darstellung, so gern Goethe auch Geister aus allen Zeiten und Völkern mit ihren Produkten auftreten ließ.

Am meisten begehrte das Publikum Dramen von Goethe selbst zu sehen, die entweder wenig oder noch gar nicht in Leipzig gesehen worden waren. Die Feinheit, Einfachheit und edle Natur derselben, sowie der Zauber der Diktion hatte viele Leser angezogen und nun wollte man das Geistige und Zarte derselben auch zur äußern Erscheinung gebracht sehen. Mit stillem Entzücken sah man Iphigenie auf Tauris dreimal, Torquato Tasso und Stella zweimal, auch gefiel die Natürliche Tochter und Egmont, der auf vieles Begehren wiederholt wurde; Götz von Berlichingen, der alle Räume des Theaters gefüllt hatte, sprach in den vier ersten Akten an, weniger in dem letzten, doch bewunderte man die neue Ordnung des an sich so zerstückelten Ganzen und die gute Durchführung des Einzelnen. Andere Stücke Goethes, die zur Aufführung kamen, waren die schon genannten Mitschuldigen, die noch einmal wiederholt wurden, die Laune des Verliebten und das Singspiel Jery und Bätely, lauter Stücke, die durch die Frische der Handlung, durch das Feine und Natürliche der Charaktere, besonders auch durch die den Schauspielern dargebotene Gelegenheit, ihre Kunst im Recitiren der verschiedenen Verse zu zeigen, anzogen und eine sanfte Freude über das Publikum verbreiteten. Zu diesen feinen Stücken stimmten andere Versstücke, meist verwandten Geistes und leichten Sinnes, wie Ernst und Scherz von Stoll, das Räthsel von Contessa und an diese nicht unwürdig sich anschließend die Beichte oder das Geständniß von Kotzebue. Der Hahnenschlag desselben Verfassers, ebenfalls eine niedliche Kleinigkeit in Versen, gab ein angenehmes Bild aus dem Kreise des ländlichen Lebens. Daß ein Stück mit Masken, wie die Brüder des Terenz, nicht fehlen würde, ließ sich wohl annehmen, die Brüder wurden am 6. Juni in Leipzig gegeben, gefielen aber nicht so, wie früher in Lauchstedt den Hallensern, den Studenten und Professoren.

Außerdem auch Lustspiele, wie die beiden Klingsberge von Kotzebue, die schon oft in Leipzig gespielt worden waren. Man hatte gezweifelt, ob die Weimarische Gesellschaft auch komische Stücke dieser Art geben könne. Der Erfolg zeigte, daß sie dieses wohl verstand. Ja manche von den in Leipzig oft gesehenen Stücken wurden producirt, um die Auffassung und harmonische Durchführung derselben, auch wohl die Darstellung einzelner Rollen zu zeigen. Dies war der Fall mit den Jägern von Iffland, in welchen die Oberförsterin eine Glanzrolle der Mad. Beck war, und in dem Rochlitzschen Lustspiele „Es ist die Rechte nicht", was zweimal gegeben, durch das ausgezeichnete Spiel Beckers in der Rolle des Timotheus ungemein gefiel. „Die Höhen" von Iffland, welches Stück die Gesellschaft in Manuscript als Neuigkeit nach Leipzig brachte, an sich aber keinen besondern Werth hat, gaben den Schauspielern vielfache Gelegenheit, sich zu zeigen, z. B. in den Rollen des Domherrn von Wellar, des Bürgermeisters Lüders, des Sekretärs und des mit diesem contrastirenden Raths, des Präsidenten von Leerfeld, des Fräulein von Lehning, der Präsidentin von Wienthal, des Hauptmanns von Bragen. Hier kam es darauf an, die Charaktere, welche die Einzelnen darzustellen haben, zu individualisiren und vor den Augen der Zuschauer zu entfalten; den meisten gelang es. Ebenso waren die drei Gefangenen von Alex. Wolff geeignet für die Schauspieler, ihre Kunst an den Tag zu legen; es gefiel auch als französisches Intriguenstück. Nur die Wette nach dem Französischen, ein schon altes Stück, das erst vor Kurzem in Weimar auf die Bühne gekommen war, wollte nicht ansprechen; es wurde nur eingeschoben, weil die angesetzte Oper der Wasserträger plötzlich abgesagt wurde. Dagegen bewährten sich die beiden alten Lustspiele „Liebhaber und Nebenbuhler in einer Person" von Ziegler und „der schwarze Mann" von Gotter, die Goethe wegen ihrer wahrhaft komischen Scenen sehr schätzte, besonders das letztere, in welchem das Komische aus der Tiefe geschöpft und phantasieerregend ist.

Die Oper, so trefflich sie auch in Weimar war, da sie einige ausgezeichnete Sänger und Sängerinnen hatte, und die Absicht anfänglich dahin ging, durch die Oper Ehre und guten Ertrag zu erreichen, war doch nicht das Feld, auf welchem die Weimarische Gesellschaft den Aufschwung ihrer

Kunst und ihr Uebergewicht über andere Gesellschaften zeigen konnte. Vor Kurzem erst hatte die Fürstlich Dessauische Gesellschaft treffliche Opernvorstellungen in Leipzig gegeben und diese Stadt erfreut. Aber die Oper mußte hier schon deshalb liebevolle Berücksichtigung finden, weil Musik und Gesang ein Lieblingsgenuß der Leipziger war: weshalb auch diese Vorstellungen meistens auf den Sonntag gelegt wurden. Die Gesellschaft gab daher Opern und Singspiele, die besten, die sie eben hatte, wie Camilla, Fanchon, Titus, die Zauberflöte, jede von diesen zweimal, einmal den Gefangenen, Don Juan, das unterbrochene Opferfest, Oberon, Faniska, Adolph und Clara, „Je toller je besser", und drei zum Erstenmal in Leipzig, Palmira, den Schatzgräber und Jery und Bätely. Der Wasserträger, diese allerliebste Oper, ward zweimal angesetzt, kam aber beidemal nicht zur Aufführung, das letztemal nicht am 16. August, da statt dessen das Publikum die Wiederholung des Egmont stürmisch verlangt hatte.

Nachdem die Gesellschaft vom 24. Mai bis zum 5. Juli an 25 Abenden in Leipzig gespielt hatte, begann sie die gewöhnlichen Sommervorstellungen in Lauchstedt den Sonntag am 5. Juli durch einen Theil der Gesellschaft mit Torquato Tasso, während an demselben Tage ein anderer Theil in Leipzig das Singspiel „Je toller je besser" aufführte. Nur wenige waren in diesem Sommer in Lauchstedt, welche Sinn für das Schöne und für wahre Kunst hatten, doch wurden aus dem Kreis des höhern Dramas außer Torquato Tasso Don Carlos, Stella, Maria Stuart gegeben, dann von Opern die komischen: die bestrafte Eifersucht, „Je toller je beſſer", der Dorfbarbier, Jery und Bätely, ferner die bedeutenden, wie Faniska zum Erstenmal, dann Don Juan, Camilla, Titus, außerdem Luſtſpiele, die vor Kurzem in Weimar geſehen, hier als Neuigkeit aufgeführt werden konnten, wie die Erben, der Pfandbrief, die Organe des Gehirns, die Wette, Reue und Erſatz, und einige ältere, wie Wallenſteins Lager, Es iſt die Rechte nicht, das Räthſel. Auch wurde ein neues Luſtſpiel Herr Temperlein in einem Akt nach dem Franzöſiſchen hier eingeſpielt, was in Weimar erſt geſehen werden ſollte. An 16 Abenden ſpielte die Geſellſchaft in Lauchſtedt, vom 5. Juli bis zum 2. Auguſt und kehrte dann nach Leipzig zurück, wo ſie vom 4. bis zum 31. Auguſt an 18 Abenden ſpielte, zuſammen an 43 Abenden. Sie gab während der zwei Beſuche 52 Stücke, bei dem erſten Beſuch 32, bei dem zweiten 20, unter dieſen 14 neue, d. h. in Leipzig noch nicht geſehene und unter dieſen 9 von Goethe. Als am 31. Auguſt die Vorſtellungen mit einem Goetheſchen Stück, mit der Iphigenie auf Tauris geſchloſſen wurden, wie ſie mit einem Schillerſchen begonnen hatten, beklagte es das Leipziger Publikum, daß die ſchöne Zeit vorüber war, in der denkende Künſtler ächte Dichterwerke vortrugen und die Geſellſchaft ſchied mit gehobener Stimmung und dankbarem Herzen. Das Publikum hatte erkannt, daß über dem Kunſtweſen der Weimariſchen Geſellſchaft ein großer Verſtand und tiefe Bildung mächtig walte, und wünſchte, daß auch auf der Leipziger Bühne ein höherer Kunſtſinn und beßrer Geſchmack künftig herrſchen möge. Mit einem von Mahlmann gedichteten Epilog nahm Mad.

Wolff Abschied von dem Leipziger Publikum. Dieser Epilog mag hier vollständig mitgetheilt werden, weil er weniger zugänglich ist als der Goethesche Prolog. Die Rednerin sprach

> Es ist die Kunst, die freundlich uns der kalten
> Verhängnißvollen Gegenwart entrückt!
> Mit holdem Spiel, mit himmlischen Gestalten
> Die Wirklichkeit des ernsten Lebens schmückt!
> Wo ihre Töne wehn, wo ihre Zauber walten,
> Da fühlt das Herz sich frei, die Sehnsucht sich beglückt!
> Und Tempel steigen auf, wo ew'ge Götter wohnen,
> Und Paradiese blühn, die Liebe zu belohnen!
>
> * * *
>
> Was Hohes je des Menschen Geist gedacht,
> Was Göttliches die Brust von Staub erhoben,
> Was Großes je gesehn der Sonne Pracht,
> Was alle Zeiten, alle Völker loben, —
> Das ist in ihrem Tempel dargebracht,
> Das ist auf ihrem Altar aufgehoben,
> Und treu bewahret sie das Köstlichste der Zeit,
> Und jeden Lorbeer der Unsterblichkeit!
>
> * * *
>
> Mit Blumenkränzen hält sie all' umwunden,
> Bereitet manches stille Fest,
> Und tröstet in des Abschieds trüben Stunden,
> Wo Freund den theuren Freund verläßt! —
> Wenn auch entfernt, sie bleiben doch verbunden,
> Das Schöne eint, das Gute bindet fest —
> Und was bereint der Schönheit Reiz ermessen,
> Das kann sich nie verlieren — nie vergessen!
>
> * * *
>
> Darf ich das hoffen? dürfen wir das hoffen,
> Die wir zum letztenmal hier vor Euch stehn?
> Zum letztenmal ist dieses Haus uns offen,
> Wo wir der Kenner Kreis vereint um uns gesehn,

Und edles Mitgefühl in jeder Brust getroffen! —
Wenn unser Fleiß, wenn unser ernstes Streben
Nicht Eures Beifalls gänzlich unwerth war, —
Euch danken wir's! Ihr habt uns Muth gegeben,
Mit Nachsicht nahmt Ihr unsre Fehler wahr,
Und mehr auf das, was hohe Kunst gedichtet,
Als wie auf uns, war Euer Blick gerichtet.

* * *

Ihr saht die Dichterglut in Tasso's großem Herzen,
Die zarte Lieb' in Leonorens Brust,
Der armen Stella tödtlich tiefe Schmerzen,
Des edlen Egmonts viel beweinten Tod, —
Der Freiheit weckt und noch in späten Zeiten
Des Nachruhms Lorbeer glänzend ihm erwirbt, —
Und Klärchens Treue, die im tiefsten Leiden
Mit dem Geliebten muthig stirbt!

* * *

Ihr freutet Euch der Einfalt alter Sitte
Zur Zeit des Götz mit seiner Eisenhand,
Wo rauh und fest in unsrer Väter Mitte
Noch deutsche Redlichkeit und deutsche Freiheit stand!
Und Iphigenie, die auf fremden Fluren
Ein streng Geschick gefangen hält,
Trug Euch zur Blütezeit der herrlichsten Naturen,
Zur ewig heitern Griechenwelt!

* * *

Nicht uns und unserm Fleiß ist es geglückt, —
Das Herrliche hat Euch, das Große nur entzückt! —
Uns war es Lust, vor diesen Kreis zu treten,
Wo jede Brust Gefühl für Kunst und Schönheit trug,
Wo jedes edle Wort an alle Herzen schlug,
Und jeder zarte Sinn vollkommen Anklang fand! —

* * *

Die Zeit ist hin! — Ach wie sie schnell verschwand!
Wer von uns wünschte nicht, daß sie noch länger bliebe?
Nehmt unsern wärmsten Dank — und gönnt uns Eure Liebe!

Groß war der Jubel der Gesellschaft über das gelungene Werk in der Ferne, groß die Freude, daß sie so zufriedenstellend die Feuerprobe vor dem gebildeten Leipzig bestanden hatte und kehrte in den ersten Tagen des Septembers in die Heimath mit neuem Muthe zurück. Goethe[1]) sprach später gegen Rochlitz seine Freude darüber aus, daß das theatralische Unternehmen glücklich vollendet und mit Ehre und Vortheil belohnt worden sei.

Daß aber die Weimarischen Schauspieler einen solchen Erfolg in Leipzig haben und die allgemeine Achtung und Liebe der Bewohner dieser Stadt mit sich nehmen würden, ließ sich wohl erwarten. Sie bildeten eine Gesellschaft, meist aus rüstigen, talentvollen jungen Leuten bestehend, welche mit gemeinschaftlichem Streben auf die Förderung des Schönen gerichtet, mit bewundernswerther Ausdauer in ihrer Ausbildung, in ihren Leistungen immer fortzuschreiten sich zur Aufgabe machten und deutlich zeigten, was ernstes Wollen und einsichtsvolle, zweckmäßige Leitung vermochten. Sie faßten unter Goethes und Schillers Augen die neuere poetische Richtung wohl auf und förderten sie, erfaßten mit Hilfe der Leseproben den Sinn eines poetischen Werkes, drangen in das Innere desselben tief ein und suchten das frische, höhere Leben, was darin waltet, in ihrer Darstellung wiederzugeben, dabei immer auf die Schönheit des Einklangs achtend. Denn mochte sich ihr Spiel in einer höhern oder niedern Sphäre

---

[1]) S. Viehofs dritten Th. S. 136.

bewegen, so war ihnen stets die Harmonie des Zusammenspiels eine Hauptsache.

Um diese zu erhalten, hielt Goethe sorgfältig jeden fremden Ton, jede abweichende Manier von seiner Gesellschaft fern, hauptsächlich jede überschwengliche Kraft, weil sie mit ihrer eitlen Grenzenlosigkeit in seinen Verein nicht paßte, der seine festen Grundregeln hatte, die Willkühr ausschloß und Maß und Beschränkung gut hieß. Daher wehrte er auch, wenn es in seiner Macht stand, solche Gastspieler ab, welche als Zugvögel kamen und giengen und sein schönes Ensemble störten; wohl aber waren ihm bewährte Künstler von Zeit zu Zeit als Gäste willkommen, wenn durch sie eine reinere Ansicht und wärmere Liebe für die Kunst geweckt und verbreitet, sowie die heitere Aussicht des Besserwerdens gesichert wurde. Nur der Ton galt als der gute, wo die Kunst das Höchste ist und diesen Ton bewahrte die Weimarische Gesellschaft und trug Beifall davon.

Der wackere St. Schütze, der eine Zeitlang das Spiel der Weimarischen Bühne beobachtet hatte, giebt im Jahr 1808 drei Eigenschaften von ihr an, welche sie vor den meisten übrigen kenntlich machen. Diese bestehen, sagt der Aesthetiker, in der Natürlichkeit, in dem Spiel der Mäßigung und in der symbolischen Anordnung, und diese Dreiheit schließe den Begriff der Idealität und Schönheit in sich. Die Natürlichkeit vermeide besonders zwei Fehler, die Geziertheit und das unnöthige Wichtigthun. Von diesen Fehlern sei die Weimarische Bühne (bis auf wenige Anfänger) so völlig frei, daß der Schauspieler, der hier mit solchen

Manieren auftreten wollte, Gefahr liefe, auf der Stelle ausgelacht zu werden. Es sei dieß nicht blos Ton des Theaters, sondern der ganzen Stadt, wo kein Fehler mehr gehaßt und weniger geduldet werde, als Affektation. Das Spiel der Mäßigung habe seinen Grund in der Natur selbst, aber in derjenigen, die vollkommner und vollendeter sei, als die rohe Wirklichkeit. Sie beruhe auf Fassung, auf Würde, auf der selbst im höchsten Affekt noch möglichen Besonnenheit einer kraftvollen edlen Seele, und führe zu jener wohlgefälligen Harmonie, die in der Kunst geistvolle Schönheit und der höchste Zweck der Kunstbestrebungen sei. Sie setze auch bei den Zuschauern eine Art von Vollendung, wenigstens mehr als gewöhnliche Bildung voraus. Auf andern Theatern gebe man mehr Pathos als Erhebung; man hantiere mehr und eine heftige oder sentimentale Declamation sei die Hauptsache.

Von dieser Seite läßt sich der Vorwurf der Kälte, welchen man den Weimarischen Schauspielern macht, betrachten. Man kann fragen, ist Mäßigung oder Ruhe, mit der sie sich beherrschten, und welche sie in allen ihren Kunstbildungen als das Höchste ansahen, als etwas Tadelnswerthes zu bezeichnen? Sie lärmten und tobten nicht, versetzten sich nicht in Raserei, wo alles auf Erregung des Affekts hinarbeitete, ja aller tragische Ungestüm, der auf andern Theatern begehrt wurde, war ihnen verhaßt. Wer nun äußere Lebhaftigkeit und allerlei Anreizungen liebte, dem mochte es schwerlich, sagt St. Schütze, vor der Weimarischen Bühne gefallen, wo man ihm gewöhnlich keine Empfindung aufdrang und einpre-

digte, sondern wo alles für sich seinen ruhigen, schönen Gang
gieng. Und wenn die Weimarischen Schauspieler wirklich zuweilen in den Fehler der Kälte verfielen, so mußte man doch
ihrem geistreichen, würdevollen, gemäßigten Spiel die Gerechtigkeit wiederfahren lassen, daß es nach dem höchsten
Gipfel der Kunst strebte. Ja viele erhoben sich, wo es nöthig war, in die wärmern Regionen der Kunst und wußten
das Gefühl durch ihre Darstellungen anzusprechen.

„Der letzte Vorzug der Weimarischen Bühne, die symbolische Anordnung erscheine sowohl in Absicht der Personen
als der Schaubühne. Sie sei von der Art, daß man im
Kleinen ein Bild vom Großen sehe, niemals das Große,
das Wirkliche selbst, alles werde so gefügt, daß aus dem
Geringern das Größere geahndet werde und auch die Phantasie ihren Spielraum behalte. Die Volksgruppen erschienen
auf der Weimarischen Bühne gewöhnlich meisterhaft, frisch
eingreifend, sich zudrängend und durchaus lebendig, z. B. in
Egmont, in Wallensteins Lager. In der Kunst müsse immer nur die Idee, der Geist die Hauptsache bleiben."

Diese drei Vorzüge der Weimarischen Bühne, welche
St. Schütze heraushebt, waren bemerkbar an den würdigen
Zöglingen der Goetheschen Schule. Durch diese wurde die
eigentlich poetische Darstellung im Tragischen sowohl wie im
Komischen gepflegt und weiter verbreitet, so daß die Schau-
spieler anderwärts von ihnen lernen konnten, was die ächte
Kunst verlangt und wie solche ausgeübt werden müsse. Ihr
Benehmen in Wort und Geberde zeigte das Gepräge der
Feierlichkeit, jene ruhige Haltung, welche die Majestät der

alten Tragödie ausmacht. Wenn daher Goethe gelobt wird, daß er sehr wohlgethan habe, die französische Manier der Schauspielkunst wieder auf die deutsche Bühne zu bringen, so ist das nicht so zu verstehen, als habe er das outrirte Pathos des französisch-tragischen Darstellungsstyles zurückführen wollen, sondern vielmehr sollten seine Schauspieler den Kothurn in der Weise betreten, daß von ihrem Spiel die gar zu bürgerliche Natürlichkeit, welche die meisten damaligen Tragödienspieler hatten, ausgeschlossen wäre. Indem sie das Pathos tragischer Darstellungen nach Goethes Unterweisung liebten, zeigten sie Begeisterung und Streben nach dem Idealen, was zur Darstellung eines poetischen Werkes von allen Erfordernissen das erste ist. Und damit verbanden sie eine strenge Sorgfalt für eine regelrechte Deklamation und metrische Recitation, zeigten viel Sinn für den malerischen Anstand in der Erscheinung und für eine plastisch-kunstvolle oder schickliche Anordnung des Ganzen, wodurch jener durch alle Theile einer Darstellung waltende Geist der Ordnung, Präcision, Regel und Schicklichkeit entstand.

In Lustspieldarstellungen sollten die Weimarischen Schauspieler die Franzosen sich zum Muster nehmen, das meinte Carl August; denn im Lustspiel wären die Franzosen immer unübertrefflich gewesen. Deshalb wurden auch viele Lustspiele nach dem Französischen in den letzten Jahren gegeben. Es sollten sich die deutschen Schauspieler an den jenen eignen feinen Takt, jenen graziösen Anstand, jene Conversationsfertigkeit, die in dem in Frankreich herrschenden hohen Grade der geselligen Bildung begründet wären, gewöhnen. Andere Dramen komischen Inhalts gaben die Weimarischen Schauspieler mit vielem Geschick, wie das interessante Intriguenstück, die drei Gefangenen, und die beiden Klingsberge, womit sie bewiesen, daß sie auch komische Stücke aufzuführen im Stande wären. Besonders waren sie ausgezeichnet im Vortrag und Spiel der Versstücke, wie der Mitschuldigen, des Geständnisses, des Räthsels und anderer. Heitere fröhliche Laune weckten diese kleinen Dramen in den Zuschauern.

Bemerkenswerth ist noch, daß man Goethes Leitung tadelte, weil sie im Komischen die Uebertreibung nicht blos geduldet, sondern sogar gefördert habe. Das ist allerdings der Fall, beruht aber darauf, daß dem Deutschen eine derbe Dosis des Lächerlichen gereicht werden müsse, wenn er zum Frohsinn kommen solle. —

Zuletzt von dem Personal, was in der Oper und im Schauspiel wirkte. Das Opernpersonal schied sich allmählich von dem des Schauspiels, jemehr die Oper nach dem Geschmack der Zeit verbessert und gehoben wurde. Das Opernpersonal war jetzt schon von beßrem Bestand als früher. Nur der erste Tenor fehlte noch, da Strobe bei seiner nicht unangenehmen, aber durchaus sehr schwachen und ungelenken Stimme das nicht leistete was verlangt wurde. Dem Bedürfniß sollte Otto Morhardt vom Schleswiger Hoftheater abhelfen; er kam, seit dem 20. April für Weimar engagirt, gleich nach Leipzig und debütirte daselbst am 24 Juni als

Murney im unterbrochenen Opferfest mit Beifall[1]). Dann spielte er in „Je toller je besser" als Florval, im Don Juan als Don Gusmann, im Singspiel Jery und Bätely als Jery, im Oberon als Ritter Hüon, in der Zauberflöte als Prinz Tamino, und besorgte außerdem im Schauspiel Hilfsrollen. Seine Stimme hatte eine herrliche Tiefe und Höhe, doch mußte er, um schön zu singen, dieselbe forciren; sein großer und schmächtiger Körperbau machte ihm Noth beim Spiel. Stromeyer dagegen, eine schöne männliche Gestalt, entzückte durch sein mächtiges, volltönendes Organ, durch seinen seelenvollen Vortrag, in welchem nichts gemacht war, alles von Innen kam. Verglich ihn Carl August mit dem Bassisten Gern, so stellten ihn die Leipziger dem allgemein bewunderten Sänger Maurer an die Seite. Einen herrlichen Genuß gewährte er als Graf Uberto in der Camilla, als Sarastro, als Titus, als Orontes, Beherrscher der Scythen, in der Palmira, als Oberpriester der Sonne im unterbrochenen Opferfest, als Starost Zamoski in der Oper Faniska. Auch Dirzka, der Buffons und Väter in der Oper spielte, erfreute mit seiner kräftigen, tönenden Basstimme. Nur war sein Spiel mehr für die Gallerie, die er als Leporello mit seinen Uebertreibungen sehr ergötzte, wozu auch sein östreichischer Dialekt nicht unpassend war. Er gab

---

[1]) Besonders empfohlen von dem Erbprinzen Carl Friedrich und der Großfürstin Maria Paulowna, die ihn oft gesehen hatten. Zugleich mit ihm wurde Rudolf Carl Heß, ebenfalls vom Schleswiger Hoftheater nicht nur als Correpetitor und Singmeister, sondern auch als Sänger und Schauspieler angestellt.

dann auch den Maler Cerberti in „Je toller je besser" und den Oberst in Adolph und Clara recht brav. Den galanten Abbé in Fanchon, den feinen Lebemann, stellte er, wiewohl etwas verfehlt, mit einer recht harmlosen Drolligkeit dar. Unzelmann, eigentlich kein Sänger, sang Nebenpartien, nicht ohne Fleiß, wie den Papageno, den Johann in „Je toller je besser" und ergötzte durch seine heitere Laune, war aber auch muthig genug, die Rolle des Don Juan zu übernehmen. Auch Deny wirkte in der Oper, z. B. als Masitto in Don Juan, bedurfte aber noch der Vervollkommnung im Gesang. Genast spielte manche Rolle zu allgemeiner Belustigung, wie er denn die erheiternde Partie des Pedrillo im unterbrochenen Opferfest gab. Außerdem besorgte Eilenstein als Nothhelfer in Opern, wo zwei Bassisten nöthig waren, einen, z. B. in der Palmira den Oberpriester.

Unter den Sängerinnen ragte Demois. Jagemann als Zierde des Hoftheaters hervor. Begünstigt von einer vorzüglichen Gesichtsbildung, verband sie mit einem melodischen und geschmackvollen Gesang ein feines und richtiges Spiel. Alle bezauberte sie als Camilla, als Sextus, als Myrrha im unterbrochenen Opferfest, als Fanchon, als Pamina in der Zauberflöte. Neben der Jagemann erfreute durch den Umfang ihrer schönen, volltönenden Stimme Mad. Becker, geborne Ambrosch, nur daß ihr mehr Mäßigung im Gebrauch derselben anzuempfehlen war, denn in Solopartien war sie bisweilen gar zu unangenehm gellend. Sie sang die Palmira in der Oper gleiches Namens, die Vitellia im Titus, die Donna Anna im Don Juan, erschien als Oberon und trat als Dorchen im Schatzgräber auf. Was sonst noch an Sängerinnen in Nebenrollen bei der Oper thätig war, möchte wohl keiner besondern Erwähnung verdienen, wie Demois. Engels, Elsermann, Silie; nur Mad. Caroline Spengler[1]) war eine vortreffliche Sängerin, die im Oberon als Amande durch ihren schönen Gesang sich auszeichnete, doch nur zu kurz bei der Weimarischen Gesellschaft blieb.

Doch nun von den Darstellern des ernsten und komischen Drama.

Becker, einer der gebildetsten Darsteller der Gesellschaft, hatte zwei Rollen, in denen er ausgezeichnet war, den gemessenen, pfiffig thuenden Wachtmeister in Wallensteins Lager und den Antonio in Tasso, das Urbild eines Staatssekretairs. Wie ein Proteus wußte er sich in allen Gestalten zu bewegen. Er gab den Domingo, den Beichtvater des Königs, in Don Carlos, in seiner Amtskleidung erscheinend, ganz im Sinne des Dichters, den Weltgeistlichen in der Natürlichen Tochter, den Burleigh in der Maria Stuart ganz vortrefflich und eigenthümlich, den Timagenes in Rodogüne, den Wirth in den Mitschuldigen mit Beifall, den Pastor Seebach in den Jägern; spielte in Jfflands Höhen den Domherrn von Wellar, in den drei Gefangenen den Sergeant, in Egmont den Vansen, in den Brüdern des Terenz den Syrus vortrefflich, und als Dichter Flickwort im schwarzen Mann zeigte er von neuem, daß er die komische Kunst in

---

[1]) S. oben S. 181 Anm., wo dieselbe als Caroline Reinhold erwähnt wird. Von Reinhold ließ sie sich scheiden und heirathete dann Spengler.

ihrem ganzen Umfange besaß. Dahin gehört auch sein Oheim im Räthsel, sein Cleant in Scherz und Ernst, sowie der alte Stutzer Graf Klingsberg. Mit ächt komischer Laune, nicht frei von Uebertreibung spielte er im Schatzgräber den Vormund Hahn, indem er geschmückt mit einem Hahnenkamm auf der Perrücke und mit Hahnenflügeln am Rocke auch noch krähte wie ein Hahn. Komisch war auch sein zwerghaftes Erscheinen als Juwelier im Don Juan.

Deny, ein junger schöner Mann, von vieler Anlage, nur flüchtiger Natur, auch schon als Sänger erwähnt, trat im Don Carlos als Herzog Alba auf, zeigte aber noch sehr im Sprechen der Verse, in der Haltung und im Spiel den Anfänger. Als Gouverneur in der Natürlichen Tochter spielte er im Sinne des Dichters, auch als Franz Lerse im Götz genügte er, und in der Rolle des Grafen Dünois in der Jungfrau von Orleans erhielt er lauten Beifall, sonst besorgte er kleine Rollen recht brav, wie den Schulzen zu Weißenberg in den Jägern.

Eilenstein spielte alte Bediente, Soldaten, Offiziere, Unteroffiziere, Couriere u. dgl. Aushilfsrollen.

Genast war durch seinen Kapuziner, den er mit vorzüglicher Wahrheit und Laune derb und tüchtig zeichnete, wie Becker durch seinen Wachtmeister, berühmt. Auch in andern Rollen spielte Genast vortrefflich, z. B. als Wirth zum Einhorn im Liebhaber und Nebenbuhler in einer Person, als Hauptmann Barthel von Wanzenau in Götz von Berlichingen, als Bürgermeister Lüders in den Höhen von Iffland, als Quick im schwarzen Mann und belustigte sehr als Ge-

richtsschreiber in den Jägern. Er spielte nicht oft. Letzteres
gilt auch von Malkolmi, dessen Stärke die ächt biedern deut=
schen Väter waren. Außer dem Oberförster in den Jägern,
den er zu rauh darstellte, gab er den Prinzen von Oranien
in Egmont, für den er zu alt war und einen viel zu weichen
und bürgerlichen Ton hatte. In Wallensteins Lager spielte
er den Grenadier vom Regimente Tiefenbach mit vieler Wahr=
heit und Trefflichkeit, ebenso den Mönch in der Natürlichen
Tochter, und in der Jungfrau von Orleans gab er den Thi=
baut sehr gut. Schade, daß ihn öfters das Gedächtniß
verließ.

Graff, eine excentrische Persönlichkeit, war im tragischen
Fache bedeutend und in Rollen der Art riß er zur Bewun=
derung hin. Ihn erfüllte die Rolle, die er am Abend spie=
len wollte, vorher ganz und gar, man sah den Helden, den
er auf der Bühne darzustellen hatte, in hoher Würde und
mit einem königlichen Anstand auf der Straße einherschreiten;
ja ihm war der tragische Schwung so zur andern Natur ge=
worden, daß er selbst auf nüchterne Fragen nur in erhöhtem
Ausdrucke zu antworten wußte. Hauptrollen von ihm waren
König Philipp im Don Carlos, Thoas in der Iphigenie,
Götz von Berlichingen; er spielte auch den Talbot in der
Jungfrau von Orleans, den Herzog in der Natürlichen Toch=
ter, trat auch als Verwalter in der Stella auf und gab
ihn gut. In manchen Rollen, warf man ihm vor, arbeite
er sich ab, in manchen liebe er den Prediger= oder Kanzel=
ton, Vorwürfe, die auf sein excentrisches Wesen hinweisen.
Gewiß ist es, das Publikum mußte sich an sein etwas eigen=

thümliches Organ erst gewöhnen; war dieses geschehen, so konnte er dasselbe mehr und mehr gewinnen und fesseln.

In komischen Rollen machte er weniger Glück. Um zu gefallen, ging er sogar so weit, daß er die theatralische Sittlichkeit verletzte, wie im Hahnenschlag, wo er als Peter Lorch bei der Stelle: „es giebt der Hähne noch genug in Sachsen", eine indecente Bewegung machte. In Wallensteins Lager gab er den ausgeplünderten Bauer auf eine höchst originelle Weise; auf nichts anderes sinnt er, als wie er sich an seinen Verderbern schadlos machen könne.

Lorzing spielte mit Fleiß und Eifer alle die Rollen, welche er zugetheilt erhielt. In Wallensteins Lager gab er den Trompeter in jugendlichem Sinne, ebenso den Postillon in Stella. „Bei der Aufführung des Egmont, sagt ein Berichterstatter, machte ich eine neue angenehme Bekanntschaft an Herrn Lorzing, der den Ferdinand, Albas natürlichen Sohn, spielte. Er hat Figur, Anstand und einen schönen Ton. Welch treffliche Schule für angehende Schauspieler ist die Weimarische Truppe!" Mit bewundernswürdiger Umsicht arbeitete sich Lorzing in alle bezeichnende Merkmale eines Charakters und entsprach demselben in Ton, Haltung und Wesen vollkommen, z. B. als er in der Maria Stuart den Staatssekretär Davison darstellte. So sprach und spielte er auch den Sekretär in der Natürlichen Tochter sehr gut, nur war er zu jung für diese Rolle.

Oels besaß ein überaus angenehmes, zur Darstellung der jugendlichsten, wie auch gesetzter und kräftiger Charaktere passendes Aeußere, ein wohltönendes, metallreiches und tief zum Herzen bringendes Organ, sowie ein sehr ansprechendes, sinniges Spiel. Sein Don Carlos erhielt besondere Auszeichnung, ebenso sein Fernando in der Stella; herrlich, kräftig und rein ausgeführt war sein Orest, Alphons und Franz in Götz, lobenswerth sein edler Wallone in Wallensteins Lager und vorzüglich Egmont, den er zweimal spielte. Außerdem gab Oels den Mortimer in der Maria Stuart, Carl den Siebenten in der Jungfrau von Orleans, den Antiochus, einen der Söhne der Cleopatra, in Rodogüne, den Gerichtsrath in der Natürlichen Tochter, den Karl im Räthsel und noch einige Rollen.

Reinhold, von dem oben S. 180 die Rede war, obwohl ein guter Charakterdarsteller und geübter Schauspieler, wurde doch nur zu kleinen Rollen in Leipzig gebraucht, z. B. in der Maria Stuart als Arzt derselben, im Hahnenschlag als Nachbar Sauerbrunn, in Egmont als Soest, Krämer, wo er die Volksscenen zu beleben und gut durchzuführen beitrug, als Matthes, Jäger beim Oberförster, in den Jägern. Das war bei der Weimarischen Gesellschaft eingeführt, daß gute Schauspieler oft kleine Rollen erhielten, die anderwärts nur als Nebenrollen durch minder gute oder mittelmäßige Schauspieler besetzt wurden, um das Ganze dadurch zu befördern.

Rötsch, hauptsächlich als Souffleur angestellt, dann aber auch als Schauspieler aushelfend, gab Bediente vortrefflich, wie in den beiden Klingsbergen den Jacob, den Bedienten der Gräfin, sowie Fanchons Bedienten.

Unzelmanns innerstes Wesen war Komik; seine Seele

war Fröhlichkeit und Fröhlichkeit seine erste Tugend. Er war zum komischen Schauspieler geboren. Ein glücklicher Instinkt vertrat bei ihm die Stelle des mühsamen Studiums; es gehört mit zu den Eigenheiten seiner Charakteristik, daß das, was einige Anstrengung kostete, ihm oft weniger gerieth. Er wußte, wenn er wollte, seine Rollen durch gefällige Manier, durch hineingelegte hervorspringende glückliche Züge zu heben, zu beleben. Zu seinen vorzüglichsten Rollen gehört Adolph Klingsberg der Sohn, den er in jeder Hinsicht gut durchführte. Besonders gelangen ihm naive und gutmüthige Charaktere sehr gut, wie der junge Soldat im Hahnenschlag, wie André, Fanchons Bruder, der durch einfache Herzensgüte und Unbefangenheit für sich gewinnt, wie Georg im Götz, und Georg, der Knappe des Ritters Libenau in dem Lustspiel Liebhaber und Nebenbuhler in einer Person, wie Anton in den Jägern. Anerkennung fand er auch als George, Soldat von der Garnison in den drei Gefangenen, als Lamon in der Laune des Verliebten und als Söller in den Mitschuldigen. Unzelmann war der Liebling des Leipziger Publikums, des männlichen wie des weiblichen Theils geworden. Manchmal ging er über die Sphäre seines Talents, indem er tragische Rollen begehrte, und schwer gelang es dem Vorstande, ihn von seinem Irrthum zu überzeugen.

Wolff, der als theatralischer Rekrut*) bei Goethe angetreten war, hatte aus wahrer Liebe zur Kunst in wenigen Jahren mit so glücklichem Erfolge an seiner weitern Ausbil-

---

*) S. oben S. 30 und 98.

dung gearbeitet, daß ihn manche, die ihn früher gesehen, jetzt kaum wieder erkannten. Ohne durch seine Gestalt auf der Bühne zu imponiren, wirkte desto mächtiger sein inwohnendes Talent, sein reger Geist, seine oft geniale Darstellung. Mit poetischer Kraft wußte er einen Charakter ins Leben zu stellen, und in seinen Schöpfungen lag eine Gewalt, die jeden anzog oder mit sich fortriß. Im Don Carlos war er als Marquis Posa ausgezeichnet. Durch Darstellungen im feinen oder höhern Styl, wie Weislingen, Lester, Pylades, Tasso, gewährte er einen reichen, schönen Genuß. Im Egmont war Wolff als Brackenburg einzig, wie überhaupt in Charakteren feinen Gefühls. In der Rodogüne gab er den Seleukus, einen der Söhne der Cleopatra. Auch wird er als La Hire in der Jungfrau von Orleans und als König in der Natürlichen Tochter wegen seines guten Spiels gelobt. Das charakteristisch Eigenthümlichste seines Talents, wie in den Darstellungen schon damals hervortrat, noch mehr aber später sich geltend machte, legt man in die zwei Worte: Maß und Grazie.

Auch im Lustspiel war Wolff wohl bewandert. In den drei Gefangenen bemühte er sich in der Rolle des Edmund einen ächt französischen Charakter mit feinem Anstand darzustellen, im schwarzen Mann gab er den finstern, bittern Engländer Johnson, in den Höhen von Iffland in der Rolle des Baron von Krall einen Mann von guter geselliger Bildung, der in den Künsten der Intrigue geübt ist. Man denke dann an den Baron Ammer im Geständniß, den Wolff mit großer Feinheit gab; ferner an die Laune des Verliebten, die er in der Rolle des Eridon mit Nüancen recht gut darstellte, zuletzt an die Mitschuldigen, wo er den Alcest mit Einsicht und Liebe gab.

Von dem weiblichen Personal sind folgende zu nennen:

Mad. Beck war im Fach der komischen Mütter eine sehr brauchbare und beliebte Schauspielerin. In den Rollen der Haushälterinnen, der alten Schwestern, der geizigen Tanten erhielt sie den ungetheiltesten Beifall. So spielte sie die Frau Wunschel in den beiden Klingsbergen mit lebendiger komischer Kraft, so die Oberförsterin in den Jägern zu allgemeiner Freude, so die Frau Quick im Schwarzen Mann, daß man es begreift, wie der Dichter Flickwort Verse auf sie machen und Schön-Suschen nennen kann.

Madam Becker, als Sängerin hauptsächlich bekannt, versprach bei ihren natürlichen Anlagen zur Schauspielerin, in der Darstellungskunst ebenso zum Vollkommneren fortzuschreiten wie im Gesange. Sie war eine liebliche Erscheinung auf der Bühne und trat im Schauspiel in kleinen Rollen, z. B. als Ernestine, Kammermädchen der Gräfin Derburg in den beiden Klingsbergen, als Margarethe Kurt, Kammerfrau der Maria Stuart und in einer bedeutenderen Rolle als Lucie in der Stella auf.

Demois. Elfermann, mit Geist, mit Gemüth, mit gefälliger Gestalt begabt, erregte die Hoffnung, bei fortgesetztem Studium bald etwas Vorzügliches zu leisten. Sie erhielt vielfache Gelegenheit, ihre Kraft zu prüfen und sich weiter zu entwickeln und zu bilden. Sie gab Peter Lorchs Tochter, Hannchen im Hahnenschlag, in den drei Gefangenen die Tochter des Sergeanten Fanchette, die Friederike in den Jägern mit kindlichem und unverdorbenem Gemüth, die Aminde in der Laune des Verliebten, die Postmeisterin in der Stella, die Marie, Tochter von Hans Stadinger, in Liebhaber und Nebenbuhler in einer Person.

Demoiselle Engels, anfänglich mehr als Sängerin verwendet, trat im Schauspiel in kleineren Rollen auf, z. B. in Wallensteins Lager als Aufwärterin, in den Brüdern des Terenz als Kanthara, Sostratas Vertraute, als Henriette, Kammermädchen der Präsidentin Wienthal in den Höhen, als Margot, eine von den Schwestern der Johanna von Orleans.

Wie Demoiselle Jagemann als Sängerin in der Oper sich auszeichnete, so war sie auch im Schau-, Trauer- und Lustspiel bedeutend. Trefflich gab sie im Don Karlos die Königin Elisabeth in ihrer Reinheit, in angeborener stiller Grazie und Würde, in welcher der Dichter sie dargestellt hatte, und fand in der Zeichnung einer so liebenswürdigen Rolle innige Theilnahme. Als Darstellerin der Maria Stuart gewährte sie einen schönen Genuß durch das höchst sinnige und durchdachte, bis in die kleinsten Theile vollendete und gelungene Spiel. Sie war auch im feinen Conversationsstück, im Lustspiel, in naiven, humoristischen Partien ausgezeichnet. Gerühmt wird ihre ehrbare Madam Friedberg in den beiden Klingsbergen, und als Cephise in Scherz und Ernst spielte sie mit muntrer Laune und vieler Schalkhaftigkeit.

Demoiselle Silie, eine schlanke, zarte und liebliche Erscheinung, verstand, wie ein Berichterstatter, der sie in Leipzig gesehen, angiebt, im Einzelnen den Dichter recht leise und geschickt herauszufühlen und dieß lieblich und klar wiederzugeben; auch hatte sie Sinn für Feinheit und Flüchtigkeit des Scherzes. Ihre vorzüglichsten, alles Lobes werthen Darstellungen waren Cäcilie in der Stella, Leonore von Este, durch die sie das Bild ächter Weiblichkeit versinnlichte, Sophie in den Mitschuldigen, Elise im Räthsel, Marie, Schwester des Götz. Auch wechselte sie mit der Jagemann als Darstellerin der Elisabeth im Don Carlos, war Agnes Sorel in der Jungfrau von Orleans und die Aebtissin in der Natürlichen Tochter. Würde sie die Innigkeit ihres Gefühls, sagt der Berichterstatter weiter, auch zur Tiefe durchbilden, so daß es, mit dem Geiste im Bunde, sich läuterte und in der Seele verklärt sich zurücknähme, so würden ihre Darstellungen an Gediegenheit und Rundung gewinnen und der Mißgriff der Repräsentation, den sie sich zuweilen aus momentaner Unsicherheit und Unklarheit, wie es schiene, zu Schulden kommen ließ, von selbst wegfallen.

Madam Teller, eine Schauspielerin von entschiedenem Talent und wohl geübt, bekannt als theatralische Mutter, spielte in Leipzig in verschiedenen Rollen, z. B. als Elisabeth, Berlichingens Gemahlin, als Hanna Kennedy, Amme der Maria, in welcher Rolle, die sie mit edelm zarten Sinne darstellte, ihr ältliches Gesicht und ihr Verziehen der Augenbraunen und des Mundes nicht auffiel; sie gab auch die Cleopatra in der Rodogüne im Ganzen gut, auch zur Zufriedenheit die Hofmeisterin in der Natürlichen Tochter, und die Gräfin Derburg in den beiden Klingsbergen, sowie die Frau von Roussel in Fanchon.

Madam Wolff, von Becker geschieden und seit dem 26. Dezember 1805 mit Pius Alexander Wolff verheirathet, kam an der Hand ihres neuen Gatten, mit dem sie schon längst künstlerisch und geistig verbunden war, allmählich zu hohem Ruf und Ansehen. Dritte Tochter (Amalie) des wackern Malkolmi, von Jugend auf für die Kunst auf der Weimarischen Bühne erzogen, gerieth sie nicht in jene Mittelmäßigkeit, die bei Schauspielerkindern so leicht entsteht, wenn ihre Bildung rein mechanisch ist, vielmehr wurde ein höherer Sinn in ihr gar bald geweckt und dadurch selbst die verfeinerte Handwerkerei von ihr fern gehalten. Im Don Karlos war sie als Prinzessin Eboli in den Charakter ihrer Rolle bewundernswürdig eingedrungen; als Iphigenie auf Tauris zeigte sie, wie es heißt, durch ihre schöne Gestalt, durch ihre treffliche Deklamation und ihr herrliches Spiel das Ideal einer tragischen Heldin, sie trug besonders zu der Wirkung bei, welche die einfache Schönheit dieses Meisterwerks in den Gemüthern einer gemischten Menge hervorbrachte. Weiter sagt ein kundiger Beurtheiler ihres Spiels in Leipzig: „Madam Wolff ist in jeder Darstellung Eins mit dem Dargestellten, klar und durchsichtig, wie der Kristall, jedes Gebild, was sie vorführt. Hat ihr die Natur eine beschränktere Tonsphäre angewiesen, so hat sie dieß durch Anmuth und Sanftheit der Töne vergütet; ja sie hat ihrer Gestalt eine Grazie verliehen, die sich in allem verkündet, so daß ihr Körper in der Ruhe angehaltener Formen plastisch, in der steten, gleichsam organischen Evolution der Bewegungen malerisch, stets aber ein seelenvolles Ganzes ist. Rechnen wir dazu die Kunst, sich einfach, leicht und mit sinniger Wahl zu kleiden, wo es nöthig ist, die Gestalt mit einem Schleier, wie mit Aether, zu umweben, oder durch geschickte, fertige Behandlung desselben ein reiches, edles Faltenspiel zu entwickeln, alles aber zu einem Gusse der Darstellung harmonisch zu verschmelzen, so wird man glauben, daß ihre Iphigenia, Stella, Adelheid, Rodogüne die musterhaftesten und herrlichsten Darstellungen sind. Sie versteht es, das Beste und Höchste jederzeit mit Wenigem zu erreichen, dennoch aber in Einfalt einen überschwenglichen Reichthum und eine Tiefe der Seele zu offenbaren, welche eben alle ihre Darstellungen mit dem frischen Glanz und zauberischen Duft der Jugend umzieht. Alle Kräfte wandeln sich hier in fröhlicher Eintracht ringend gleichsam in Eine Gestalt, in welcher sie ruhen, vom Lichte der Seele belebt und überglänzt." Und wie gelang der Madam Wolff im Tasso die Rolle der Gräfin Leonore Sanvitale! Sie zeigte sich als geübte Künstlerin. In der Maria Stuart gab sie die Königin Elisabeth in königlicher Hoheit und Majestät, meisterhaft sprach sie den Monolog im vierten Akt. Zur Darstellung der Jungfrau von Orleans, welche eine hohe idealische Erscheinung ist, eignete sich Madam Wolff vortrefflich, und im Egmont, der zweimal in Leipzig gegeben wurde, löste sie als Klärchen ihre schwierige Aufgabe auf lobenswerthe Weise. In wahrhaft malerischen Formen erschien sie dem Egmont als Vision.

In den Höhen von Iffland gab Madam Wolff die Präsidentin von Wienthal mit vielem Anstand, im schwarzen Mann besorgte sie die Mistriß Johnson, aber hauptsächlich zeichnete sie sich aus im Geständniß als Baronin Ammer. Uebrigens war sie mehr für den Kothurn geschaffen als für das Lustspiel.

Zu Kinderrollen war Sophie Teller bestimmt, z. B. gab sie Ännchen in Stella und den Knaben Adolph in Camilla sehr gut, spielte den Bauerjungen in Wallensteins Lager mit einer drolligen Schlauheit.

Louise Beck, geborene Schmidt aus Lauchstedt, angenommenes Kind der Madam Henriette Beck und von ihr erzogen, hatte schon vom Jahre 1802 an als Kind kleine Rollen im Schauspiel und in der Oper bekommen, um sich für das Theater zu bilden. Der Erfolg davon ließ für die Zukunft nicht leere Hoffnungen fassen. So spielte sie den Karl, Berlichingens Sohn, den Fritz, einen kleinen Knaben im schwarzen Mann.

Diese Gesellschaft hatte vor vielen andern den Vorzug, daß sie den Vers im Drama gehörig zu sprechen und zu behandeln verstand. Deshalb war sie in Leipzig so willkommen, in der Stadt nämlich, deren Bewohner soviel Bildung besaßen und doch keine genügende Bühne, welche der idealen Richtung zugethan gewesen wäre.

Hier nun erfreuten die Weimarischen Schauspieler, indem sie sich in den Versarten poetischer Werke mit Freiheit und schönem Maß bewegten und einen gebildeten, edeln und gemessenen Vortrag darin zu entwickeln wußten.

Keiner von ihnen hatte gegen den Vers ein Vorurtheil, keiner legte eine Misachtung gegen denselben an den Tag und ließ sich eine Vernachläſſigung deshalb zu Schulden kommen, was auf andern Bühnen so häufig geschah; im Gegentheil man verwandte großes Studium auf das richtige und gute Sprechen der Verse; der Vers durfte nicht zur tonlosen Prosa verwischt werden, man durfte ihn auch nicht zu hörbar machen, indem man ihn ſkandirte oder mit einem singenden Tonfall vortrug. Erwähnt ist früher worden, wie Goethe und Schiller mit unsäglicher Mühe für das kunstmäßige Sprechen der Verse die Schauspieler zu bilden suchten, wie beide die der rhythmischen Rede entwöhnten im Recitiren tragischer Verse übten und dadurch den tragischen Ton in Haltung und Gebehrdenspiel, wovon sie ganz abgekommen waren, wieder zurückführten. Wir wiſſen auch, daß wer zur Gesellschaft trat, ohne Verse sprechen zu können, dafür zuerst in einer kleinen Rolle geübt wurde.

Da ließ sich erwarten, daß ihnen der Vortrag des Don Karlos gelang, daß sie an die Aufführung der Maria Stuart und der Jungfrau von Orleans gehen konnten. Die Jambensprache im Don Karlos war für den Schauspieler schwierig und bedurfte voller Beachtung, doch die darauf verwandte Mühe und Arbeit wurde vollkommen belohnt. In der Maria Stuart wechseln die metrischen Formen und gehen ins Lyriſche über, wo die Stimmung des Gemüths sich hebt. Da wo lyrische Partien vorzutragen waren, fehlte es dem Vortrage nicht an poetischer Begeisterung und ächter Erhebung. Sie hielten sich da vom Conversationston fern, wovon sich selbst die ausgezeichnetsten Schauspieler der größten Theater nicht losmachen konnten, und sahen auf tragischen Schwung und tragischen Styl. In der Jungfrau von Orleans wurden die lyrischen Stellen vorzüglich gut gesprochen. Die Schauspieler fanden sich in den Wechsel verschiedener Versarten und in die effectvollen Reimverschlingungen, und die Zuhörer waren von dem schönen Vortrag der Verse, der wie Musik klang, bezaubert. Und Wallensteins Lager wie meisterhaft wurde es gegeben! Mit einer solchen Vollendung, besonders im Vortrag der gereimten Verse, daß manches andere Theater davon keine Ahndung hatte.

Doch Goethes Dramen, Iphigenie, die Natürliche Tochter, Torquato Tasso haben besonders in Leipzig gefallen, hauptsächlich durch den Vortrag der Verse. Diese sind in der Iphigenie von manigfacher Art und manche Vorbereitung, Uebung und Gewöhnung mußte vorhergehen, ehe dieses Drama aufgeführt werden konnte. Die Natürliche Tochter zeichnete sich aus in melodischem Wohllaut des Rhythmus und der Sprache, und Tasso, der wenig Handlung hat, und nicht einmal zu einem bedeutenden Schluß sich rundet, entzückte alle diejenigen, welche diese Dichtung kannten und fast auswendig wußten. Dieses bewirkte der Zauber der Sprache, die Menge der goldenen Sprüche, welche in der edelsten Poesie vorgetragen und in die Form wohlklingender Verse gegossen in einem schönen Vortrage zur Darstellung kamen. Auch Egmont, welchen die Leipziger auf besonderes Verlangen sahen, läßt sich, obgleich in Prosa gedichtet, den Dramen in Versen füglich anreihen. Denn in vielen Stellen ist jambischer Rhythmus und die meisten Sätze darin bilden schon von selbst ganze fünffüßige Verse. Warum sollte nun der Dichter auf halbem Wege stehen bleiben, und das, wozu die Natur ihn drängte, nicht zur Vollendung bringen? Jede Tragödie höhren Styls verlangt den Vers.

Anziehend waren auch die komischen Versspiele, welche die Gesellschaft auf eine ausgezeichnete Weise gab, die Mitschuldigen, die Laune des Verliebten, das Räthsel, Scherz und Ernst, das Geständniß oder die Beichte, der Hahnenschlag und dergleichen.

Obgleich nun die Weimarischen Schauspieler Treffliches in Leipzig geleistet hatten, so fanden doch ihre Vorstellungen auch Tadel, wie in der dagegen gerichteten anonymen Schrift: „Saat von Goethe gesäet dem Tage der Garben zu reifen. Weimar und Leipzig 1808", ohne jedoch Zustimmung der Verständigen zu erlangen. So sagt im Morgenblatt 1808, Nr. 60, S. 240, wo vom Leipziger Theater die Rede ist, ein Unpartheiischer: „Die hämische Stimme eines Winkelschelters, welche diesen wirklich gehabten Genuß (der Vorstellungen der Weimarischen Gesellschaft) den Kindern am Geiste zu verkümmern und zu verleiden suchte, hat der gehörigen Verachtung nicht entgehen können, indem Animosität und Dummheit den Afterredner gehörigen Orts hinlänglich verrieth."

Gutmüthig beschränkt erscheint der Verfasser von „Saat von Goethe gesäet" u. s. w., wenn er Wolff ermahnt, nicht auf dem Wege fortzugehen, den er bei Goethe betreten, weil er ganz und gar verderben würde. Wolff aber gieng auf dem betretenen Wege fort und wurde ein ausgezeichneter, denkender, schaffender und seine Mittel durch die künstlichste Benutzung vervielfältigender Schauspieler, welcher mit seiner Frau bedeutenden Einfluß später auf die Berliner Bühne gehabt, den poetischen Sinn auf derselben gestärkt und manches keimende Talent gar bald zur Entwickelung geführt hat.

Streit zwischen Herder und Goethe.

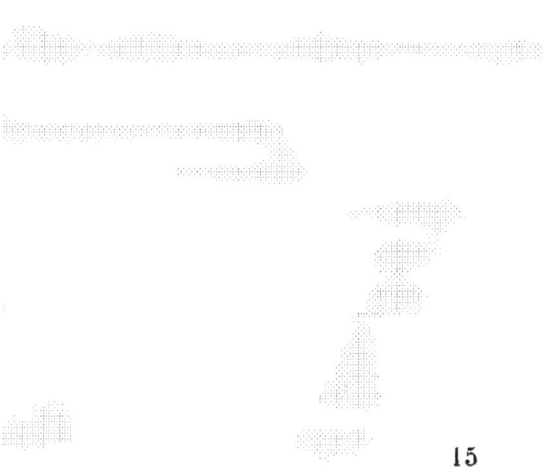

Das stille Kleinleben, welches in Weimar zu Anfang dieses Jahrhunderts bestand, wurde manchmal durch Ereignisse an dem Herzoglichen Hoftheater unterbrochen und zeitweilig in Bewegung und Unruhe gesetzt. Das war vorzüglich dann der Fall, wenn durch irgend eine Mishelligkeit der Mitglieder und Angehörigen des Theaters gegen einander die Ordnung und das gute Einvernehmen gestört wurde. Von der Art war der böse Handel zwischen der vielgeltenden Hof-Sängerin Jagemann und dem hartköpfigen und eigensinnigen Kapellmeister Kranz[1]), welcher diesem zuletzt seine amtliche

---

[1]) Nämlich die Jagemann sang in der Oper Don Juan den 18. Februar 1801 die Donna Anna und der Kapellmeister wollte nicht leiden, daß die Sängerin die Tempi der Musikstücke nicht einhielt. Daher der Zwiespalt, daher die bei der Hoftheater-Direktion am 23. Februar erhobene Klage der Sängerin und der unter dem 24. Februar erfolgte Ausspruch derselben: es solle der Kapellmeister bis auf weitere höchste Verfügung von den Dienstleistungen bei der Oper vor der Hand suspendirt seyn.

15*

Existenz in Weimar kostete. Die Stadt nahm an dem Streite Theil, zwei Parteien bildeten sich, mehrere gaben Kranz recht, wie die Familie Gores, auch die kleine Hausfrau war für Kranz, sagt Charlotte von Schiller, und viele andere, aber die Schröter als Sängerin nahm der Jagemann Partie und besonders die Theaterkommission war gegen den Kapellmeister. In verschiedenen Kreisen der Gesellschaft wurden lebhafte Gespräche über diese Sache geführt und eifrig hin und her gestritten.

Von noch größerer Wichtigkeit und tiefer in das Weimarische Leben eingreifend, war aber der Streit zwischen Herder und Goethe im Jahr 1802. Der eine trat als Ephorus des Gymnasiums und des damit vereinigten Schullehrerseminariums, der andere als Vorsteher des Theaters auf, jener aus Liebe zur Schule und Kirche, dieser zunächst, weil ihn das Bedürfniß der Bühne dazu trieb. Herder wollt nicht länger dulden, daß Gymnasiasten und Seminaristen für das Theater verwendet würden und Goethe konnte bei der Armuth der ihm zu Gebote stehenden Mittel, ohne Verwendung junger Leute zu Sängern und Figuranten nicht bestehen.

Gleich als Goethe im Jahr 1791 die Leitung des errichteten Hoftheaters übernahm, sah er sich in die Nothwendigkeit versetzt, das schwache, im Schauspiel und in der Oper agirende Personal durch zeitweilige Aushilfe junger hübscher Leute aus dem Gymnasium zu verstärken. Er hatte anfänglich nur 11 Schauspieler und 10 Schauspielerinnen, die Sänger und Sängerinnen mit eingerechnet; nach dem Willen zwischen Herder und Goethe.

Karl Augusts sollte das Theater dem Hofe auch jetzt nicht mehr kosten, als unter Bellomo. Wie unzureichend das vorhandene Personal war, geht daraus hervor, daß die ersten Schauspieler in manchen Stücken 2 Rollen, gewöhnlich eine größere und eine kleine übernehmen mußten und daß jeder die kontraktliche Verpflichtung hatte in der Oper zu singen, wenn nicht in Hauptpartien, so doch im Chor oder als Chorführer; ja, selbst den Dienern des Theaters, wie dem Theaterschneider und Maschinenmeister wurden Nebenrollen übertragen. Daher war die Darstellung von sogenannten Ritterstücken, wie Otto von Wittelsbach von Babo, Klara von Hoheneichen von Spieß, Ludwig der Springer von Hagemann, und von andern Dramen, wie Goethes Groß-Kophta und Hamlet von Shakespeare und die Aufführung der Opern, der beliebten Dittersdorfischen sowohl, wie des rothen Käppchens und des Doktors und Apothekers, als der Mozartschen, wie des Don Juan und der Zauberflöte, gar nicht möglich, ohne eine zahlreiche Komparserie und hinlängliche Choristen aus dem Gymnasium und Seminarium hinzuzuziehen. Sollte ein Chor von nur einiger Bedeutung seyn, so mußte er wenigstens aus 12 Stimmen bestehen, so daß je drei auf den Sopran, Alt, Tenor und Baß kamen; diese stellte das Chor des Gymnasiums. Ebendaher so wie aus der Zahl junger Leute der Stadt kamen die im Schauspiel nöthigen Bauern und Bürger, Ritter und Kriegsknechte, Hofleute und Priester, Jäger und Bediente.

Es war diesen Leuten, die meist arm waren, das kleine Gratial, was sie für jede Vorstellung erhielten, 6 für eine schon gegebene und 8 Groschen für eine neue Oper, zu gönnen und es wurde deshalb von den Vorstehern der Anstalt anfänglich nachgesehen; aber die daraus hervorgehenden Schulversäumnisse, wenn auch im Anfange soviel wie möglich vom Theater aus vermieden, wurden mit der Zeit bedeutender, theils durch den Drang der Umstände, wenn Stücke erst am Tag der Aufführung festgesetzt wurden und Proben sich am Morgen nöthig machten, theils durch die Neigung der jungen Leute, die lieber ins Theater zu den Proben giengen als ins Gymnasium zum Exponiren des Eutropius oder der Fabeln des Phädrus, die lieber in lustigen Opern sangen, als bei dem Kantor des Gymnasiums, der mit ihnen ernste Gesangbuchslieder und Choräle einübte.* Die Proben erforderten viel Zeit. Die Chöre wurden, ehe sie zusammengiengen, stimmenweise einstudirt; dabei waren neben richtigem Gesange deutliche Aussprache und charakteristischer Vortrag die Hauptpunkte, auf die geachtet wurde. Dann folgten die Arrangir- und Generalproben, welche am Morgen und Abend viel Zeit wegnahmen. Diejenigen, welche bloße Figuranten oder Statisten machten, hatten, wenn auch nicht so sehr in Anspruch genommen wie die Sänger, als schüchterne und unbeholfene Kunstjünger durch vielfache Uebung mancherlei zu überwinden, zumal bei der Strenge Goethes, der bei dem Schauspiel, wo Massen mitwirkten, jedesmal bestimmt vorschrieb, von wo und in welcher Ordnung sie zu kommen, wie sie zu stehen, sich zu halten und welchen Antheil sie an der Handlung zu nehmen hatten. Denn Goethes höhere geistige Wirksamkeit in den Proben, in denen er den Eindruck des Ganzen empfing und die Gesammtheit der Dichtung sich vor seinen Augen entwickeln ließ, zeigte sich vor allem in dem Hinwirken auf das Zusammenspiel der Schauspieler, sowie auch auf das Gelingen einer Darstellung in allen ihren Theilen bis auf das scenische Beiwerk herab.

Natürlich gieng dadurch den jungen Leuten manche Stunde im Nichtsthun hin, die sie im Gymnasium nützlicher verwerthen konnten. Daher war es nicht zu verwundern, daß Herder klagte, wenn er bei Inspektionen des Gymnasiums die Klassen halb leer fand und die Beschwerden der Lehrer hörte, daß die Proben des Theaters, die nach Konvenienz angesetzt würden, ihre Stunden entvölkerten und daß wenn dergleichen Vorwände als Thore der Vernachlässigung der Jugend einmal geöffnet daständen, bald alle Zucht und Ordnung dahin sei. Ein anderer Nachtheil erwuchs den jungen Leuten aus der Nähe und Gemeinschaft mit den Schauspielern; sie lernten frühzeitig die Schattenseiten des Lebens kennen; sahen, wie hinter den Koulissen Misgunst, Neid und Kabalen herrschten, hörten und erfuhren Manches, was ihrem harmlosen Sinne hätte fern bleiben sollen und wurden unbemerkt von einem falschen Schimmer und hohlen Pathos ergriffen; denn unter Schauspielern gab es damals nicht blos Künstler, sondern auch Komödianten, da das frühere Zigeunerleben derselben noch nicht gänzlich vorüber war. Nicht selten, — und das war Herdern ebenfalls höchst unangenehm — setzten sich diese Gehülfen der Kunst dem Gelächter des Publikums aus, indem sie in nachlässigem Anzuge auftraten oder falsche Bewegungen machten oder sonst auf irgend eine

Art bis zur Lächerlichkeit bemerkbar wurden. Legte auch Goethe anfänglich auf Dekoration und Kostüm als technische Mittel, um sowohl die Wahrscheinlichkeit als die poetische Stimmung zu erhöhen, nicht gerade großes Gewicht, so fiel es doch sehr auf, wenn Komparsen schön gekleidet als Kavaliere mit bestäubten Stiefeln, so wie sie von der Straße gekommen waren, auf der Bühne erschienen. So erregte einer von den Komparsen ein anhaltendes Gelächter bei der Aufführung des Don Juan am 7. Juni 1802, wo Gymnasiasten die Schaar der Kobolde oder kleinen Teufel mit langen Schweifen bildeten, welche dem steinern Gast zur Seite waren, als dieser, von Don Juan zum Nachtmahl eingeladen, sich einfindet. Don Juan wird zuletzt von den Teufeln umkreißt und in die Hölle transportirt; der steinerne Gast verschwindet durch eine Versenkung und die Teufel laufen zur Seite von der Bühne. Bei diesem Weglaufen war einer von den Teufeln mit seinem Schweife von der Versenkung eingeklemmt worden, wand sich allein im Hintergrunde auf der leeren Bühne, mit ängstlicher Miene und jämmerlichem Geschrei, als wäre er vom Bösen gepackt, zur großen Freude des Publikums hin und her, und kam von dieser Haft nicht eher los, als bis er sich mit der größten Anstrengung den Schweif ausgerissen hatte. Dieser Vorfall war mehrere Tage Gegenstand des Stadtgesprächs. Aber Herder ärgerte sich, daß seine Gymnasiasten so gemißbraucht wurden. Daher schreibt er Klage führend in einem Bericht an Karl August vom 26. Okt. 1802: „Es ist nicht gut, daß das Seminarium in der Nähe des Theaters ist. Nie ist bei Errichtung gedachten Instituts auf diese Nähe gerechnet worden, indem man damals keine Ahndung gehabt, daß eine solche eintreten würde. Auch ist viele Jahre hindurch dieß Institut von aller Mitwirkung zum Theater verschont geblieben. Unter der Bellomoschen Gesellschaft fand auf Verwendung die Mithilfe Einiger, doch nur in gehörigen Schranken, durch Konnivenz und Indulgenz statt, ohne daß das Fürstl. Oberkonsistorium eine Koncession dieserhalb erlassen hätte.

„Erst unter der Hof-Direktion des Theaters ist diese Konnivenz allmählig, zuerst auch bittweise, dann mit mehrerer Forderung Sitte geworden, bis sie sich zuletzt in Anmaßung verwandelt.

„Da aber nichts augenscheinlicher ist, als daß seiner Funktion und Beschaffenheit nach, weder Gymnasium noch Seminarium die mindeste Verbindung mit dem Theater haben, vielmehr der heilloseste Schritt in ein Kirchen- oder Land-Schulamt der Weg über das Theater wäre, so glaubten wir in unserm vorigen unterthänigsten Bericht Fol. 13, daß über eine so wichtige Angelegenheit die Erziehung sämmtlicher Landjugend die Sache für sich selbst spreche und sich ans Herz lege.

„Ganz andere Sitten, eine andere Lebens- und Denkweise wird erfordert von einem Manne, der die Landjugend unterrichten, der das Zutrauen der Gemeinden gewinnen, sich als oftmaliger Stellvertreter des Pastoris Achtung verschaffen, auf dem Lande, landmännisch beschränkt, leben, in seinem Kreise zur Landeskultur ein Vorbild werden soll, als die er in der Nähe einer ganz andern Denkweise lernt."

Auf diese Vorstellung Herders erhielt Goethe als Vorsteher des Theaters von Karl August den Auftrag zu antworten. Er erklärte am 4. Dezember 1802: „Das Theater wäre ohne Mitwirkung des Schulchors nicht im Stande die Aufführung der Oper zu leisten; um jedoch die vorgekommenen Hindernisse des Schulbesuchs zu beseitigen, habe man von Seiten des Theaters gegenwärtig schon die Einrichtung getroffen, daß die Proben von 11—12 und Abends von 4 Uhr an gehalten würden." Das war nun schon etwas, ein kleines Beruhigungsmittel wenigstens, um grell in die Augen fallende Uebelstände, die Goethe durchaus nicht rechtfertigen konnte, zu beseitigen; aber in der Nähe und Berührung mit einem ihr fremdartigen Leben blieb die Jugend dennoch, bei der Herder ein „Auge" verlangte, in welchem Zucht und Scham, Aufrichtigkeit, Zutrauen, Bescheidenheit und Liebe, mit einem Worte, Geist Gottes wohnte. Goethe konnte leicht abhelfen, zumal da damals die Theatereinnahmen schon bedeutend waren, wenn er auf Errichtung eines eignen Chors und einer eignen Komparserie angetragen hätte. Er war aber zu sparsam in der Verwaltung der Theatermittel, und was besonders ins Gewicht fällt, die tiefen und heilsamen Ansichten von einer tüchtigen Volksbildung, wie sie Herder hatte, waren ihm fremd. Herder meinte, auf die Erziehung des Volks müsse der Staat als auf eine seiner wichtigsten Aufgaben alle Aufmerksamkeit wenden; von unten her müsse die Bildung ihr Fundament erhalten, um das Rechte zu finden und ihm die Herrschaft zu sichern, während Goethe ohne inneres Bedürfniß für das Volk als Volk zu

wirken, seine eigentliche Wirksamkeit in der Aristokratie der
Gesellschaft fand, von der seine Poesie zuerst nach allen Seiten hin empfunden und durchdacht werden mußte, ehe sie
sich auf die übrigen Schichten des Volks ausdehnen konnte.
Ueberhaupt war in den höheren Ständen damals keine hohe
Achtung vor der Schule, kein Sinn für die Beförderung
der Volksbildung zu finden. Wenn auch Weimar hierin andern Ländern voranging und diesen Vorzug besonders Herders Einsicht und Thätigkeit, der schon 1782 das Seminarium eingerichtet hatte, verdankte, so gab es doch auch hier
immer noch angesehene Personen, welche die Maxime ande-
derer Länder, wie Preußens und Chursachsens, billigten, in
denen alte Soldaten oder Bediente adlicher Häuser, die etwas lesen oder schreiben konnten, zu den Schullehrerstellen
auf dem Land befördert wurden. Die Aufklärung, meinten
sie, sei für das Volk verderblich und die Furcht vor diesem
drohenden Gespenst wich erst, als der Lenker der menschlichen Geschicke über die finstern Wolken am Himmel Deutschlands mit dem Wagen des Donners dahingerollt war Wohl
kannte Herder diese Furcht und hatte selbst, nach seiner Ueberzeugung, bei der Errichtung des Seminars gleich von vornherein erklärt: der Zweck dieser Anstalt sei nicht, jungen
Leuten eine unnütze Art von Aufklärung zu verschaffen, bei
der sie sich etwa selbst überklug dünken und ihren künftigen
Lehrlingen eher nachtheilig als nützlich würden, denn zu viel
Klarheit und Raisonnement unbedachtsamer Weise in Stände
verbreitet, in welche sie nicht gehörten, fördern weder den
Nutzen des Staates, noch die Glückseligkeit des Einzelnen,

zumal im niedrigen Privatleben. Demungeachtet vermochte Herder nicht eine höhere Achtung für seine Anstalt zu gewinnen, um alle Hindernisse zu entfernen, und sagen zu können, daß er eine Schule besitze, die viel Zucht, viel und strenge Uebung im Guten und allerlei Guten habe, dazu die Jugend gebildet werden solle. Er konnte sogar in seiner nächsten Umgebung nicht durchdringen, so groß auch sein Ansehen war, was er sich auswärts durch seine Grundsätze über Schul- und Erziehungswesen erworben hatte. Denn Herder war damals neben Basedow die einzige Eminenz auf dem pädagogischen Felde. Schon im Jahr 1769, 5 Jahre früher als dieser sein Elementarwerk herausgab, hatte Herder einen Aufsatz über das Ideal einer Schule geschrieben, worin er mit jenem Philanthropen in den Hauptpunkten übereinstimmte, namentlich in dem Grundsatze, daß aller Unterricht womöglich an das Leben und die Umgebungen des Kindes anzuknüpfen sei. Aber Herders Humanitätsprinzip in der Erziehung war feiner und geistiger, als das von Basedow, über den er sich einmal sehr derb gegen Hamann äußerte, daß er Basedow nach dem, wie er ihn persönlich kenne, keine Kälber möchte zu erziehen geben, geschweige denn Menschen.

Ein andrer Schmerz wurde Herdern vom Theater her bereitet in Bezug auf die Kirche. Die Uebung in wahrer Kirchenmusik und das ächte Orgelspielen war einem Geschmack, den Herder Galanterie oder Galanteriestückchen nannte, aufgeopfert und über diesen der Grund jener, der Generalbaß, hintangesetzt worden. Als Ephorus hatte er deshalb oft Erinnerungen an den betreffenden Lehrer des Gymnasiums ergehen lassen, aber jeder Zeit war von daher über die Vernachlässigung der Stunden dieser Art, die zu einem ernsten Studium und zu fleißigen Uebungen in der Kirchenmusik führen sollten und über den daran hindernden Theatergeschmack Klage geführt worden.

Dieser Geschmack, sagt Herder weiter, ward in mehrere unsrer Landkirchen zum Theil so eingedrungen, daß ihn, den General-Superintendent, bei Einführungen der Geistlichen bisweilen so lustige Operarien, denen geistliche Worte untergelegt waren, empfingen, daß es ihn Wunder nahm, wenn nicht die christliche Gemeinde dazu tanzte. Dieses werde, sagt er, um so auffallender, da ringsum im Erfurthischen, Gothaischen, Altenburgischen und Chur-Sächsischen auf Kirchenmusik gehalten und es dem Fürstenthum Weimar nicht nur auswärts zum Vorwurf gemacht werde, schlechte Orgelspieler zu haben, sondern auch vor dem Ober-Konsistorium von mehreren Gemeinden Beschwerden geführt seien, daß das Feierliche ihres Kirchengesanges dahin sei, indem ihre Kantoren kaum Lust hätten die Melodie ordentlich zu führen. Deshalb hatte auch im Jahr 1799 ein Choralbuch gedruckt und in den Kirchen eingeführt werden müssen, um den Mangel an Kenntniß des Generalbasses zu suppliren, da jede Note darin ausgedruckt war, eine Einrichtung, die, wie Herder sagt, nicht zur Ehre des Landes gereichte. Seit Jahren schon lag ihm am Herzen, der Kirchenmusik und dem Kirchengesange die ihnen gebührende andächtige Feier wiederzugeben. Das Einfachste, Wahrste, Klarste und Kräftigste war auch im Gottesdienste ihm das Liebste, besonders in

Beziehung auf den Kirchengesang und das geistliche Lied. Dafür spricht die Bearbeitung des Weimarischen Gesangbuchs von 1778. Wenn damals viele der ersten Theologen, wie Spalding, Zollikofer und andere die alten Gesänge möglichst der neuern Denk- und Sprachweise anbequemten, ließ Herder wo möglich das Alte stehen, ja, gieng absichtlich auf die alten und wahren Lesarten zurück und half nur da mit Aenderungen nach, wo diese durchaus nothwendig erschienen. „Ein Wahrheits- und Herzensgesang, so spricht er, wie die Lieder Luthers alle waren, bleibt nie mehr derselbe, wenn ihn die fremde Hand nach ihrem Gefallen ändert, so wenig unser Gesicht dasselbe bliebe, wenn jeder Vorübergehende daran schneiden, rücken und ändern könnte, wie's ihm, dem Vorübergehenden, gefiele. — Der Kirche Gottes liegt unendlich mehr an Lehre, an Wort und Zeugniß, in der Kraft seines Ursprungs und der ersten gesunden Blüthe seines Wuchses, als an einem bessern Reime oder einem schönen und netten Verse. Keine Christengemeinde kommt zusammen, sich in Poesie zu üben, sondern Gott zu dienen, sich selbst zu ermahnen mit Psalmen und Lobgesängen, geistlichen und lieblichen Liedern und dem Herrn zu singen in ihrem Herzen. Und dazu sind offenbar die alten Lieder viel tauglicher, als die neu veränderten oder gar viele der neuern, ich nehme dabei alle gesunde Herzen und Gewissen zu Zeugen." Bewies Herder die größte Ehrfurcht vor dem wahrhaft Gediegenen der alten Kernlieder, so war er doch nicht ein blinder und einseitiger Verehrer derselben; er änderte einzelne störende Ausdrücke, einzelne Sprachhärten, jedoch mit Schonung,

unvermerkt und gelinde, immer mit Vorliebe für das Alte
und in der Ueberzeugung, daß das Herz der Gemeinden
daran hänge. Wie er in Bezug der Umänderungen dachte,
geht aus der Vorrede zu der spätern Ausgabe des Weimarischen Gesangbuchs von 1795 hervor. Fortwährend strebte
er darnach, den alten ehrwürdigen Gottesdienst festzuhalten
und wo schönes Außenwerk in denselben eingedrungen war,
dieses zu entfernen.

Mitten in diesen Bestrebungen sollte ihm jedoch das
Schmerzlichste begegnen. Das Kantorat des Gymnasiums,
die sechste Lehrerstelle, war vakant geworden und der Musik-
direktor vom Theater Francois Destouches, ein Katholik,
meldete sich zu dieser Stelle, um seinen Gehalt von 400 Thlr.,
den er vom Theater bezog, zu verbessern. Herder protestirte
gegen diese Anstellung aus allen Kräften. Das Kantorat,
sagt er, als eine Kirchen- und Schulstelle hat seine eigenen
Pflichten. Ein Klerikus muß die Verstorbenen zu Grabe
singen und die Verwaltung des Kirchengesanges in der ältesten lutherischen, der Stadtkirche, durch einen Römisch Ka-
tholischen, sowie sie der Kirchen-Ordnung, den Landesinter-
essen und dem zu leistenden Eide entgegenstünde, würde fast
allgemein zum Anstoß gereichen, der Publicität nicht entgehen, auch wie wir es herauszusagen uns devotest erkühnen,
selbst dem Andenken der Fürsten zu nahe treten, deren Bild-
nisse und Grabmahle diese Kirche ehren. Auch sei der an
Lehrern so dürftigen Schule ein eigner Kantor als Lehrer
unentbehrlich. Auf mehrere Jahrhunderte vielleicht würden
wir zurückgeworfen, wenn eines kleinen Emoluments oder

einer vorübergehenden Konvenienz wegen, eine dem ganzen Lande wichtige Stelle verstümmelt, oder gar Gymnasium und Seminarium auf irgend eine Weise unter eine Disposition gerückt würden, unter welche sie nicht gehörten. Wenn er angestellt werden sollte, so möchte er aus freier Hand als außerordentlicher Musiklehrer, gleich andern dergleichen angestellt werden, jedoch ohne Verminderung der Kantoratsbesoldung und Emolumente. Destouches wurde trotzdem angestellt, versuchsweise auf ein Jahr, nach einer von ihm selbst eingereichten Vertheilung der Geschäfte, die von der Kantorstelle auf ihn fielen und die der Kantor behalten sollte, und bekam von der Kantoratsbesoldung einen bedeutenden Theil an Geld und Naturalien, die Kantorstelle am Gymnasium selbst blieb unter der bisherigen Vakanz-Verwaltung. Auch bei diesem Geschäft war Goethe thätig gewesen; aus Liebe und zum Besten des Theaters hatte er den Konzertmeister Destouches für diese Stelle empfohlen und über die Bedenklichkeiten, die bei Karl August durch Herder wach gerufen waren, hinweggeholfen. Er sagt in seinem Schreiben: „Wird der künftige musikalische Unterricht bei hiesigem Gymnasium dergestalt eingeleitet, daß für ein tüchtiges Fundament gesorgt ist, werden, bei geistlichen Handlungen, solche Stücke aufgeführt, die aus dem wahren Charakter einer Kirchenmusik nicht heraustreten, so wird es jungen Leuten in der Folge weder an Geschick noch Geschmack fehlen, diesen Theil ihrer Pflichten zu erfüllen. Wenn Destouches als Konzertmeister des Theaters zugleich Musiklehrer am Gymnasium wird, die Verhältnisse hier kennt und seine Incumbenzen damit zu vereinigen sucht, so wird dann zu beiderseitiger Zufriedenheit vollkommene Ordnung bestehen können. Denn außer allem Zweifel scheint es gesetzt zu seyn, daß schon dadurch viel Zeit und Mühe erspart wird, wenn ein Lehrer mit seinen Schülern etwas unternimmt, die er kennt, die seine Methode gewohnt sind und die er auf mehr als eine Weise zu üben verpflichtet ist."

Man sieht hieraus, wie Goethe sich die Sache dachte. Das Theater hatte er vor allem im Auge, das Heilsame aber, was aus der Anstellung des Konzertmeisters Destouches am Gymnasium für den musikalischen Unterricht daselbst erwachsen sollte, hieng von Bedingungen ab, deren Erfüllung Herder als unmöglich von vornherein bezeichnete. Goethe war selbst einigermaßen bedenklich und läßt am Ende seines Schreibens durchblicken, daß es bei einer Sache, die so mancherlei Seiten habe, bei der so viel auf persönliche Verhältnisse ankomme, es vielleicht räthlich sein möchte, die Einrichtung nur zum Versuch, auf eine gewisse Zeit zu treffen und von der Erfahrung zu erwarten, inwiefern die concurrirenden und, hie und da, vielleicht streitenden Interessen vereinigt werden könnten.

Die Sache mislang völlig und Herder hatte noch vor seinem Tode die Genugthuung, daß sein gegen die Anstellung von Destouches eingelegter Protest höchsten Orts Anerkennung fand. Der Direktor des Gymnasiums, Böttiger, beschwerte sich in einem Bericht vom 22. März 1803 (ad fol. 96. 97. 98 der Oberkonsist.-Akten sub OO.): Destouches halte nicht alle Stunden musikalischen Unterrichts, zu denen er sich verbindlich gemacht habe und seiner Lehre fehle die Methode, da er zu viel theoretisire in Anweisungen zum Klavierspielen, Uebung im Spiel und Gesang aber gänzlich unterblieben sei. Die deshalb von Karl August der Theaterkommission anbefohlene Vernehmung des Konzertmeisters Destouches ergab, daß die Beschwerden gegründet waren. Je weitläufiger der Beklagte auszuführen suchte, wie er ein ganzes Jahr hindurch die Choristen mit den principiis musicis bekannt zu machen sich bemüht habe, und wie er nun im Stande seyn würde, den Fähigsten darunter Anweisung im Klavier- und Orgelspielen und Gesang geben zu können, desto deutlicher und auffälliger trat hervor, daß seine ganze Methode eine verfehlte und unbrauchbare war, denn er hatte ihnen ein ganzes Jahr lang die abstraktesten Sätze über die einzelnen Theile der Musik diktirt; ja, noch mehr, es trat hervor, daß es dem Konzertmeister Destouches bei seiner Stelle am Gymnasium hauptsächlich um die Emolumente derselben zu thun gewesen sei.

Der Nachtheil, der daraus für die Schule und die Kirche entstand, hätte vermieden werden können, wenn Herders Rath und Warnung gehört worden wären. Aber die damalige Zeit, wie schon gesagt wurde, hatte keine Achtung vor der Schule; auch die Kirche war zurückgestellt, besonders von den höhern Ständen. Das Uebergewicht lag bei weitem in jenen Staats-Instituten, welche in ihren Aeußerungen die Stärke des sinnlichen Eindrucks für sich hatten. Man darf sich aber nicht wundern, daß Herder und Goethe in dieser Angelegenheit der Schule und Kirche einander entgegentraten.

Beide als universale Geister waren geschaffen, neue geistige und sittliche Zustände herbeizuführen, neue Gesichtspunkte in der ganzen Sphäre des Lebens zu eröffnen. Herder, nicht zugethan der kritischen Philosophie Kants, nicht einstimmend in die Richtung, welche Schillers Poesien nahmen, trat zu allen den Bewegungen, von denen das geistige Leben gegen Ende des 18. und zu Anfang des 19. Jahrhunderts ausgieng, eher in ein gegnerisches, als in ein freundliches Verhältniß, stand auf dem Boden der Vergangenheit und war ein Mann der Erhaltung. Aber auch den Fortschritt liebte er und war als Vermittler der Vergangenheit und Zukunft im Stande, Altes und Neues aus seinem Schatze hervorzubringen und Beides geistig zu verbinden. Das Kleinod des väterlichen Glaubens sollte ihm die Zeitrichtung nicht rauben, und sah deshalb in Kants und Schillers Streben nach einem sittlichen Zustande, der statt auf den positiven Stützen der überlieferten Religion, lediglich auf der Macht der Freiheit, auf den unerschütterlichen Grundlagen der Vernunft ruhen sollte, nichts weiter als eine auflösende Tendenz, den alten Formen des kirchlichen Lebens gegenüber. Auch hielt er es für einen großen Nachtheil, daß der weltliche Styl in der Musik über die Kirchenmusik gesiegt hatte. Ueberhaupt war er ein Gegner der Alles verweltlichenden Zeit, deren Organ Goethe war.

Aus dieser Zeitrichtung blühte auf dem theologischen Gebiete ein Rationalismus hervor, der das Christenthum zu einer reinen Verstandessache machte. Es entstand in den Predigten eine ästhetische Sentimentalität, welche die fehlende

Innigkeit des religiösen Gefühls verdecken sollte, und was
das Schlimmste war, Kirche und Theater wurden einander
näher gerückt, indem manche Geistliche poetische Phrasen
und theatralische Deklamation von der Bühne her auf die
Kanzel brachten und manche ihre Predigten anfingen: „Es
giebt im Menschenleben Augenblicke" u. s. w. Hatte ja auch
Schiller das heiligste Mysterium der Kirche, die Abend=
mahlsfeier, in der Maria Stuart zwischen die Kulissen
gerückt.

Weil man meinte, daß der protestantische Gottesdienst
zu wenig Fülle und Konsistenz habe, als daß er die Gemü=
ther zusammenhalten könnte, suchte man den Kultus durch
Theatralisches zu heben, indem man Ouvertüren und andere
Opernmusiken, so Ostergesänge nach der Melodie: „In diesen
heiligen Hallen", das Lied: Christ ein Gärtner nach dem
Duett aus Titus: „Im Arm der Freundschaft weilen", auf=
führte und sogar Opernsänger und Sängerinnen, die man
auf dem Theater Abends vorher gehört hatte, auf dem Chore
der Kirche singen ließ, wodurch die Kirche zwar mit Zuhö=
rern gefüllt wurde, aber nur so lange, als der Gesang
dauerte. Man war nicht mehr mit den alten liturgischen
Formen zufrieden und statt der einfachen Worte des Vater
unser, wie sie in der Bibel stehen, betete man das Vater unser
nach Witschel und Mahlmann. Mit diesem gänzlichen Man=
gel an kirchlichem Takt, der hie und da einriß, war Herder
höchst unzufrieden und sah darin die Unfähigkeit, etwas Tüch=
tiges aus der Fülle des christlichen Lebens heraus zu erzeu=
gen, bei dem es lediglich auf die tiefere Sittlichkeit, auf die

wahre Heiligung des Menschen ankomme, die sich nicht mit
oberflächlichen Rührungen oder einem ästhetischen Flitter be-
gnüge, sondern auf Umwandlung der Gesinnung dränge.
Er konnte aber gegen den Strom der Zeit nichts ausrichten,
seine ernste und gemäßigte Mahnstimme wurde überhört oder
mit dem blinden Zelotengeschrei auf eine Linie gestellt. Was
einmal Zeitgeschmack geworden ist, das zu beseitigen ist nicht
die Aufgabe einiger Jahre, sondern mehrerer Jahrzehnte, ja
eines halben Jahrhunderts, aber gut ist es immer, wenn es
Männer giebt, die den ausgetretenen Strom in sein Bett
zurück zu leiten suchen.

Daraus erklärt sich nun auch der Eifer Herders in der
Angelegenheit des Gymnasiums dem Theater gegenüber und
daraus erklärt sich ferner, daß er bei der herrschenden Richtung der damaligen Zeit nicht zur Geltung kam, so sehr
auch auf seiner Seite das Recht war. War zunächst das
Bestreben vorhanden, sich beim Theater wohlfeil einzurichten,
so wurde daneben noch zur Rechtfertigung als gewichtiger
Grund für die Beibehaltung der bisherigen Einrichtung hervorgehoben, daß junge Leute nicht genug Uebung im Gesange haben könnten, der für die Bildung des Geschmacks,
für Milderung und Erheiterung des Gemüths, für die Ver-
schönerung des geselligen und einsamen Lebens ein herrliches
und durch nichts Anderes zu ersetzendes Mittel sei. Das
lag allerdings in der Stimmung der Zeit und es entstanden
damals schon in Städten Gesangvereine. Dagegen stemmte
sich aber auch Herder nicht, wohl wissend wie irgend einer,
welchen eigenthümlich bildenden Einfluß Musik und Gesang

auf Geist und Herz habe, aber er hatte bei dieser Angelegenheit als Gegner des weltlichen Gesanges nur die schwachen Mittel des Gymnasiums im Auge und das Bedürfniß der Kirche und Gemeinden, wenn er vor allem den Kirchengesang von dem Schulchor gebildet wissen wollte, da ihn die Erfahrung gelehrt hatte, daß, wenn der religiöse Sinn des Volkes Nahrung suche oder sich äußere, er sich meist dem Choral zuwende.

Goethe selbst wollte endlich der Hilfe des Gymnasiums entsagen und ein eigenes Chor für das Theater aus dem damals bestehenden Gesangverein Weimars gebildet haben. Den 9. Dezember 1808 trägt er bei Karl August in einem Schreiben auf die Trennung der Oper und des Schauspiels an und sagt: „Es müßte jetzt leichter als jemals seyn sich ein stehendes Chor zu bilden, da durch den Einfluß der großen Berliner Singakademie sich überall Privatgesellschaften bildeten, die eine Freude darin fänden, mehrstimmige Gesänge auszuführen. In Berlin selbst hätten sich mehrere solche Privatchöre gebildet; in Halle, Leipzig, Jena, Weimar wären sie auch schon entstanden, und es bedürfte bei uns nur ein Geringes, um eine solche Meinung weiter zu verbreiten. Noch nie sei ein Zeitpunkt günstiger gewesen als der gegenwärtige."

Aber aus diesem Vorschlage Goethes wurde für jetzt noch nichts und erst 10 Jahre später zu Ostern 1818 entstand aus der Mitte des Gymnasiums das eigne Chor des Theaters, wie es jetzt noch besteht. Jeder dahin Uebergegangene bekam 150 Thaler jährliche Besoldung.

So lange dauerte es, ehe das was Herder noch am Ende des vorigen Jahrhunderts und öfters zu Anfange dieses sehnlichst gewünscht hatte, zur Ausführung kam. Was ein Glied werden sollte in der Entwickelungsgeschichte des Gesanges unsres Landes, das brachte, losgerissen vom Ganzen und unter Extravaganzen zur Geltung strebend, unerfreuliche Wirkungen in Schule und Kirche, bis es, Anfangs wegen der Verhältnisse von Goethe in beschränktem Maße und mit Schüchternheit gefördert, zuletzt durch die Zeit tiefere Wahrheit, edlere Richtung und weitere Verbreitung erhielt. Denn jetzt und schon seit Jahren ist der Gesang, durch alle Schulen des Landes verbreitet, ein Quell der edelsten Freuden, ein Quell, der in nie versiegender Fülle fließt. Der Kunstgenuß ist nicht mehr auf die Säle der Reichen und Vornehmen beschränkt, auch in der bescheidenen Schulstube, auch unter dem Dache des niedrigsten Mannes im Volke kann die Freude am Schönen wohnen.

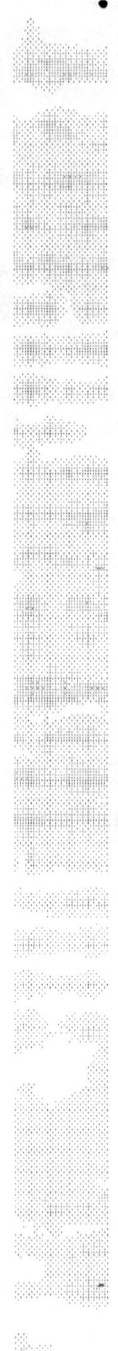

Das Heilige auf der Weimarischen Bühne unter Goethe.

Heiliges und Kirchliches, sagt man, gehören nicht auf die Bühne, und wenn sie dahin gebracht werden, sei es eine Profanation. Daher verbot man geradezu oder sah es ungern, Christliches und Geistliches, Biblisches und Kirchliches dramatisch darzustellen, ja man fand etwas verletzendes und unerlaubtes darin, wenn der geistliche Stand als handelnde Person eingeführt wurde. Was man auch dagegen sagen mochte, z. B. das Theater sei aus der Kirche hervorgegangen und habe als Tochter hilfreich der Mutter beigestanden, um heilige Entschlüsse in dem Volke zu erwecken und auf eine fromme und christliche Gesinnung hinzuwirken, oder man berief sich auf die alten Griechen, bei denen das Theater gerade an den Festen und nur an den größten Götterfesten geöffnet war, ja es konnten selbst geistreiche Theologen, wie Wessenberg und Draeseke, in besondern Schriften, das Theater in Schutz nehmen — nichts half, immer blieb der Vorwurf, das Theater sei ein weltlich geartetes, ganz und gar dem

Religiösen und Kirchlichen abgeneigtes und dessen unwürdiges Institut. Streng war hierin der katholische Klerus, und während die lutherische Theologie in ihrem Widerspruch gegen das Theater im Ganzen maßhaltend sich zeigte, traten die Reformirten strenger und entschiedener dagegen auf, am strengsten aber der Pietismus und ähnliche Richtungen der Kirche.

Je nachdem man nun in einem Lande das Theater ansah, entweder als Belustigungsort und Schaubude oder als Bildungsstätte und Kunsttempel, darnach richtete sich das Verfahren desselben in Beziehung auf das Heilige und Kirchliche. Dieses mögen zunächst einige Beispiele darthun, dann aber soll hauptsächlich gezeigt werden, wie Goethe als Vorsteher des Theaters in seiner fünfundzwanzigjährigen Wirksamkeit verfuhr, wenn seine Bühne mit der Kirche in Berührung kam und wie solche Unternehmungen das Weimarische Publikum aufnahm.

Das protestantische Berlin war streng. Als am 6. Juni 1806 daselbst Werners Weihe der Kraft durch Iffland auf die Bühne kam, äußerte das Publikum über die Behandlung des Kirchenreformators seinen Unwillen; der Polizeidirektor mußte einschreiten und Ordnung schaffen, ehe das Stück öfters aufgeführt werden konnte, obgleich das parabeluftige Publikum insbesondere durch den Pomp der Aufzüge, durch das Arrangement und die kostbaren Kostümes mächtig angezogen wurde. Martin Luther war eine Glanzrolle Ifflands. Doch am 23. Juli erfolgte eine öffentliche Verspottung des Ifflandischen Unternehmens. Viele Offiziere der königlichen Gensd'armerie hielten Abends nach 10 Uhr unter Fackelschein und großem Jubel durch die Straßen Berlins eine sehr lustige maskirte Schlittenfahrt, deren Einrichtung, Bestandtheile und Bedeutung Zelter in einem Briefe an Goethe unter dem 2. Aug. 1806 einfach ergötzlich beschreibt. Das schaulustige Publikum war sehr erfreut. Aber Iffland führte bei dem König Beschwerde über dieses Benehmen der Offiziere und diese wurden bestraft. Auf ihrer Seite war das Konsistorium, Männer wie Haustein und Ribbek, die in einem Berichte an den König das Unschickliche der Vorstellung auseinandergesetzt hatten.

Drei Jahre nach Ifflands Tode am 30. Okt. 1817 gab man ebendaselbst zur Feier des Tages, aus Werners Weihe der Kraft jene Scene, wo Luthers Eltern den Sohn besuchen, er ihnen seinen Willen erklärt und nach Wildenecks Ankunft entschlossen ist, nach Worms zu gehen, welche Gefahr ihn auch bedrohen möge. Als der Vorhang aufging, war alles ruhig, bis Luther auftrat. Da erhob sich ein großer Tumult im Zuschauerraum und Arretirungen bildeten ein so bedeutsames Zwischenspiel, daß seitdem die Weihe der Kraft von der dortigen Bühne verschwand. Merkwürdig ist es, daß sie in Regensburg und München ohne Anstoß aufgeführt wurde, während sie in manchen protestantischen Städten wegen der daselbst lebenden Katholiken verboten wurde. Eigentlich, sagt man, hätte ein solches Stück von Sinn und Unsinn, von Kraft und Schwäche, von Schönheit und Abgeschmacktheit auf keine Bühne kommen sollen. Und Zelter schreibt am 2. Juli 1806 an Goethe: Zacharias Werner habe ein neues Genre aufgebracht, welches in Ermangelung würdiger dramatischer Produkte das Theater mit Bibeln und Gesangbüchern füllen werde.

Im Don Karlos erschienen der Beichtvater des Königs, Domingo, so wie der Prior des Karthäuser Klosters in ihrer Amtskleidung auf den meisten Bühnen, doch anderwärts, z. B. in Dresden sah man das als eine Entwürdigung des geistlichen Standes an, ja Schiller ließ sich bewegen, um confessionellen Anstoß zu vermeiden, den Domingo in einen Staatssekretair Perez zu verwandeln. Gleichwohl wird niemand meinen, wie diese Umwandlung auf dem Theaterzettel geschehen sei, so höre dadurch das Publikum auf zu wissen, daß es eigentlich den Beichtvater des Königs vor sich habe. Auch verliert das Stück durch diese Verdeckung des Beichtvaters, da gerade dieser uns einen solchen Charakter zeigen soll, der, längst über alles hinweg, was menschlich ist, mit eiserner Festigkeit auf sein Ziel losgeht. Als würde ferner der geistliche Stand profanirt, verwandelte man in dem vielgesehenen Schauspiel Otto mit dem Pfeil von Hagemann den Kapuzinermönch in einen Scholarchen. Es ist das ein hinterlistiger eigennütziger Pfaffe, der die Religion immer im Munde führt, sie zum Deckmantel aller seiner Handlungen macht, um alle seinem Eigennutz nützlichen Streiche ausüben zu können. So schreibt Körner den 20. Februar 1799 an seinen Freund Schiller, der wegen der Wallensteinischen Trilogie mit einigen Theatern contrahirt hatte: „Hast Du nicht Lust Dich mit dem hiesigen (dem Dresdner) einzulassen? Oder scheust Du die hiesige Censur? Der Kapuziner freilich dürfte nicht stehen bleiben." Und wie verfuhr man gegen die Jungfrau von Orleans? In Dresden durfte die Johanna nicht von der Mutter Gottes, sondern vom Genius Frankreichs begeistert, die heilige Mutter Gottes überhaupt nicht genannt werden, ein Verfahren, welches geradezu den Hebel des Stückes zerstört; auch durfte der Bischof daselbst nur als Seneschall auftreten.[1]) In Wien blieb bei der Aufführung dieses Stückes alles weg, wo vom Göttlichen die Rede ist. Der Krönungszug war zwar sehr brillant, bestand aber nur aus Rittern und Soldaten, die man in dem Theater an der Wien, wo das Stück gegeben wurde, täglich sehen konnte, und Kerzen dabei zu tragen, war ebenfalls verboten, weil man Kerzen nur bei heiligen Prozessionen trug. In der Sonnenjungfrau von Kotzebue kommt ein Oberpriester vor, der vorurtheilsfrei und tolerant ist und das Gesetz der Keuschheit als das Gesetz des Schicklichen in das Gefühl des Schicklichen verwandelt wissen wollte. Dieser war einem orthodoxen Stadtpfarrer in Mannheim zuwider, er fand sich in der Person des Oberpriesters beleidigt und brachte es dahin, daß das Stück nicht mehr gegeben wurde.[2]) Im Wilhelm Tell, der den 13. November 1811 in München zum ersten Male auf die Bühne kam, mußte der Chor der Mönche am Schlusse des 4ten Aktes wegbleiben. In Kotzebues Nachspiel „Die Unglücklichen" klagt der darin auftretende Geistliche Falk auf eine Weise, daß ein lutherischer und reformirter

---

[1]) S. Modeztg. 1802 S. 149.
[2]) S. Berlin. Annal. des Theaters II. 7. Heft S. 45.

Prediger, beide fleißige Besucher des Schauspiels, sich beschwerten über die Kränkung, welche ihrem Stande durch diese Klagen des Pastor Falk zugefügt würde. Die Direktion ließ nun bei der zweiten Vorstellung die anstößige Scene mit dem Geistlichen hinweg.

Aber nicht blos Personen geistlichen Standes sollten von der Bühne fern bleiben, es durfte daselbst nicht gebetet, selbst das Wort „Beten" nicht ausgesprochen werden, ebensowenig irgend ein heiliger Name. Anstatt Gott mußte Himmel gesagt werden, selbst Orgelmusik war auf dem Theater verboten. Körner erzählt, daß in Dresden Hamlet anstatt: „ich meines Theils will beten gehn" sagen mußte: „was mich betrifft, ich will das Meinige thun."[1]) Kotzebues beliebtes Lustspiel das Geständniß oder die Beichte erhielt in München auf den Theaterzetteln den Titel: „der Klausner". Vieles strichen die Censurcollegien oder veränderten manches, was gegen Religion, wie sie meinten, verstieß, z. B. die Censur in Riga in Liefland änderte in der silbernen Hochzeit von Kotzebue 1. A. 8. Scene die Worte: „Wie war dir zu Muthe? Gerade so, wie bei der Confirmation, als das letzte Lied gesungen wurde und die ganze Gemeinde mich ansah." Dafür setzte die Censur: „Gerade so wie bei der Handlung, als man mich aus der Schule entließ, der Lehrer und die Eltern mich lobten, umarmten und — die ganze Gemeinde mich ansah." In dem Lustspiel Der Hausfriede von Iffland heißt es 1. Akt Sc. 2: „Laß ein Gericht nach dem

---

[1]) S. Devrients Geschichte d. deutschen Schausp. III. S. 204.

andern auftragen, so wie unten auf dem eisernen Ofen zu sehen ist, wo bei der kananäischen Hochzeit die Pfannen und Pasteten den Gästen über die Köpfe gestürzt werden. Die Censur hatte gebessert: Laß ein Gericht nach dem andern auftragen, so wie unten auf unserm eisernen Ofen gemalt zu sehen."

Doch genug solcher Beispiele. Wie verfuhr nun Goethe auf der Weimarischen Bühne? Goethe war ungemein vorsichtig und bedenklich, wenn Religiöses und Heiliges auf die Bühne kommen sollten. Jede Vermischung der Gebiete, des Profanen und des Heiligen, war seinem gesunden Geschmack zuwider. „Eine Musik, sagt er unter anderm (in W. Meisters Wanderjahren), die den heiligen und profanen Charakter vermischt, ist gottlos" und anderwärts meint er, es sei eine unerfreuliche Geistesverirrung, daß man die Mysterien der christlichen Religion dem Volke Preis gebe und sie eben dadurch der Spitzfindigkeit aller einseitigen Verstandesurtheile bloßstelle. Aber so ängstlich und weitgreifend wie die Dresdner, Münchner und andere Bühnen war er nicht, er ließ alle die geistlichen Persönlichkeiten, die ein Dichter aufgestellt, sich vollständig produciren und am wenigsten hätte er einen religiösen Namen oder ein Wort umgeändert. Brachte er einmal Etwas auf die Bühne, was in einzelnen Gemüthern Anstoß erregen konnte, so wurde von ihm aller Fleiß und alle Kunst auf die Darstellung verwendet, das Stück zunächst durch vervielfachte Leseproben mit einzelnen wie mit der Gesammtheit der agirenden Schauspieler sorgfältig einstudirt, die andern Proben mit Strenge gehalten, und der Schau-

17

spieler so lange gestimmt, bis ein heiliger Ernst und eine feierliche Begeisterung über sein Spiel sich ausbreitete. „Bei solchen Gelegenheiten, sagte einmal die Schauspielerin Wolff, ist es uns die Tage vorher und den ganzen Tag, wo am Abend gespielt wird, als sollten wir eine heilige Handlung vollbringen."

So führte Goethe am 14. Januar 1797 die Jesuiten von Hagemeister auf und zwar mit möglichster Feierlichkeit und mit einer Genauigkeit, wie man dasselbe schwerlich irgendwo hat aufführen sehen. Nämlich im zweiten Akt läßt sich, während Manfred in der Jesuitenkirche am Altare knieend betet, im Hintergrunde eine feierliche Messe hören. Der Kapellmeister Kranz hatte hierzu einige Theile einer vortrefflichen Messe von Mozart gewählt, welche, in vollen Chören mit der größten Präcision aufgeführt, die Illusion außerordentlich beförderte. Auch bewies die während der ganzen Musik und der ganzen Vorstellung von dem gedrängtvollen Hause beobachtete Stille hinlänglich, daß der hierdurch bezweckte Eindruck vollkommen erreicht wurde, zumal da die Schauspieler nichts vernachlässigten, um diese Darstellung zu einem kunstreichen Ganzen zu verschmelzen. Dennoch ließ sich bald darauf von Jena her eine Stimme vernehmen, daß die Scene mit der Messe anderwärts, wie in Hamburg, schwerlich auf die Bühne gekommen sein würde.

Ebenfalls mit großer Feierlichkeit, wie die Jesuiten, und mit Gemessenheit, brachte Goethe den Mahomet, nach Voltaire bearbeitet, am 30. Januar 1800 zur Aufführung. Man nahm Anstoß an dem Inhalt des Stückes und nannte es ein unsittliches. Allein der Dichter hat darin gezeigt, wie man religiöse Gegenstände auf das Theater bringen könne. Die schrecklichen Folgen des Fanatismus machte er anschaulich, indem er einen edlen jungen Mann aufstellt, der aus Religionsschwärmerei einen Mord begeht; der Ermordete war sein Vater.

Vorsicht bewies Goethe, als am 14. Juni 1800 Maria Stuart auf die Bühne kommen sollte. Er schrieb kurz vorher am 12. Juni, als schon viele Proben des neuen Stückes gehalten worden waren, an Schiller: „Der kühne Gedanke, eine Communion auf's Theater zu bringen, ist schon ruchbar geworden, und ich werde veranlaßt, Sie zu ersuchen, die Funktion zu umgehen. Ich darf jetzt bekennen, daß es mir selbst dabei nicht wohl zu Muthe war, nun da man schon im Voraus dagegen protestiert, ist es in doppelter Betrachtung nicht räthlich. Mögen Sie mir vielleicht den fünften Akt mittheilen und mich diesen Morgen nach 10 Uhr besuchen? damit wir die Sache besprechen können." Wer der Protestierende gewesen, ist jetzt bekannt. Karl August war es.[1]) Wahr-

---

[1]) Aus dessen Briefwechsel mit Goethe, Bd. 1, S. 259, Nr. 157 geht dieß hervor. Er schreibt daselbst: Es ist mir gestern Abend erzählt worden, daß in der Maria Stuart eine förmliche Communion oder Abendmahl auf dem Theater passiren würde. Vermuthlich soll sie katholisch sein und sich vielleicht mit der in den Jesuiten (von Hagemeister) entschuldigen. Indessen ist doch auf unserer Bühne bei der Vorstellung der Jesuiten die Sache so anständig gemacht worden, daß bis auf ein Crucifix, das wohl auch hätte wegbleiben können, nichts sehr Anstößiges vorkam. Siehe doch zu, daß dieses auch bei Maria Stuart der Fall sei; ich erinnere Dich daran, weil ich der prudentia mimica externa Schilleri nicht recht traue. So ein braver Mann er sonsten ist, so ist doch

scheinlich auf Veranlassung der Frau Herzogin Luise und anderer hohen Frauen, welche von der Abendmahlsscene gehört haben mochten und ihre Bedenken dagegen hatten, wie denn überhaupt die Frauen Weimars am meisten um die neuen Schöpfungen Schillers sich bekümmerten. Vielleicht gehörte auch Wieland zu den Protestierenden. Daß Herder dagegen gesprochen oder geschrieben haben sollte, wie die gewöhnliche Meinung ist, läßt sich nicht annehmen, im Gegentheil erzählt man, Schiller habe Herder gefragt: „Sagen Sie, sollte diese Scene wohl das religiöse Gefühl beleidigen können?" und Herder habe geantwortet: „Wenn Sie mich gefragt hätten, ob diese Scene das religiöse Gefühl habe erwecken können, so würde ich mit Ja antworten." Indes ist dieses Gespräch zwischen Schiller und Herder ebenfalls in Zweifel zu ziehen, da beide Männer damals mit einander in Differenz waren. Recht hat Körner, wenn er unter dem 9. Juli 1800 an Schiller schreibt: „Daß man religiöse Gegenstände auf dem Theater nicht verträgt, beweist blos die noch herrschenden unwürdigen Begriffe von der Schauspielkunst. So lange diese aber noch dauern, ist es recht, eine solche Scene (wie die Communion) für das Theater abzuändern. Was irgend jemanden heilig ist, hat

leider die göttliche Unverschämtheit oder die unverschämte Göttlichkeit, nach Schlegelscher Terminologie, dergestalt zum Tone geworden, daß man sich mancherlei poetische Auswüchse erwarten kann, wenn es bei neuern Dichtungen darauf ankommt, einen Effekt, wenigstens einen sogenannten hervorzubringen, und der Gedanke, oder der poetische Schwung nicht zureichen wollte, um durch Worte und Gedanken das Herz des Zuhörers zu rühren. Leb wohl.
Carl August.

man jetzt doppelt zu schonen, da es für so wenige Menschen irgend etwas Heiliges giebt."

Nun erzählt man weiter, die Schriftstellerin Cäcilie erzählt es in Weimars Buchdrucker-Album und Hofmeister, Schillers Biograph (Bd. 4, S. 258), erzählt, Schiller habe trotz Goethes Vorstellungen bei der ersten Aufführung dennoch nach der Beichte die Abendmahlsscene auf die Bühne gebracht und der reuigen Maria aus Melvils, ihres Haushofmeisters Händen, das Abendmahl in beiderlei Gestalten reichen lassen; „denn, setzt er hinzu, Schiller ließ sich überhaupt von dem, was er einmal als recht anerkannt hatte, schwer abbringen." Aber hier verkennt der Biograph einmal das Verhältniß zwischen Schiller und Goethe, denn, indem Goethe erklärte, es werde ihm selbst bei der Abendmahlsscene nicht wohl zu Muthe, war der Freund zu einer Abänderung gewiß leicht bereit; dann hielt Schiller bei seinen Theaterstücken gar nicht so fest an dem, was er einmal aufgestellt hatte; wir wissen ja, daß er den Beichtvater Domingo auf Verlangen ohne Weiteres in einen Staatssecretair verwandelte, und was noch mehr sagen will, er hat auf den Wunsch des Schauspielers Reinecke in Leipzig den rhythmischen Bau seines Don Carlos zerstört und in Prosa umgesetzt. Gewiß ist es, die Abendmahlsscene blieb gleich bei der ersten Aufführung in Weimar weg und wie es in Weimar war, war es überall mit seltenen Ausnahmen. Verwerflich ist die Darstellung dieser Scene auf der Bühne deshalb, weil die Schauspielerin, welche die Maria giebt, das Sacrament nur scheinbar genießt und mit einer höheren Mysterie offenbare

Täuschung treibt. Wollte die Schauspielerin die höchste Wahrheit erreichen und das Sacrament als solches genießen, so würde die Bühne sich sofort in die Kirche selbst verwandeln und die Scheidewand zwischen Kunst und Religion fallen. Schiller und Goethe ließen nur die Beichte stehen, freilich nicht genug für den ästhetischen Sinn des Dichters, der, nachdem Maria alles Zeitliche berichtigt hatte und ihrer Sünden entbunden war, in ihr das Bedürfniß hervortreten läßt, sich durch ein äußeres Symbol mit dem Heiligen zu versöhnen, sich das Himmlische in einem sichtbaren Leibe zuzueignen. Aber auch die Beichte war manchen in Weimar anstößig. Wieland, den doch wohl niemand leicht für zu ängstlich im Christenthum halten wird, sagte zu mehreren Schauspielern nach der ersten Vorstellung der Maria Stuart: „Eure Maria Stuart mag ich nicht leiden; wenigstens gehe ich gewiß künftig jedesmal heraus, wenn die Beichte kommt."

Als ein Wagniß wurde es in Deutschland bis zum Beginn dieses Jahrhunderts angesehen, Lessings Nathan den Weisen über die Bühne zu führen, als sei der Inhalt desselben zur Aufführung nicht paßlich. Denn man sah darin eine heimliche freigeisterische Gesinnung, die aus den Streitigkeiten des Dichters mit dem Hauptpastor Götze in Hamburg, deren Fortsetzung das Konsistorium in Braunschweig untersagt hatte, hervorgewachsen, in diesem poetischen Werke ihren vollen Abschluß gefunden habe. Lessing selbst meinte im Jahre 1780, als das Stück eben vollendet war, daß er keinen Ort in Deutschland kenne, wo dieses Stück schon jetzt aufgeführt werden könne, daß er aber diejenige Stadt glücklich preise, in der es zuerst aufgeführt werde. Wie richtig der Dichter gesehen hatte, beweist das Unternehmen des Schauspieldirectors Döbbelin, der 4 Jahre nach der Abfassung des Stückes, 2 Jahre nach Lessings Tode, im Jahre 1783 es wagte, jenen Preis und Ruhm für Berlin zu gewinnen. Es war aber sein Unternehmen, wie der Erfolg zeigte, ein voreiliges und verfrühtes, denn das Stück machte in den beiden ersten Vorstellungen am 14. und 15. April keinen Eindruck und die dritte Vorstellung am 16. April war ganz leer. Und doch war Döbbelin mit großen Zurüstungen und einer trefflichen Ausstattung an das Werk gegangen; aber außerdem, daß das Berliner Publikum noch nicht so weit war, ein Stück zu sehen, das vom Schauplatz aus der Religionsfreiheit das Wort redete, war die Vortragsweise der Schauspieler ohne die Einfachheit, die das Stück verlangt, und ohne die Kenntniß, den wieder eingeführten Jambus zu sprechen.

Da wagte nun Goethe die Aufführung des Nathan am 28. November 1801 und zwar auf Veranlassung Schillers, der ihn für Weimar bearbeitet hatte und erreichte damit eine außerordentliche Wirkung, besonders durch den Monolog, in welchem Nathan über Saladins Frage sich besinnen soll, und die lange Erzählung von den 3 Ringen, der Perle des Gedichts. Wenn daher die Tage nach der ersten Aufführung zwei einander auf der Straße sich begegneten, so redeten sie davon so, als sei der Stadt ein Glück wiederfahren. So traf Lessings Prophezeihung bei Weimar ein. Weshalb die Stadt glücklich zu preisen sei, ist in der Abhandlung „der Vers im Drama" S. 60 angegeben worden. Wie zeitgemäß aber die Wahl des Nathan für das Weimarische Theater war, geht daraus hervor, daß es von hieraus gleich darauf über alle bedeutende Bühnen Deutschlands gieng, darauf blieb und öfters wiederholt wurde. In Berlin wurde es im März 1802 nach der Weimarischen Einrichtung, welche Iffland sich hatte kommen lassen, aufgeführt. Wie man dort darüber dachte, geht aus einem Bericht hervor, wo es heißt: „Nimmermehr hätte ich mir einfallen lassen, daß Nathan dreimal kurz hintereinander mit ganz vollem Hause und mit lautem Beifall würde gesehen werden." In Hamburg kam Nathan, obgleich wie aus Schröders Seele geschrieben, erst 1803 auf die Bühne, da Schröder nicht mehr Direktor war, und gefiel ausnehmend. Seit dieser Zeit wurde es überall auf den Bühnen einheimisch, ein Beweis, wie die tolerante Gesinnung allmählich sich verbreitet hatte.

Von andern Stücken, die religiöse Grundlage hatten oder biblische Gegenstände behandelten, wurden von Goethe noch einige aufgeführt, besonders in dem zweiten Jahrzehend des neuen Jahrhunderts, als die Bedrängnisse der Zeit den religiösen und kirchlichen Sinn in Deutschland wieder weckten. Er brachte den 6. April 1811 den Saul von Alfieri, den Knebel bearbeitet hatte, den 21. September desselben Jahres Jephtas Tochter von L. Robert, den 17. Februar 1812 Jakob und seine Söhne von Düval, mit Musik von Mehül, buchstäblich die biblische Geschichte, wo Joseph seine Familie wiederfindet und sich ihr zu erkennen giebt, ein Stück, das den großen Beifall, den es erhielt, zum Theil der dramatischen Musik verdankte, die ganz einfach, ganz patriarchalisch ist. Beim Morgengebete der Israeliten wurde Alles zur Andacht hingerissen; man fühlte einen fast unwiderstehlichen Drang, auf die Kniee zu sinken und mitzubeten. Die Tragödie Jephta von Robert verlor dadurch, daß das gebildete Weimarische Publikum, welches alle bedeutenden Stücke sehr genau kannte, dem Verfasser gar zu leicht nachkommen konnte, wo er seine Gestalten, seine Situationen und Gesinnungen her hatte.[1]) Ebenso gieng auch Knebels Saul nicht über die zweite Repräsentation. Der Bearbeiter wünschte ihn am 30. Januar, dem Geburtstage der Herzogin Luise, aufgeführt zu sehen, statt dessen hatte Goethe den standhaften Prinz von Calderon angesetzt, wie er denn gewöhnlich jedes Jahr an diesem Festtage ein Theaterstück zu geben pflegte, welches eine geschichtliche Bedeutung für die dramatische Kunst hatte. In so einem Falle hielt Goethe Monate lang vorher strenge Leseproben: es galt hier insbesondere den Gang der trochäischen Recitation abwechselnd mit dem Vortrage der verschiedenen jambischen Formen in einen wahrhaft musikalischen Zusammenhang des Ganzen zu bringen, daß dadurch die Auffassung des tiefern poetischen Inhaltes auf das genußreichste unterstützt wurde; ebenso große Sorgfalt und Fleiß verwandte er auf die übrigen Proben. Als nun die Aufführung erfolgte, that sich ein tiefer und mächtiger Eindruck über die Gemüther der

---

[1]) S. Goethes Brief vom 6. Dez. 1810 an die Frau von Grotthuß und Brief vom 8. Januar 1812 an dieselbe bei Varnhagen von Ense Verm. Schrift. 1 Thl. S. 644 ff.

Zuschauer kund, besonders poetische Naturen wurden dadurch wunderbar angeregt, so daß die Begeisterung sie die Nacht nach der Vorstellung nicht schlafen ließ. So ergieng es Friedrich Rückert, der von Jena nach Weimar gekommen war. Die Schauspieler aber waren über den glänzenden Erfolg, an dem sie gezweifelt hatten, ganz verwundert, eine Erscheinung, die bei den Calderonischen Stücken gewöhnlich eintrat; die Schauspieler sagten in der Regel, „der Geheimerath hege zwar große Erwartungen von dem Eindrucke, welchen das Stück machen werde, er täusche sich aber hierin wohl, da ein solches Stück doch unmöglich einem gebildeten deutschen Publikum gefallen könne." Hier zeigte sich's recht deutlich, wie ein solches Kunstwerk der recitirenden Theaterkunst nur durch die Herrschaft und Leitung eines wahren und gegen die blos darstellenden Kräfte übermächtigen Dichtergeistes reproducirt werden könne.[1]) Da das Stück großen Beifall erlangt hatte, wie kaum ein anderes auf der Weimarischen Bühne, so wurde es dann in der gebildeten Gesellschaft Weimars viel besprochen, dabei aber als Schattenseite desselben bemerkbar gemacht, daß es eine prägnant katholische Dichtung wäre, daß eine fanatische Gläubigkeit, ein blutkostendes Streiten für den Himmel und viele andere Fremdheiten für uns darin hervorträten, und als vollends Johannes Schulz, der damals am Gymnasium war, in einer Broschüre die religiöse Bedeutung

---

[1]) Mehreres, was hier sowie im Folgenden bemerkt worden ist, verdankt der Verfasser den ihm vom Herrn Schuldirektor Schubart gütigst mitgetheilten seinen und kunstsinnigen Erinnerungen aus dem alten Weimar.

desselben hervorgehoben hatte, so sprach Goethe seine Verwunderung darüber aus, daß man auf diesen stofflichen Inhalt so viel Gewicht lege; er sehe in dem standhaften Prinzen nur einen christlichen Regulus, an dem das so vollendet sei, daß der Dichter die Standhaftigkeit im Glauben vor unsern Augen entstehen lasse, vor unsern Augen gleichsam die Märtyrerkrone zusammenfüge. Calderon hat in seinem standhaften Prinzen gezeigt, daß ein christliches Drama möglich sei, aber es ist auch das einzige, was die Literatur aufzuweisen hat, und Schade ist es, daß Lessing es nicht gekannt oder beachtet hat, sonst würde er sein scharftreffendes Urtheil anders gestellt haben. Er sagte nämlich in der Dramaturgie, bis ein Genius erscheine, der durch die That beweise, daß ein christliches Trauerspiel möglich sei, solle man dergleichen nicht aufführen, denn der Christ als Christ sei undramatisch. Seine Tugenden, die stille Gelassenheit, die unveränderliche Sanftmuth widerstritten dem Geschäft der Tragödie, welches darin bestehe, Leidenschaften durch Leidenschaften zu reinigen. Wie diese Aufgabe Calderon gelöst hat, darüber haben wir eine treffliche Exposition von Immermann im 3. Bd. seiner Memorabilien. Aber auf die Verkörperung dieses großen Drama durch die Kunst kommt es an, wenn es tief und richtig empfunden werden soll, denn sonst kann das Publikum leicht eine gelinde Langeweile ergreifen. Goethes Natur und Neigung für die feinsten und zartesten Entwickelungen des Innern war besonders dazu geschickt, um das Höchste, was es giebt, darzustellen, die Läuterung eines reinen Menschen in das Reinste, in die Seligkeit. In Berlin wurde den 15. Ok-

tober 1816 zum Geburtstage des damaligen Kronprinzen
der standhafte Prinz zum ersten Male gegeben, aber nur ein
kleiner Theil des Publikums faßte die Dichterhoheit des Calderon, der größte blieb kalt, zumal da dem Ganzen der schöne
Einklang fehlte. Nur die beiden Wolffs, die vor kurzem von
Weimar aus der Goetheschen Schule gekommen waren, er
in der Rolle des standhaften Prinzen, sie als Prinzessin Phö-
nix, waren ausgezeichnet, besonders in der Scene, wo sie
vereint spielten.

Noch andere Stücke religiösen oder biblischen Inhalts
wurden Goethe zur Aufführung vorgelegt, wie die beiden
Dramen Moses und Luther von Klingemann, ein zweiter
Luther 1817 von einem Unbekannten, und Johannes von
Krummacher; er legte sie aber bei Seite. Gewöhnlich las
ihm eingesandte Novitäten der Art sein Schreiber John vor
und Goethe pflegte, wenn er das Tendenziöse solcher Stücke
durchmerkte, zu sagen: „Ich rieche schon das Christenthum."[1]
Als Goethe das Kleistsche Käthchen von Heilbronn, was ihm
sein treuer Sekretär Kräuter zubrachte, da es in Weimar
viele entzückte, unter andern Falk und Schulz, und viele es
auf der Bühne zu sehen wünschten, gelesen hatte, sagte er:
„Ein wunderbares Gemisch von Sinn und Unsinn! Die ver-
fluchte Unnatur!" und warf es in das lodernde Feuer des
Ofens mit den Worten: „Das führe ich nicht auf, wenn es
auch halb Weimar verlangt." Kräuter war erschrocken, weil
er das Exemplar geborgt hatte. War ihm ein solches Stück

---

[1] So erzählt Schubart.

religiösen Inhalts in der letzten Zeit seiner Direktion angelegentlich empfohlen, so übergab er es an den Oberkonsistorial-Direktor Peucer zur Begutachtung.

Wenn unter den damaligen Dichtern einer geeignet war, ein Religionsdrama zu dichten, so war es Zacharias Werner. Schiller hatte dieß bei einem Besuch in Berlin erkannt und gab dadurch Iffland Veranlassung, Wernern um ein solches zu ersuchen. So entstand die Weihe der Kraft. Aber freilich Werner hatte nicht erreicht, was Schiller wollte, er sollte durch eine solche Dichtung seine Phantasie beschränken lernen und Haltung gewinnen, um von den Auswüchsen des Genius loszukommen. Als daher Goethe durch die Aufführung von Werners Wanda am 30. Januar 1808 mit dem Dichter in nähere persönliche Berührung gekommen war, und dieser erfreut über den Beifall, den seine Sarmatenkönigin wegen ihrer theatralischen Schönheit erhalten hatte, bei Goethe die Aufführung noch anderer seiner Dramen beautragte, wie des Kreuzes an der Ostsee, der Söhne des Thales, der Weihe der Kraft, da zeigte dieser eine Unzugänglichkeit für die christliche Richtung der romantischen Poesie; vielmehr rieth er Werner, Theaterstücke von kleinerem Umfange, etwa einaktige, zu dichten, zu deren Aufführung er sich im Voraus bereit erklärte. Goethe hatte damals eine große Vorliebe für die Bagatellenstücke, welche um diese Zeit die Weimarische Bühne überflutheten und in Deutschland ganz gewöhnlich wurden. Nun traf es sich, daß in einer Gesellschaft bei Goethe, in der Werner auch war, aus den Zeitungen eine schauerliche Criminalgeschichte vorgelesen wurde, welche mit einem besondern merkwürdigen Zusammentreffen der Jahrestage verbunden war; diese empfahl Goethe Wernern als einen geeigneten und fruchtbaren Stoff zu einem kleinen einaktigen Trauerspiel, wie er es von ihm wünschte. Werner gieng sogleich darauf ein und schon nach einer Woche brachte er Goethen das bekannte einaktige Trauerspiel, den 24. Februar.[1]) Goethe hätte, nach Lesung des Stückes, die Möglichkeit sein gegebenes Wort zurückzunehmen, gern gesehen, wenigstens wollte er anfangs dasselbe nicht vor das große Publikum bringen, sondern vor einer ausgewählten Gesellschaft und bei verschlossenen Thüren des Hauses geben, doch erfolgte endlich die öffentliche Aufführung und zwar am 24. Februar 1810, wie Goethe denn es liebte, durch solche beabsichtigte Zufälligkeiten das Schauerliche einer Sache noch mehr bemerkbar zu machen, sowie er auch unter den 11 Wiederholungen, die das Stück erfuhr, 3 davon wieder auf den 24. Februar verlegte. Bei der ersten Aufführung, wie man erzählt, hatten viele Personen vor Entsetzen den Athem verloren, und die Gelehrten Weimars waren gleich bei der Hand, an die Wirkung der Eumeniden in Athen zu erinnern; den tiefen Eindruck, den es an sich machte, steigerte die hohe Vollendung der Recitation, welche Goethe durch nicht blos dirigirende, sondern auch mühsam lehrende Thätigkeit seinem berühmten Kunsttheater gegeben hatte. Der alte Wieland konnte sich indes nicht enthalten, Goethen über die Zulassung dieses Stückes Vorwürfe zu machen, und soll von ihm die Antwort

---

[1]) So erzählt Schubart.

erhalten haben: „Sie haben wohl Recht, aber man trinkt ja nicht immer Wein, man trinkt auch einmal Brantwein."[1]) So ist Weimar auch die Urheberin der Schicksalstragödie und die Geburtsstätte derselben der Gasthof zum Schwan in der Nähe von Goethe, wo Werner wohnte. Zur Verbreitung dieser Art von Dramen trug der damals hier angestellte F. Passow bei, der in einer Recension d. Z. f. d. eleg. W. den 24. Februar als einen, eine neue Epoche machenden Aufschwung unserer dramatischen Dichtkunst angesehen hatte. Freilich war der Geschmack des deutschen Publikums an scharf prickelnde Gewürze schon gewöhnt und Dichter giengen leicht in die neue Richtung ein, das Kalender-Schicksal über die deutsche Bühne schreiten zu lassen. Dem 24. Februar Werners folgte der 29. desselben Monats von Müllner und bald darauf der 24. Mai von Th. Körner, ebenfalls in 1 Akt nach Goethes Rath gedichtet, der aber einen umgekehrten tragischen Effect machte, indem die kunstreich herbeigeführten Kalender-Schickungen vom Publikum herzlich belacht wurden. Bis auf Müllners Schuld, welche zuerst in Wien aufgeführt wurde, in Weimar aber später den 31. Januar 1814 auf die Bühne kam, entfaltete sich das Grausenhafte des Schicksals nicht weiter unter Goethe; denn Grillparzers Ahnfrau hatte doch einen zu unheimlichen Spuk und einen zu blöden und blinden Instinkt, der mit geistiger Würde und sittlicher Freiheit gar nichts gemein hat, als daß Goethe hätte Zutritt gestatten können.

[1]) So erzählt Schubart in den Erinnerungen aus dem alten Weimar.

Hätte Werner statt der Schicksalstragödie mit klarem schaffenden Dichtergeiste ein maßvolles religiöses Drama aufgestellt, die deutsche Literatur und Kunst hätte den größten Gewinn davon gehabt. Denn die Richtung auf das Religiöse ist ächt deutsch und in dem Religiösen muß die Tragödie der Deutschen ihren Gipfel erreichen, gerade so, wie man für die Malerei die bildliche Darstellung des Göttlichen und Heiligen als den Kulminationspunkt ihrer Wirksamkeit bezeichnet, um mit Paldamus (das deutsche Theater der Gegenwart S. 122) zu reden. Denn wo, heißt es, wenn nicht in der biblischen Geschichte alten und neuen Testaments und in der ganzen Kirchengeschichte will man die Urbilder wahrer Seelengröße, des Glaubensmuthes, der Selbstverläugnung, der über alles Irdische, ja das Leben selbst triumphirenden Liebe finden? oder wo Begebenheiten, die alle Forderungen, wie seit Aristoteles an die tragische Fabel gemacht worden sind, so erfüllen? Was ist unter andern rührender und zugleich erhebender als der Tod eines Märtyrers, aus dessen Blute alle Blumen des Glaubens, der Liebe und Hoffnung aufsprießen? wo wollen wir denn endlich die dem antiken Schicksalsspiele entgegenzustellende christliche Tragödie hernehmen, wenn nicht aus dem Gebiete, wo eine liebende Vorsehung über die finstern Mächte der Erde und des Todes regiert, wo der Himmel zur Erde niedersteigt und sie heiligt, wo die Menschheit unter dem Schrecken des Leidens und des Todes so tröstend und herrlich verklärt wird? Oder zweifelt man an der Wirkung solcher Gegenstände? Freilich vertraue man dem Gegenstande und dem religiösen Inhalte nicht zu viel und glaube nicht, daß das Stück allein deswegen gefallen müsse. Man sehe zugleich auch darauf, daß ein solches Stück, was auf die Beförderung der Andacht und frommer Erhebung gerichtet ist, zugleich ein Meisterstück der Kunst und der Poesie sei, daß es alle Kunstforderungen, die man in unsern Tagen an große dramatische Werke zu machen gewohnt ist, erfülle. Freilich muß sich dann auch in den Theaterverhältnissen manches ändern, wenn die Kirche als Mutter sich nicht von der Tochter als einem Weltkinde fortwährend abwenden, sondern in ein engeres Verhältniß zu ihr von neuem treten soll. Denn in dem Christenthum und somit in der Kirche liegt durchaus keine Feindschaft gegen Poesie und Kunst. Aber die Tochter muß ihre Zustände und Verhältnisse wohl ordnen, sie muß die ächte Dichtung und Kunst pflegen, welche reine edle Sitte lehrt; sie muß Genossen haben, die sich nicht blos Virtuosität, sondern auch einen christlichen edlen Sinn zum Ziele des Strebens setzen; sie muß eine Einrichtung treffen, welche eine höhere Norm anerkennt als ihren materiellen Vortheil, als Vermischung der verschiedenen Gattungen, wie des Tragischen und Burlesken, denn ihr buntes Allerlei, was sie zur Unterhaltung aufstellt, gefährdet den reinen guten Geschmack, wenigstens sollte sie, wie schon Schillers Gedanke war, ein eignes Haus für die Tragödie bauen und religiöse Tragödien nur an hohen Festtagen darin aufführen.

Und so schließe ich mit den Worten Goethes in Wilhelm Meisters Lehrjahren: „Das Theater hat oft einen Streit mit der Kanzel gehabt; sie sollten, dünkt mich, nicht mit einauder hadern. Wie sehr wäre zu wünschen, daß an beiden Orten nur durch edle Menschen Gott und Natur verherrlicht würden."

Christiane Neumann.

(Goethes Euphrosyne.)

Christiane Neumann, verehelichte Becker, war am 22. Sept. 1797 in Weimar gestorben, noch nicht 20 Jahre alt, da sie am 15. Dezember 1778 in Krossen das Licht der Welt erblickt hatte. Schmerzlich war das Gefühl der Trennung für alle, welche die Bedeutung dieses schönen jugendlichen Lebens kannten, das die zarteste Liebe und Fürsorge und die weiseste Kunst nicht vermochten in der rauhen Luft des irdischen Daseins zurückzuhalten. Wie allgemein der Schmerz um sie war, zeigte sich den 26. Sept. am Begräbnißtage; aus der Nähe und Ferne waren Trauernde gekommen, um die zu früh Dahingegangene zu ehren, die ihnen so oft Geist und Gemüth erfreut und gehoben hatte. Die Versammelten gaben ihr das stattlichste und ehrenvollste Grabgeleit, das Weimar seit lange gesehen.

Der geistliche Herr, an der Stadtkirche als Diakonus damals thätig, der würdige Zunkel, ehrte, mit dem segnenden Auge bedauernder Liebe dem Zuge gefolgt, am Grabe die Entschlummerte durch Anerkennung ihres reinen sittlichen Wandels, ihrer stillen anspruchslosen Bescheidenheit und ihrer

Liebe zur Eintracht und zur Verträglichkeit mit ihren Kunstgenossen.

Die Herren und Damen von der Bühne hielten bald darauf am 29. Sept. unter freundschaftlicher Mitwirkung der Herzoglichen Kapelle eine öffentliche Todtenfeier, zum Beweis, wie sehr ihnen allen die Verstorbene lieb gewesen war. Die Trauermusik, die Chöre, die Bekränzung der in einer sanften Mondscheinsscene aufgestellten Urne, das feierliche Streuen der Blumen von den langsam um die Urne herumgehenden Mitgliedern und vor allem die mit tiefer Empfindung vom Herzen zu Herzen schön gesprochene Rede des Herrn Vohs, welche der damalige Bibliotheks-Registrator Vulpius gedichtet hatte, waren rührende Zeichen der Achtung gegen die Verstorbene, an welchen die übrige Versammlung den lebhaftesten Antheil nahm.

Und der kunstreiche Vorstand des Theaters, Goethe, damals gerade abwesend in der Schweiz bei Meyer in Stäfa, beschloß gleich, als er die traurige Nachricht von dem Tode seines Lieblings mitten in den Gebirgen erhielt, ihr Andenken durch eine Dichtung zu verewigen. „Liebende, schreibt er unterm 25. Oktober an Böttiger, haben Thränen und Dichter Rhythmen zur Ehre der Todten". Das ist die Elegie Euphrosyne, eine Dichtung [1]) von antik-klassischem Gepräge,

---

[1]) Gleich im Oktober 1797 begonnen, kam sie erst im Juni des folgenden Jahres zur Vollendung und erschien zuerst im Schillerschen Musen-Alm. auf das Jahr 1799. S. Goethes Werke 43 S. 234. Briefe von und an Goethe u. s. w. Herausgegeben von Riemer. S. 65 und Riemers Mittheilungen über Goethe 2. S. 561. Vgl. Viehoffs Erklärung des Gedichts Euphrosyne. 2. Bd. S. 351 ff.

ähnlich der letzten Elegie des Propertius, sonst an viele Stellen Homers, namentlich in der Nekuia erinnernd. Der Dichter läßt den scheidenden Geist mitten zwischen den düstern Gebirgsmassen zu sich heranschweben, um von ihm die kindlichen Worte dankbarer Erinnerung und den Auftrag zu vernehmen, ihn nicht ungerühmt zu den Schatten hinabgehen zu lassen, da nur die Muse dem Tode einiges Leben zu gewähren vermöge.

Auch andere hatten ein liebreiches Andenken für die Verstorbene. Eine Elegie widmete ihr Dr. Arnold, im Steeduerpark gedichtet; ihre Biographie gab derselbe im Gothaer Theater-Kalender auf das Jahr 1800 und der wackere Chr. Theodor Musculus verherrlichte sie durch die Schrift: Euphrosyne, Leben und Denkmal. Eine Weihnachtsgabe 1836 für die Erholungsgesellschaft. Aug. Koberstein in seinen vermischten Aufsätzen zur Literaturgeschichte und Aesthetik S. 93 bis 113 spricht von Goethes Euphrosyne als Gelegenheitsgedicht und von der Christiane Neumann als Arthur. Zuletzt gab noch Hermann Hartung die gehaltreiche Schrift: Euphrosyne. Manuscript für Freund Diezmann mit dem gelungensten Bildniß der Christiane Amalie Louise Becker. (Goethes Euphrosyne). und Eduard Genast widmete das sechste Capitel des ersten Theils aus dem Tagebuch eines alten Schauspielers hauptsächlich der Chr. Neumann=Becker, worin viel Interessantes, Charmantes, hie und da auch Piquantes sich findet, besonders aber hat Ernst Pasqué einen reichfließenden Quell von Nachrichten über Christiane Neumann=Becker aus den Theater-Akten sprudeln lassen, für die wir sehr dankbar sind.

Dazu bietet Goethes Euphrosyne von Adolf Schöll im 5. Heft der Freya 1865 viel Schönes und Gediegenes.

Woher, könnte man fragen, diese innige Theilnahme, Beachtung und hohe Achtung gegen eine Schauspielerin bei ihrem frühen Hingang und das zu einer Zeit, wo dieser Stand noch vor kurzem bei seinem Wanderleben in tiefer Verachtung seufzend, kaum erst einige Anstrengungen gemacht hatte, um die öffentliche Meinung für sich zu gewinnen. Dazu trug das Aufgeben der Prinzipalschaften und die Gestaltung der Hoftheater in kleinen Residenzen besonders viel bei. Die Schauspieler stehen hier unter den Augen der Fürsten und diese wirken in der Regel höchst vortheilhaft auf sie, wie überhaupt kleinere Staatskörper einer durchdringenden Geistesbildung förderlicher und dem Lichte zugänglicher sind, als eine unförmige Ländermasse in einem Complex. Der wohlthätige Einfluß einer kleinen Residenz auf Kunst und Künstler zeigte sich in Weimar sehr wirksam, namentlich erfuhr Christiane Neumann manches Gute von Seiten des Hofes, besonders durch Anna Amalia, die sich ihrer ersten Bildung annahm und an dem durch Schönheit und Naivität ausgezeichneten Kinde großen Gefallen hatte. Aufgewachsen bei dem Theater, denn schon in Venloo, wo ihr Vater eine eigene Prinzipalschaft hatte, war sie als ein talentvolles Kind von 5 Jahren in manchen Rollen thätig und in engen Familienkreisen, wo sie zur Unterhaltung manches vortrug, die Freude der Zuhörer, die sie dann reichlich beschenkten. Aber bei aller Sorgfalt des Vaters, die er auf die Erziehung der Tochter verwandte, konnte diese doch nichts mehr als eine Abrichtung zu

Kinderrollen und eine allerdings heilsame Dressur in dem
Handwerksmäßigen der Kunst, durch Uebung im Tanzen,
Singen und Sprechen erhalten. Nur erst in Weimar gieng
ihr ein höherer Sinn für die Kunst auf; die frühere Kulissen-
erziehung blieb nicht bei der herkömmlichen Routine, wie das
namentlich bei Schauspielersöhnen der Fall war, und Christiane Neumann läßt sich mit Charlotte Ackermann in Hamburg am besten vergleichen. Sie kam durch der Fürstin Ver-
mittelung in Unterricht und nähern Umgang mit Corona
Schröter, die als Vokalistin oder Kammer-Sängerin nach
Weimar berufen, später besonders im recitirenden Schauspiel
auf dem aristokratischen Dilettantentheater erfreute. Christiane
Neumann hatte das Glück, von dieser Kennerin der theatralischen Darstellungskunst längere Zeit gebildet und in allen
ihren Schritten weise geleitet zu werden, besonders auch im
Sprechen der Verse, was vielen große Schwierigkeit machte.
Zuerst trat sie unter Bellomo am 2. Februar 1787 als
Edelknabe in dem Stück gleiches Namens von Jakob Engel
auf. Es ist das Stück rührender Art, nach Diderot-Les-
singschen Grundsätzen verfaßt. Obgleich noch nicht 9 Jahre
alt, gefiel sie doch ungemein; man bemerkte den Einfluß
ihrer Lehrerin. Ihr Vater hatte schon 1784 als Karl
Moor in den Räubern, ihre Mutter 1785 als Gräfin in
der Jeannette debütirt. Die Tochter war eine höchst angenehme Erscheinung. Im fein gebauten, lieblich gestalteten
Körper, mit einem schönen, blondgelockten Köpfchen, wie die
glückliche Phantasie eines Malers es hinhauchen konnte,
wohnte ein feiner Geist, ein holdes und liebliches Gemüth.

Unterricht, Lesen von Büchern, Umgang und Gespräche mit
Gebildeten befriedigten ihr reges Verlangen nach Geistesbil=
dung. Ihr natürliches Gefühl für das Schöne, Wohlan=
ständige, Schickliche wurde in der gebildetsten Umgebung ent=
wickelt und allmählich befestigt. Fast alle Männer von Be=
deutung in Weimar, Männer von der verschiedensten Art
waren der kleinen Christel zu irgend einer Zeit zugethan ge=
wesen. Um nur einige zu nennen, sie kannte Musäus, Wie=
land, Knebel, Einsiedel, ihre Gespräche liebte Schiller,
wenn er von Jena kam, sie hatte mit Goethe, wie mit einem
väterlichen Freunde, in langer, vertrauter Verbindung gestan=
den; auch unter den gebildeten Frauen gab es viele, welche
ihr ihre Gunst geschenkt hatten.

Unter diesen günstigen Lebensverhältnissen kam Christiane
Neumann zur Reife; sie wurde gefördert in der Entwickelung
ihrer Anlagen, gehoben in ihrer Bildung, und das Herrliche
war dieß, daß hinter dem Verstande nicht das Gemüth, hin=
ter der Geschicklichkeit und weitern Vervollkommnung nicht
die Bescheidenheit zurückstand, vielmehr wuchs gerade mit
der Reife des Geistes die Anspruchlosigkeit und Milde der
Gesinnung, es wuchs die Anmuth und Liebenswürdigkeit, die
ihr so eigen war, und ächte Weiblichkeit und Würde
trat in jeder Richtung ihres Erscheinens, ihres Strebens,
ihres Urtheils hervor. Dieser edle, liebenswürdige, gute
Sinn trug herrliche Früchte im Leben; er zeigte sich, als sie
nach dem Abgang von Bellomo beim neu gebildeten Hoftheater
mit ihrer Mutter zurück geblieben war, denn ihr Vater, der
nach dem Willen Karl Augusts Leiter und Führer der neu

zusammentretenden Gesellschaft werden sollte, war den 25. Februar 1791 in Folge großer Anstrengung und effectvollen Spieles gestorben; er zeigte sich ferner, als sie mit ihrer Mutter und Geschwistern allein lebte und zwar in knappen Verhältnissen, da beide nur 5 Thaler wöchentliche Gage hatten; er bewährte sich in jener strengen Gewissenhaftigkeit, womit sie ihre Geschäfte und Pflichten als Mitglied des Theaters auffaßte und erfüllte, denn jede Rolle, welche die Direktion ihr anvertraute, führte sie willig und fleißig aus, ohne zu fragen, ob sie nicht eine bedeutendere und dankbarere bekommen könnte; er zeigte sich außerdem in dem glücklichen Hausstande, den sie dem Manne ihres Herzens bereitete, in jener sich hingebenden und aufopfernden Liebe, mit der sie die ihr geschenkten Kinder aufnahm und pflegte, in der uneigennützigen und arglosen Freundlichkeit, welche alle, mit welchen sie im Leben sich berührte, nachrühmen mußten. Dieser Sinn verherrlichte sich auch in der Geduld und dem Vertrauen, womit sie sich dem Ungemach des Lebens und den mancherlei Prüfungen, die sie in ihrer Familie erfuhr, mit starker Seele unterwarf, und zuletzt selbst leidend ihr kostbares Leben allmählich dahin schwinden sah.

Dabei war sie empfänglich für schuldloses Vergnügen, war eine Freundin heiterer Unterhaltung, zumal im engern Zirkel; die Freuden des Naturgenusses und des ländlichen Lebens, wie sie denn gern in Lauchstedt sich aufhielt, und Familienfreuden waren ihr eine erwünschte Lebenswürze.

Noch eine holde Ausstattung hatte sie von der Natur empfangen, eine höchst wohlklingende Stimme; es waren

Töne, so rein wie Glockentöne, mit denen sie manchmal beim Vortrag von Theaterreden und sonst bei ihrem Spiel die Ohren und Gemüther von Jung und Alt entzückte. Und so verdiente sie als eine der lieblichsten Erscheinungen im Leben und auf der Bühne, als ein rein sittliches Wesen, harmlos und wohlwollend, von allen, die sie kennen gelernt hatten, alle Achtung und Anerkennung; die milde Ruhe im Aeußern, unter der sich eine warme und tiefe Empfindung im Innern barg, die Anmuth, die auf ihrem Gesichte, in ihren Bewegungen und über ihren Reden ausgegossen war, die Würde und Kindlichkeit, so glücklich in ihrem Wesen vermählt, zogen mit süßem und edlem Reize die Herzen an. Daher wurde sie Euphrosyne genannt, eine von den Grazien, die Frohsinn und Heiterkeit brachte. Man meint, die junge Frau Becker, Christiane Neumann, habe diesen Namen Euphrosyne bekommen nach dem tragi-komischen Märchen „das Petermännchen" 1ster und 2ter Theil, in je vier Aufzügen, mit Musik von Joseph Weigl, von dem der erste Theil am 17 und der zweite am 27. Mai 1797 in Weimar gegeben und in Lauchstedt, während des Sommeraufenthalts, wiederholt wurde. In diesem Märchen ist sie ein munteres Wesen, das die schöne Welt genießt mit heitern Blicken, den Grafen Rudolf von Westerburg für sich gewinnt, dann betrogen wird, wie das auch andern auf Veranlassung des unruhigen und boshaft geschäftigen Petermännchens begegnete. Das Stük ist nach einem Roman von Spieß bearbeitet. Diese Meinung ist jedoch nicht sicher begründet, da das Märchen, ohne Bedeutung, erst in dem Jahre 1797, kurz vor der Becker Tod, gegeben wurde. Dabei ist zu beherzigen, daß mehrere Dichtungen diesen Namen führten, und liebliche, anmuthige junge Frauen Euphrosynen genannt wurden.

All dieses Schöne und Gute nun, was Christiane Neumann in ihrer Persönlichkeit glücklich vereinigte, wandte sie der Bühne zu. Beim Beginn der Vorstellungen des Hoftheaters noch nicht 13 Jahre alt, aber schon ziemlich erwachsen, trat sie in Kinderrollen auf, den 7. Mai gleich in den Jägern von Iffland als Bärbel, Tochter der Wirthin zu Leuthal, welche ihre Mutter Madame Neumann darstellte; sie gab ihre Rolle in aller Naivität und Gemächlichkeit, sowie sie später, älter und größer geworden, das Natürliche und Einfache der Pflegetochter des Oberförsters Friederike als Gegenbild der gezierten und anspruchsvollen Amtmannstochter Kordelchen sehr gut darstellte. Außerdem, daß sie andere junge Mädchen gab, wie in der Posse „der Mondkaiser" ein junges Landmädchen, kommt sie oft als Page vor, und zu Pagen wurden gewöhnlich junge stattliche Mädchen genommen, wie in dem Trauerspiel „Elfride" vom Legationsrath Bertuch, im „Graf von Essex", in dem Schauspiel „Elise von Valberg", ebenso in „Don Karlos".

Wie sie nun bemüht war in allen den Rollen, die ihr anvertraut wurden, Beweise ihres natürlichen Kunstberufes zu geben, und Freuden zu schaffen und zu erhöhen, indem man sie schon gern auftreten sah und sprechen hörte, welcher Segen von ihr auf andere Genossen ausgieng durch ihr künstliches Walten unter denselben und durch ihr Vorbild: das läßt sich nur einsehen, wenn alle die Rollen, die sie in frühester Zeit spielte, angeführt und im Einzelnen durchgenommen werden könnten. Goethe führt in seiner Euphrosyne, um zu individualisiren und seine Darstellung ins gehörige Licht zu setzen, die Rolle des Arthur in Shakespeares „König Johann" an, den er der jungen Neumann selbst einübte. Mit seinem Takt hat er diese gewählt, in der Voraussicht, die Neumann könne ihrer Natur und Gemüthsbeschaffenheit nach ein vollkommner Arthur werden, wie ihn Shakespeare sich gedacht habe und unternahm es, sie mit großer Sorgfalt in dem zu unterrichten, was längere Erfahrung ihm als das Rechte in der Schauspielkunst gezeigt hatte. In ihr stellte er nach dem Verfahren der alten bildenden Künstler einen Kanon auf, insofern die andern Mitspielenden nach ihrer Art und Weise sich richten und auf sie hinblickend eine vorläufige Anleitung für ihr eigenes Spiel, wie für die Harmonie des Zusammenspiels erhalten sollten. Und so fand Goethe, nach eigener Angabe, bei jedem Stück den Schauspieler heraus, den er als einen in seiner Rolle Bildsamen am meisten beachten zu müssen meinte, und an dem sich die andern heranbilden sollten, um den Darstellungen allen innern Halt, alle Harmonie, alles organische Leben zu ertheilen. Regeln der Theorie, wußte er wohl, halfen hier nichts, wenn sie nicht auf dem Wege der künstlerischen Praxis, von der Seite der lebendig sinnlichen Anschauung hatten zugänglich gemacht werden können. Diese praktische Unterweisung, welche er bei dem so schwierigen Shakespeareschen Stücke mit der jungen Neumann vornahm, trug viel dazu bei, daß die Aufführung gelang, wenn sie auch nicht vollständig befriedigte, da die Darsteller an solche Aufgaben noch nicht gewöhnt waren. Die junge Neumann als Arthur spielte mit vieler Wärme und Sicherheit und stellte das treue Bild eines liebreichen, durch ein unversehrtes und schuldloses Gemüth ausgezeichneten und zugleich durch tiefe geistige Kräfte gehobenen Knabens dar, besonders in der ergreifenden und rührenden Scene mit Hubert, wo Arthur mit aller Liebenswürdigkeit, Schärfe und Feinheit des Geistes gegen die Grausamkeit, die ihm das Augenlicht nehmen will, kämpft und auf diese Weise das bedrohte Augenlicht sich erhält, dann aber, allem Hader und Streit abhold, Alles, außer seiner Harmlosigkeit vergißt, durch die er endlich fliehend den Tod findet, indem er durch einen Sprung von der Mauer der Burg zerschmettert wird. Hier heißt es nun in der Elegie V. 51:

Freundlichst faßtest du mich, den Zerschmetterten, trugst mich von dannen,
Und ich heuchelte lang dir an dem Busen den Tod.

Goethe rühmt das frische natürliche Spiel der jungen Neumann, durch das sie täuschte und glauben machte, es wäre wirklich so wie es aussah, und dadurch alle Herzen gewann. Weiter heißt es:

Endlich schlug ich das Aug' auf und sah dich, Geliebter, in ernste,
Stille Betrachtung versenkt, über den Liebling geneigt.
Kindlich strebt' ich empor und küßte dir dankbar die Hände,
Reichte zum reinen Kuß dir den gefälligen Mund u. s. w.
     und hab' ich gefehlet,
O! so zeige mir an, wie mir das Beßre gelingt. —

Nein! mein liebliches Kind, so rief`t du, Alles und Jedes,
Wie du es heute gezeigt, zeig' es auch morgen der Stadt.

Als schöne jugendliche Gestalt mit lieblicher Stimme und einnehmendem Vortrag wurde unsere junge Schauspielerin gern zu Prologen und Epilogen als Wortführerin gebraucht. So sprach sie, fast selbst noch ein Kind, in der Mitte vieler Kinder, am Schluß des ersten Jahres den 31. Dez. 1791 nach der Aufführung der Oper „Die Eifersucht auf der Probe" von Anfossi den Epilog, der sich so anfängt:

> Sie haben uns herausgeschickt, die Jüngsten,
> Zum neuen Jahr ein freundlich Wort
> An Euch zu bringen. Kinder, sagen sie,
> Gefallen immer, rühren immer, geht,
> Gefallt und rührt! Das möchten denn die Alten,
> Die nun dahinten stehen, auch so gern,
> Und wollen hören, ob es uns gelingt.

Dieser Epilog, von Christiane Neumann am Schluß des Jahres 1791, wie die Theaterzettel melden, vorgetragen, und schon im Märzheft 1792 der Deutschen Monatsschrift erschienen und somit ins Publikum gekommen, aber in den Ausgaben der Goethe'schen Werke fälschlich dem letzten Dezember 1792 zugetheilt, an welchem Tage keine Vorstellung war, bildet mit den beiden Prologen vom 7. Mai und 1. Oktober ein schönes Ganze, und kaum konnte würdiger und zweckmäßiger dieses erste Jahr eingeleitet, fortgeführt und beschlossen werden. Was sich von den ersten Anfängen und der ersten Richtung der Gesellschaft, von dem Bestreben zu gefallen, von ihrer Freude Beifall zu ernten, von ihren Leistungen und für den Zweck der Bildung und Erreichung eines freundlichen Verhältnisses zwischen ihr und dem Publikum sagen ließ, hat Goethe in einfachen und treffenden Worten gesagt. Am wirk-

samsten in dieser Hinsicht mochten die herzlichen Wünsche der
Christiane für das Glück der Familien seyn, das ihnen Häus-
lichkeit und Liebe, Freundschaft und Vertraulichkeit gewähren
mögen, aber sie dienen nicht blos dazu, die Gesellschaft dem
Publikum lieb und werth zu machen, sie sind zugleich auch
zum bessern Gedeihen der Kunst gesprochen, da nur Freiheit
des Gemüthes, Fröhlichkeit und Muth, wenn der Zuschauer
diese Stimmungen aus dem häuslichen Kreise mitbringt, ihn
am ersten geeignet und geneigt machen, in dem Spiel der
Bühne die reine Lust, welche die Kunst verlangt, zu suchen
und zu finden. Nach den guten Wünschen der Christiane für
das Wohl der Familien sind die letzten Worte, die sie spricht,
folgende:

> Und so gesinnt, besuchet dieses Haus,
> Und sehet, wie vom Ufer, manchem Sturm
> Der Welt und wilder Leidenschaften zu.
> Genießt das Gute, was wir geben können,
> Und bringet Muth und Heiterkeit mit euch;
> Und richtet dann mit freiem reinem Blick
> Uns und die Dichter. Bessert sie und uns;
> Und wir erinnern uns in späten Jahren
> Mit Dank und Freude dieser schönen Zeit.

Solche Theaterreden, im Mund der jungen Schauspielerin höchst angenehm, weil sie mit dem Hauche herzlicher
Wärme, mit Sinn und Bedeutsamkeit vorgetragen wurden,
machten jedesmal einen tiefen Eindruck auf die Gemüther, in
Weimar, Lauchstedt, Rudolstadt, Erfurt, kurz, wo sie nur immer gehört wurden; sie (diese Reden aus den Jahren 1791
bis 1794) haben alle, wie Schiller den 24. März 1800
schreibt, einen eigenen und dabei durchaus so hübsch häus-

lichen Charakter, daß sie dadurch reizen und anziehen. Hören
mußte man, sagten Zeitgenossen, die junge Schauspielerin,
wie sie am 15. Oktober 1793 beim Anfang der Vorstellun=
gen, als den geliebten Fürsten Karl August immer noch der
Krieg von seinem Lande und Volke fern hielt, den Prolog
zu dem Schauspiel: „der Krieg" von Goldoni, das Vulpius
neu bearbeitet hatte, in einfach herzlicher Rede vortrug, wie
sie das Lagerleben und die Gefahren, in denen sich der längst
zurück gewünschte Fürst befand, schilderte und durch die Worte
im zweiten Theil des Prologs:

> Ach! warum muß der Eine fehlen! der
> So werth uns Allen, und für unser Glück
> So unentbehrlich ist! Wir sind in Sicherheit,
> Er in Gefahr; wir leben im Genuß,
> Und er entbehrt. — O, mög' ein guter Geist
> Ihn schützen! — jenes edle Streben
> Ihm würdig lohnen; seinen Kampf
> Für's Vaterland mit glücklichem Erfolge krönen!

und endlich durch die letzten Worte, wo der Prolog den sehn=
lichsten Wunsch der baldigen Wiederkehr ausspricht:

> Die Stunde naht heran; Er kommt zurück,
> Verehrt, bewundert und geliebt von Allen,
> Er tritt auch hier herein. Es schlagen ihm
> Die treuen Herzen froh entgegen,
> Willkommen! riefe jeder gern
> Er lebe! u. s. w.

alle Zuhörer in tiefe Rührung versetzte und alle Augen mit
heißen Thränen feuchtete. Diesen Prolog mußte man aus
ihrem Munde hören und alle Herzen waren ihr zugewandt.
Schon früher unter Bellomo hielt sie den 8. November

1787 beim Beginn der Vorstellungen einen von Schiller, wie man sagt, gedichteten Prolog als Göttin der Gerechtigkeit (Justitia). Sie sprach ihn vor dem Ifflandischen Schauspiel „Bewußtsein" in 5 Akten, welches eine Folge von „Verbrechen aus Ehrsucht" ist und des jungen Ruhberg Lage nach seiner Entfernung aus dem Vaterlande und der Trennung von seiner Familie schildert. Die junge Sprecherin erfreute und entzückte, und die Herzogin Amalia malte sie in Oel in demselben Kostüm, wie sie als Justitia aufgetreten war und schenkte das Bild an den oft in Weimar anwesenden Prinz Georg von Dessau, der das junge heitere Mädchen sehr schätzte und lieb gewonnen hatte.

Mit einem andern Prolog zu dem Lustspiel „Alte Zeit und neue Zeit" von Iffland, den 7. Oktober 1794, nicht den 6. Oktober 1797, wo Frau Becker nicht mehr lebte, von dieser jungen Frau im Charakter des Jakob, den sie spielte, vorgetragen, gewann sie die Gunst und Liebe des Publikums. Der Prolog ist zuerst scherzhafter Art, indem er auf ihre Verhältnisse hindeutet, daß sie jetzt verheirathet sei und doch Jakob heißen und ein Knabe sein solle, was kein Mensch glauben werde, am wenigsten wer sie als kleine Christel mit seiner Freundschaft, oder seiner Gunst beglückt habe. „Erst ist man klein, wird größer, sagt sie, man gefällt, liebt — und endlich ist die Frau, die Mutter da, die selbst nicht weiß, was sie zu ihren Kindern sagen soll." Dann hervortretend, begrüßt sie die Stadt als Pflegerin alles Guten, als Schirmerin und Beförderin der Gewerbe, der Wissenschaft und Künste und wo der Geschmack die dumpfe Dummheit längst vertrieben, wo alles Gute wirke, wo das Theater in diesen Kreis des Guten mit gehöre. Zuletzt bittet sie in dieser Hinsicht um Anerkennung ihres eigenen Bemühens wie ihrer Genossen, und um die Gunst des Publikums, in der neuen Zeit ebenso wie in der alten. Zum Vortrag dieser geselligen und gefälligen Theaterreden paßte nun völlig unsere Schauspielerin, der Liebling des Publikums; sie sind meist in fünffüßigen Jamben, die sie gut sprach, geschrieben, sind einfach, natürlich und herzlich, ohne höhern Schwung, ganz in dem Tone der Familienstücke, welche bis zur Wallensteinischen Trilogie die Oberhand hatten, von wo die ideale Richtung auf der Bühne begann. Diese Theaterreden und mehrere, die nicht auf uns gekommen sind, meint wohl Frau Becker in der Elegie, wenn sie Vers 99 und 100 sagt:

O, wie sprach ich so gern zum Volke die rührenden Reden,
Die du, voller Gehalt, kindlichen Lippen vertraut!

Mit dem Anfang des Jahrhunderts sind die Prologe und Epiloge in einem höhern Style verfaßt, ganz entsprechend den Dramen, welche jetzt auf höhrem Kothurn einherzuschreiten pflegten. Mad. Becker gehört als thätige Schauspielerin in die Zeit der Familien- und bürgerlichen Dramen, der Ritter- und Räuberstücke, worin sich Derbheit und Biederkeit, sowie in jenen gemeine und platte Natürlichkeit, daneben eine krankhafte Sentimentalität geltend machten, besonders in Kotzebueschen Rührdramen. Dichter dieser Periode sind außerdem Schröder, Iffland, Jünger, Babo, Bretzner, Beck, Beil, Brömel, Hagemann und Hagemeister, Spieß, Kratter, Vulpius, Ziegler und andere, in deren

Stücken unsere Schauspielerin mit Beifall auftrat, meist in dem Rollenfache, welches den ganzen Zauber, der da fesseln soll, umfaßt; es ist das idealische, das poetische Fach, das in Schau- und Lustspielen, in naiv-sentimentalen Rollen der Darstellung allen poetischen Reiz ertheilt; es ist das Fach des Launigen und Schalkhaften, wobei sie durch ihre schöne Theater-Figur, durch edle zauberische, jedem Eindruck leicht empfängliche Gesichtszüge, wie durch ihre melodische Stimme, Zartheit und Munterkeit des Vortrags unterstützt wurde: Natur und innere Wahrheit waren die Seele ihres Spiels; denn dieses war so durchaus ungesucht, so durchaus natürlich, so scheinbar ohne allen Aufwand von prahlerischen Mitteln, daß die Kenner sie bewunderten, wenn vielleicht auch weniger Gebildete mehr Pathos und Affektation gern gehabt hätten. Daher sagt Goethe in der Elegie Vers 91, als Arthur so ganz natürlich gespielt hatte, daß er ihn für eine Leiche hielt, dann zu seiner Freude wieder belebt wurde:

> Springe fröhlich dahin, verstellter Knabe! Das Mädchen
>   Wächst zur Freude der Welt, mir zum Entzücken heran.
> Immer strebe so fort und deine natürlichen Gaben
>   Bilde, bei jeglichem Schritt steigenden Lebens, die Kunst.

Bemerkenswerth ist auch die Vielseitigkeit dieser talentvollen Schauspielerin, wie ihre natürliche Heiterkeit in vielen Rollen ebenso belustigte, als sie in zärtlichen tief rührte. Ueberraschend war oft ihre Umwandlung und Annahme verschiedener Persönlichkeiten: heute machte sie im ersten Theile Heinrichs IV. den Kellerjungen, nächstens im zweiten Theile einen der Söhne des Königs, den Herzog von Glocefter. In Groß-Kophta von Goethe spielte sie die Nichte der Marquise und erfreute durch ihr naives, ausdrucksvolles Spiel; im Räuschchen von Bretzner gab sie das eilfjährige Julchen, das in aller Naivität, schön geputzt, endlich mit dem Wunsche hervortritt, sie möchte nun auch heirathen. In der Schauspielerschule von Beil gab sie den lustigen Schlorum, eine Art Theaterdiener. In dem tragi-komischen Märchen „Die glücklichen Bettler" von Gozzi, am 14. Januar 1792 aufgeführt, was Goethe hatte umarbeiten lassen, um die Gemüther aus der Gewöhnlichkeit in eine höhere Welt zu versetzen, gab sie die Norradine, die Geliebte von Usbeck, des Königs von Samarkanda. Sie war ganz geeignet, die Darstellung durch einen lebendigen Sinn für seine Uebertreibung und für das Phantastische und Fabelhafte zu beseelen. Wer kennt nicht das Gurlithum, diese Gefühlsschwärmerei, die sich über Sitte und conventionelle Form des Lebens hinwegsetzt? Unsere Schauspielerin mäßigte das Anstößige, was die Gurli in den Indianern in England von Kotzebue hat; ebenso wußte sie in der Sonnenjungfrau dem Charakter der Kora die Täuschung des Unbewußten und Ungekünstelten auf eine angenehme Weise zu ertheilen. In dem damaligen Lieblingsschauspiel „Graf Benjowsky" ist Afanasia, die Tochter des Gouverneurs, mit ihrer Sentimentalität und Gemüthstiefe, auch eine Art von Gurli, die in den Schlußscenen manches sagen und thun muß, was ohne Milderung die sanfte Weiblichkeit verletzt. Auch gefiel das Mädchen von Marienburg, Chatinka, die oft erschien, als Rolle unsrer Schauspielerin sehr.

Ein merkwürdiges Jahr im Leben der Christiane war das Jahr 1793; denn mit dem 1. April hörte beim Hoftheater die „Firma Fischer und Kompagnie" auf, um einen Ausdruck Karl Augusts zu brauchen; mit Fischer, dem Vortreter und Vertreter der Gesellschaft, der nämlich nicht blos Regisseur war, giengen 12 Mitglieder ab und die Gesellschaft, gar bald wieder durch neue complettirt, nahm einen Aufschwung zum Höhern und Beßern, wie das auch Eduard Genast aus dem Tagebuche eines alten Schauspielers bemerkt. Christiane Neumann trat von dieser Zeit an in größere und bedeutendere Rollen ein; aber merkwürdig für sie war insbesondere dieses Jahr noch dadurch: sie wurde mit Heinrich Becker am 18. Juli 1793 in Halle getraut, während die Gesellschaft in Lauchstedt sich aufhielt, und bildete dann mit ihrem Manne, der in der Oper als Tenor und im Schauspiel schon damals als Komiker glänzte, und mit ihrer Mutter und jüngern Schwester Henriette Neumann zusammen eine wahre Künstlerfamilie, die sich gegenseitig förderte und unterstützte. Das Glück der jungen Frau wurde jedoch gestört durch den Tod ihrer Mutter am 13. April 1795. Sie behielt die Schwester Henriette bei sich, die ebenso schöne Gesichtszüge hatte, als sie voller Geist und Leben und Phantasie war, besonders durch herrliche Stimmmittel ausgestattet, als ein musikalisches Genie galt, da sie jede Oper, die sie hörte, gleich nachsingen konnte, dazu ein großes Nachahmungstalent besaß, mit dem sie jeden Schauspieler frappant copirte und im drolligen Uebermuth die Stimmen und das Benehmen der verschiedensten Personen nachahmte. Und doch paßte

sie weder zu einer Sängerin, noch zu einer Schauspielerin,
denn ihr schönes Gesicht war durch Blattern zerrissen und durch
den Verlust des rechten Auges entstellt. Der Gatte Christianens,
Heinrich Becker, eigentlich Heinrich von Blumenthal, aus Berlin stammend, hatte für die Schauspielkunst eine solche Liebe
und Begeisterung, daß er seinen abligen Namen mit einem
bürgerlichen vertauschte, früher schon, ehe er nach Weimar
kam, wo ihm bei seiner Anstellung Goethe zur Pflicht machte,
das Geheimniß über seine ablige Herkunft niemandem zu entdecken, weil, wenn nicht in Weimar, doch in Lauchstedt, wo
Preußischer und Sächsischer Adel zur Badezeit zahlreich sich
aufhalte, mancherlei Unannehmlichkeiten und Störungen daraus entstehen könnten. Dieser Eifer für die Kunst und seinen
Beruf zeigte sich auch an seinem Hochzeitstage, an welchem
er von Halle zurückgekehrt Abends in Lauchstedt in dem
Schauspiel „Der Frauenstand" von Iffland als Rath Berg
auftrat. Nur die junge Frau hatte Ferien bis zum 1. Aug.,
wo sie im „Vetter von Lissabon" von Schröder zum ersten
Male als Frau Becker in der Rolle der Charlotte, Wagners
Tochter zweiter Ehe, erschien, ein Ebenbild ihrer Mutter,
putz- und mannsüchtig, dazu läppisch und albern — ein selt-
samer Anfang einer jungen, liebenswürdigen Frau, die ähnliche Rollen sonst nicht spielte. Dann trat sie den 4. August
als Amalia in den Räubern auf.

Wie schon früher bemerkt, hatte sie jetzt ihr Rollengebiet
erweitert, namentlich spielte sie manche Rolle, welche die
Frauen Mattstedt und Amor besessen hatten. Doch waren
es meist Rollen, welche sich in der Darstellung der bürger-

lichen Wirklichkeit und hausbackenen Moral bewegten, ohne alle ideale Auffassung und freie ästhetische Behandlung, manche aber hatten einen poetischen Hauch, viel Farbe und Frische und was die Hauptsache war, eine gewisse Drastik in der Charakterzeichnung. In Lessingschen Stücken kam sie jetzt in ungestörten Besitz von „Emilia Galotti", von „Minna von Barnhelm" und zwar spielte sie diese schwierigen Rollen mit Beifall; letztere mit Anmuth und rührender Gemüthlichkeit, hie und da auch mit schalkhaftem Humor. Sie gab Lottchen im „Deutschen Hausvater", die Angelika in dem „argwöhnischen Ehemann" von Gotter, die Sophie in dem „Fähndrich", die Marie, Tochter des Waffenschmidts Stadinger in dem alten deutschen Ritterluftspiel „Liebhaber und Nebenbuhler in einer Person", Sophie in den „Advokaten", die Wilhelmine in „All zu scharf macht schartig", die Luise Ruhberg in „Verbrechen aus Ehrsucht", Frau Rosa in „Dienstpflicht" von Iffland, das empfindungsvolle, schwärmerische Mädchen Luise in „Armuth und Edelsinn". Ueberhaupt wenn kunstlose Gemüthsart und einfache Erziehung, Unschuld und Herzlichkeit, Sittsamkeit, Anstand und edles Selbstgefühl die Hauptzüge einer Rolle ausmachten, so war Frau Becker ganz dafür geeignet, denn alle diese Eigenschaften besaß sie in einem hohen Grade und sie erwarben ihr die Liebe und Achtung eines jeden, der sie kannte und auf der Bühne gesehen hatte.

Ausgezeichnet war auch die junge Schauspielerin in dem Ritterstück von Hagemann „Otto der Schütze" als Elisabeth, Tochter Dietrichs, regierenden Grafen von Cleve. In ihrem Spiel traten sanfte Weiblichkeit, tiefe Empfindung und süße

Schwärmerei besonders hervor, sie trug auch viel dazu bei, daß bei der Vorliebe des Publikums für Ritterstücke, die in Lärm, Prunk und Aeußerlichkeiten sonst hauptsächlich Beifall suchten, diese durch Feinheit und Wahrheit im Ausdruck der Empfindungen wirksam wurden und eine gute Aufnahme und öftere Wiederholung finden konnten. Ebenso legte Frau Becker in die Rolle der Amalia in Schillers Räubern schwärmerisches Gefühl und innige Rührung und gewann alle Herzen. Auch Abällino der große Bandit, das berühmt und berüchtigt gewordene Schauspiel von Heinrich Zschokke, welches einer übermüthigen Studentenlaune seine Entstehung verdankte, gab der Frau Becker Gelegenheit, durch ihr zartes und feines Spiel die oft empörenden und grellen Scenen und die im eigentlichen Sinne des Worts überraschenden Knalleffecte, — der Bandit drückt oft ein Pistol ab — zu mildern und für den Schrecken, den die Zuschauer hatten, einigen Ersatz zu geben. Als Rosamunde von Korfu, Nichte des Dogen von Venedig, war sie in diesem Stück ein von Liebe schwärmendes Mädchen; ihrem Spiele stand die Natur schwesterlich zur Seite, besonders wo Rosamunde mehr ihr zartfühlendes Herz, als ihre Hoheit anerkennen ließ. Und wie stellte Frau Becker die Prinzessin Eboli in Schillers Don Carlos dar? Als ein feuriges, Liebe athmendes Mädchen, aber auch voller Eitelkeit. Wer anders als Frau Becker konnte im Hamlet die Ophelia spielen? Oft erschien sie in dem schönsten Lichte als Marianne in Goethes Geschwistern. Sie spielte hier mit so viel Natur, Einfalt und Grazie, daß sie alle hinriß. Als Klärchen, Egmonts Geliebte, spielte

Frau Becker (den 25. April 1796) mit richtigem Gefühl und seelenvollem Ausdruck. Sie stellte das treue Bild eines innig liebenden und durch den Gegenstand seiner Liebe gehobenen Bürgermädchens dar, das alles außer seiner Leidenschaft vergißt, für die zu sterben es bereit ist. Iffland, der als Gast damals den Egmont gab, war in seiner Rolle nicht so bedeutend als Frau Becker in der ihrigen. Weimar sollte erst eine vollkommene Darstellung dieses Werkes sehen, als Oels den Egmont gab und Madame Wolff als Klärchen hervortrat. Wer anders als Frau Becker konnte in dem lange Zeit zurückgestellten Julius von Tarent von Leisewitz die Blanka, eine sehr schwierige und angreifende Rolle, spielen? Das Stück ward aufgeführt am 26. November 1796. Eine der letzten Rollen, welche Frau Becker einstudierte und durchführte (8. Nov. 1796), war die Isabella in den Quälgeistern von Beck. Es ist dieses Lustspiel gewiß eins der geistreichsten, das wir besitzen und das auch in seiner veränderten Gestalt seinen Ursprung von Shakespeare nicht verläugnet. Frau Becker spielte hier mit Anmuth und Laune und empfahl sich damit dem liebevollen Andenken der Weimaraner, besonders in Scenen, wo sie im Wechsel des Tons und der Stimmung die reichen Mittel ihres Talents anwenden konnte. Ueberhaupt wo es auf Seelenmalerei ankam, war Frau Becker Meisterin. Mit vieler Jovialität, weiblicher Schelmerei gab sie die Sophie in der Aussteuer 1795; ein neckischer Ton war gut angebracht, wenn sie ihren komischen Liebhaber den Amtmann aufzog. In Kabale und Liebe von Schiller, welches Stück in Weimar unter Goethe nie aufgeführt wurde,

wohl aber in Lauchstedt, wohin es die Sprudeljugend von
Halle gewaltig zog, stellte Frau Becker die Louise, Tochter
des Stadtmusikus Miller, vortrefflich dar. Schönheit, Rein=
heit und Liebenswürdigkeit, dabei Maßhalten im Affekt zeich=
neten sie aus. Daß sie in der Darstellung der Seelenstim=
mungen vorzüglich war, das hatte sie in der Rolle der Emilia
Galotti schon früher gezeigt, da, wo sie ihre Liebe zu dem
Prinzen bekämpft und sie dennoch im Sturm der Leidenschaft
gegen ihren Willen verräth, dann in der Scene, wo sie durch
ihren Vater stirbt.

Nach der Aufführung des Julius von Tarent wurde
Frau Becker von einer schweren Brustkrankheit ergriffen, von
welcher sie nicht wieder völlig befreit werden konnte. Sie
spielte im Jahre 1797 noch einige leichte Rollen, und wenn
sie sich kräftiger fühlte, wohl auch bedeutendere, wie die
Ophelia, die Rosamunde, die Chatinka; reiste im Sommer
mit der Gesellschaft nach Lauchstedt, wohin sie so gern gieng,
von der Luftveränderung Heil und Kräftigung erwartend.
Daselbst spielte sie noch einigemal, aber leider am 31. Juli
ihre letzte Rolle, die Marie im Liebhaber und Nebenbuhler
von Ziegler. Mit großer Vorsicht und Sorgfalt wurde sie
im August von Lauchstedt nach Weimar zurück gebracht und
gepflegt; sie starb aber, nachdem sie noch den Schmerz ge=
habt hatte, ihre zweite am 15. Juni 1796 geborene Tochter
durch den Tod (am 24. August) zu verlieren. Die erstge=
borene (am 9. Juni 1794) war Corona Becker, später ver=
ehelichte Werner, als vortreffliche Sängerin gerühmt.

Mit dem Scheiden der Frau Becker verlor das Thea=

ter seine gefeierte erste Liebhaberin, seine ausgezeichnete Heldin, welche mit der idealen Haltung das Reinmenschliche verband. Die Liebhaberin wird angedeutet, wenn es in der Elegie Vers 106 heißt: „Goethe habe die Frau Becker so frühe in rührenden Rollen die Sprache der Liebe und des Schmerzes gelehrt." Auf die Heldin aber deuten die Worte hin, welche Vohs, der oft mit der Frau Becker zusammen auftrat, in der zu ihrem Andenken gehaltenen Rede spricht:

Und nun! Nicht mehr werb' ich, mit ihr vereint,
Den Kampf der Leidenschaften malen.

Und weiter die Worte

Hier saht Ihr sie so oft in stiller Trauer beben
Und ihren Thränen folgten gern die Euren nach,
Hier saht Ihr ihre Augen glänzen,
Wenn, ringend sie nach Beifalls Kränzen,
Die hohen Worte denkend sprach,
Die Goethens hoher Sinn und Leisewitzens Seele
Ihr zu der Darstellung gefällig liehen.

Gleich darauf wird auch der Frau Becker erheiterndes Talent im Lustspiele gerühmt. Vohs sagt:

Hier lieh sie frohen Stunden, zum Entfliehen,
Des Scherzes Schwingen; dem Spiele ihre eigne reine Seele,
Wenn sie in Ifflands oder Jüngers Seele sprach.

Wäre es möglich gewesen, eine so vielseitige und ausgezeichnete Schauspielerin unter den Lebenden zu erhalten, die Direktion würde Alles gethan haben. Zunächst ließ ihr Goethe eine Erleichterung zukommen, indem in manche ihrer Rollen andere eintraten, wie die Frauen Weyrauch, Vohs, die Demois. Amalie Malkolmi, die Jagemann, die erst vor kur-

zem von Mannheim gekommen war; die Frau Becker sollte
nur in einzelnen Rollen spielen, die ihr beliebten. Als aber
auch so jedes Spiel eine Anstrengung für sie war und ihr
schadete, wollte Goethe, wie Kirms berichtet, sie ganz vom
Spielen dispensiren, um vielleicht ihr Leben zu retten und
dachte daran, einen passenden Ersatz für sie zu finden. Em=
pfohlen hatte Fischer, der frühere Führer der Gesellschaft,
seine Anverwandte Demoiselle Tilly; „sie hätte, hieß es, ein
ansprechendes theatralisches Aeußerliche, einen schönen Wuchs,
ein reines, harmonisches Organ, einen guten Dialekt; sie
könnte in die Rollen der Frau Becker eintreten, und würde
diese gewiß erreichen, wo nicht übertreffen." Sie kam — und
gefiel nicht. Auch bietet Kirms, dem Goethe während seiner
Abwesenheit von Weimar die Geschäfte beim Theater über=
tragen hatte, den beiden Demois. Koch, der ältern und jün=
gern, Anstellung auf drei Jahre an; die Mutter derselben,
Franziska Romana Koch, eine brave Schauspielerin, war in
Weimar, als das Schloß abbrannte und gieng dann nach
Gotha. Kirms kam durch diese mit etwas zu großer Fein=
heit betriebenen Verhandlungen in Verdrießlichkeiten mit dem
Vormund der beiden Mädchen, Chr. Wilh. Opitz, der die
Weimarischen Engagementsversuche am Ende übel auslegte
und als unsaubere verdächtigte. Auch Elisabeth Schlanzowsky,
eine Pflegetochter der Mutter Schröders, bei dem sie eine
gute Schule erhalten hatte, zugleich eine schöne Frau, trat in
Lauchstedt für die kranke Becker, wie auch in Rudolstadt
einigemal ein; nach dem Ableben derselben spielte sie in Wei=
mar den 24. September 1797 die Ophelia und manche an=

dere Rolle, aber ohne rechtes Gelingen, da sie an Zerstreutheit litt; wohl auch nicht so talentvoll war, als man meinte. Sie wurde im Jahre 1800 entlassen, in traurigen Liebesumständen kümmerlich lebend.[1]) Madame Burgdorf bot sich zum Fach der ersten Liebhaberinnen als der Afanasia, der Chatinka, der Rosamunde und in der Oper zu einer Pamina, Azemire u. dgl. an, und wurde engagirt, da sie bei der noch ziemlich frischen Jugend, hübschen Figur und besonders gutem Organ die Hoffnung hegen ließ, sie werde, zumal wenn sie sich dem Unterricht der Corona Schröter unterziehen würde, das Fach der Frau Becker wieder besetzen können. Aber auch ihr Bemühen blieb fruchtlos; sie wurde entlassen zu Neujahr 1799, machte aber in der nächsten Zeit der Direktion noch große Noth. Und so wurden noch einige zu den Rollen der Frau Becker verwendet, doch ohne den erwarteten Erfolg. Daher entstand die Meinung, die Frau Becker werde nimmermehr ersetzt werden. Indeß muß beim Theater, wie auch in andern Lebensstellungen, nie jemandem einfallen zu glauben, daß ein Vorzüglicher, wo er auch hervortrete, nicht ersetzt werden könne.

In Bezug darauf läßt Goethe die Euphrosyne in dem Gedicht gleiches Namens Vers 107 sagen:

Andere kommen und gehn; es werden dir Andre gefallen.
   Selbst dem großen Talent drängt sich ein größeres nach.
Aber du, vergesse (vergiß) mich nicht! Wenn Eine dir jemals
   Sich im verwornen Geschäft heiter entgegen bewegt,
Deinem Winke sich fügt, an deinem Lächeln sich freuet,
   Und am Platze sich nur, den du bestimmtest, gefällt,

---

[1]) Vergl. Schröders Leben von Meyer. II. Thl. 1. Abth. S. 184.

Wenn sie Fleiß nicht spart, noch Mühe, wenn thätig der Kräfte,
Selbst bis zur Pforte des Grabs, freudiges Opfer sie bringt,
Guter! dann gedenkest Du mein und rufest auch spät noch:
Euphrosyne, sie ist wieder erstanden vor mir!

Bemerkenswerth sind auch Goethes Worte, die er an Böttiger schreibt: „Sie war mir in mehr als einem Sinne lieb. Wenn sich manchmal in mir die abgestorbene Lust fürs Theater zu arbeiten, wieder regte, so hatte ich sie gewiß vor Augen und meine Mädchen und Frauen bildeten sich nach ihr und ihren Eigenschaften. Es kann größere Talente geben, aber für mich kein anmuthigeres." Iffland, welcher 1796 in Weimar Gastrollen gab und Gelegenheit hatte, sie zu bemerken, sagte von ihr: „sie könne Alles, denn nie werde sie in den künstlichen Rausch von Empfindsamkeit, das verderblichste Uebel unserer jungen Schauspielerinnen, versinken." Und Wieland, der sie oft sah, sagte: „wenn sie noch einige Jahre so fortschreite, werde Deutschland nur Eine solche Schauspielerin haben."

Mochte sie aber in ihrer Kunst noch größer seyn, mochte sie ihr schönes, natürliches Talent mit einem jugendlichen Liebreiz und einer liebenswürdigen Persönlichkeit verbinden, die hohe Achtung, Anerkennung und Liebe, die sie bei ihrem Tode fand, würde nicht so allgemein gewesen sein, wenn sie nicht durch einen reinen sittlichen Wandel und durch ein freundliches und anspruchsloses Wesen im Leben sich ausgezeichnet hätte.

Das Denkmal, welches Goethe seinem Liebling, der Frau Becker, von den bei der Todtenfeier auf der Bühne und den durch die später eröffnete Subscription eingegangenen Beiträgen errichten ließ, arbeitete Professor Döll[1]) in Gotha aus Seeberger Stein nach einer Zeichnung, welche Heinrich Meyer entworfen hatte. Charlotte von Schiller schreibt über dasselbe an die Freifrau von Gleichen-Rußwurm unter dem 9. April 1800: „Heute habe ich der Becker Monument gesehen, das auf einem Hügel steht, mit lauter Büschen umgeben. Es ist nichts, was sie gerade bezeichnen könnte, angebracht. Die Masken am Rand der zugespitzten Säule bezeichnen allein die Schauspielerin. Um die Säule herum stehen die Jahreszeiten, die sich die Hände reichen, im Relief."

Und Adolf Schöll in dem oben angeführten Aufsatz giebt folgende Beschreibung: „Im Gehölz des Parks jenseits der Ilm erhebt sich auf einem Würfel eine Säule, deren Wulst mit den Zodiakalbildern, der Schaft mit den Reliefgestalten der Horen geschmückt ist. Oben an der Säule verbindet ein Schleier heitere und tragische Masken und ihren Knauf macht ein Pinienapfel, der nach alter Symbolik so die Grabestrauer bezeichnet, wie, als Krone des Thyrsus, die begeisternde Kunst. Der Würfel hat zwischen Gewinden die einfache Inschrift: EUPHROSYNEN."

Das Denkmal und dessen Bedeutung kennen jetzt wenige. So frug eines Tages, als mehrere Personen im Er-

---

[1]) Die briefliche Verhandlung zwischen Goethe und Professor Döll in Bezug auf das Denkmal hat Hermann Hartung in seiner Euphrosyne S. 13 und 14 aus den Weimarischen Theateralten zuerst bekannt gemacht.

holungsgarten, wo jetzt das Monument steht, gelegentlich zusammengekommen waren, einer den andern: Ist das eine Fürstin, der hier das Denkmal errichtet ist und heißt sie Euphrosyne? Allerdings, antwortete ein Kundiger, ist es eine Fürstin und wo sie regiert, herrscht Frohsinn und Heiterkeit.

Weimar. — Hof-Buchdruckerei.

www.ingramcontent.com/pod-product-compliance
Lightning Source LLC
Chambersburg PA
CBHW022046230426
43672CB00008B/1090